子どもへの体罰を根絶するために

臨床家・実務者のためのガイダンス

エリザベス・T・ガースホフ／シャウナ・J・リー●編

溝口史剛●訳

Ending the Physical Punishment of Children
A Guide for Clinicians and Practitioners

明石書店

子どもへの体罰を根絶するために■目次

はじめに——体罰を減らしていくべき理由. 5

I　個人／家族レベルの介入方法

1　簡易オンライン教育. 17
2　聖書の解釈変更介入プログラム. 27
3　ベビーブック. 41
4　動機づけ面接. 59

II　病院や診療所向けの介入プログラム

5　プレイ・ナイスリー. 71
6　シーク子ども安全環境プログラム. 89
7　ビデオ・インタラクション・プロジェクト. 107
8　医療従事者向け教育介入プログラム. 119

Ⅲ　グループセッションでの介入プログラム

9　ポジティブ・ディシプリン............................ 129

10　ACT健やか子育て講座............................ 145

11　シカゴ親プログラム............................ 159

12　母親エンパワーメント・プログラム...................... 175

Ⅳ　多層レベルの介入プログラム、ならびに 一般向け介入プログラム

13　トリプルP............................ 189

14　ノーヒット・ゾーン............................ 207

15　体罰の法的禁止............................ 221

おわりに──共通するテーマと次なるステップ................. 235

補足──本邦で実施されているその他の介入プログラム............ 253

訳者あとがき............................ 257

編者略歴／訳者略歴............................ 260

はじめに──体罰を減らしていくべき理由

エリザベス・T・ガースホフ、シャウナ・J・リー

　体罰を使用する養育者の多くは、子どもがより聞き分けが良く、より良い行動をとれるようになることを期待して体罰を行っている。しかし、養育者による体罰に関しての何十年にもわたる研究からは、スパンキング（手や尻をピシャリと叩く行為）を含め、体罰には一般的に子どもの行動改善の効果はなく、実際には時間が経つにつれ、子どもの行動の悪化をもたらすという明確な結論が明示されている（Altschul, Lee, & Gershoff, 2016; Gershoff & Grogan-Kaylor, 2016; Gershoff, Lansford, Sexton, Davis-Kean, & Sameroff, 2012)。子どもは体罰を受ければ受けるほど攻撃的になり、行動上の問題や精神的な問題が多くなり、検査上も認知能力が低下することが判明している（Gershoff & Grogan-Kaylor, 2016)。つまり、体罰は"子どもの行動を改善する"という養育者の目標を達成する上で効果的ではなく、むしろ子どもに様々な「副作用」を引き起こすリスクを増加させるのである。

　そのような「副作用」の１つとして、子どもへの身体的な有害性が挙げられる。「お尻ペンペン」などのような暴力を矮小化する言葉がはびこってはいるものの、体罰というものは子どもに打撃を加え、傷つける行為に他ならない（Gershoff, 2013)。大人は子どもに比べ大きく力もあり、大人が手や物で子どもを叩いた場合、常に身体的な危害を与えうるリスクが生じる。体罰を用いる親は、子どもを身体的に虐待するリスクが高いということは特段驚くに当たらないといえよう（Gershoff & Grogan-Kaylor, 2016; Lee, Grogan-Kaylor, & Berger, 2014)。

　実際、体罰と身体的虐待とは、"子どもに対する暴力"という同一のベクトル上にある問題と見なすことが出来る。体罰と身体的虐待の両者の影響について調査した研究では、体罰は、身体的虐待と同様の有害な影響を、

子どもにもたらしうることが明確化している（Gershoff & Grogan-Kaylor, 2016）。小児期の逆境的体験（ACE：adverse childhood experiences）に関する調査研究では、子ども時代にスパンキングを受けたと回答した成人では、そのような体験のない成人に比して、身体的虐待や心理的虐待の影響を調整してもなお、精神医学上の問題や物質乱用の問題を抱えている頻度が高かった、と報告されている（Afifi et al., 2017）。

　体罰が持つリスクの高さが研究で明らかになるにつれ、子どもや家族に関連する専門家組織が、体罰を行わないことを強く推奨するようになっていった。例えば、米国心理学会（2019）、米国小児科学会（Sege, Siegel, Child Abuse and Neglect, & Committee on Psychosocial Association of Child and Family Health, 2018）、米国小児思春期精神医学会（2012）、米国児童虐待専門家協会（2016）、カナダ小児科学会（Durrant, Ensom, & Coalition on Physical Punishment of Children and Youth, 2004）、カナダ心理学会（Canadian Psychological Association, 2004）、米国小児ナースプラクティショナー協会（National Association of Pediatric Nurse Practitioners, 2011）はそれぞれ、"体罰は子どもに有害であり、親は体罰を控えるべきであり、それぞれの組織の会員は体罰以外のしつけの方法を親が見出すことが出来るように支援を行うべきである"旨の声明を公表している。米国疾病管理予防センター（CDC：the U.S. Centers for Disease Control and Prevention）は最近、児童虐待の予防に関するガイダンス文書を発表し、子どもへの身体的虐待を予防する戦略として、体罰を肯定する状況を減らし、体罰の使用を減らすための啓発機会を増やし、立法による対応を行う必要があることを明記した（Fortson, Klevens, Merrick, Gilbert, & Alexander, 2016）。本書は、多くの専門家団体が推奨している、親が子どもへ体罰を行ってしまうことを減らしていくための、個人レベルから地域レベルまでの、様々なレベルの介入法につき言及している。

　子どもへの体罰に反対する動きは米国やカナダの組織のみに起こっている動きではなく、今や様々な国際的団体や国々が、子どもへの体罰を減らし根絶するための取り組みを進めている。国連は、いかに軽度のものであろうが、子どもへのあらゆる体罰は子どもの権利条約（United Nations,

1989）に定める「暴力から保護される権利」を明確に侵害するものである、と明言している（United Nations Committee on the Rights of the Child, 2007）。国連子どもの権利委員会（2007年）は、国連の子どもの権利条約を批准したすべての国に対し、親からの体罰を含め、児童に対するすべての身体的な懲戒を法的に禁止し、撤廃するように求めている。現在では、世界58カ国が国連の要請に添う形で、子どもに対するあらゆる身体的な懲戒を法的に禁止している（Global Initiative to End All Corporal Punishment of Children, 2020）。

体罰は有害となりうるだけで、子どもの行動を改善することはないことは明確であるものの、依然として米国だけでなく世界中で蔓延した状態にある。米国の都市部の家族を対象としたある大規模研究では、調査前の1カ月間の間に3歳の子どもの母親の53％、父親の44％が、少なくとも1回子どもへスパンキングを行っていた、と報告されている（Lee, Altschul, & Gershoff, 2015）。米国内の様々な研究が、生涯に体罰を受ける割合は80％を超えていると報告しており（Gershoff et al., 2012）、米国に暮らす子どもの大多数が少なくとも1回は子ども時代に体罰を受けている状況にある。米国以外の国々における体罰の頻度も同様に高いことが判明しており、世界各国を対象とした調査では、2～4歳の子どものほぼ3分の2（63％）が、調査前1カ月の間に体罰を受けていたと報告されている（UNICEF, 2017）。本書は、そのような状況を変えることを目的として出版された。

本書の特徴

幸いなことに、育児行動というものには柔軟性があり、教育とトレーニングによって変容させることが可能である。体罰防止のために、様々なプログラムが開発されており、実際に養育者が体罰を行うことを予防・減少することを達成しているプログラムも数多い。しかし、これらの手法を集め、統合する努力はほとんどなされていない。実際、全米科学技術医学アカデミー（2016）による育児への介入法に関しての最近の包括的なレビュー報告においても、体罰を減らすための介入方法については言及がな

されていない。実際、専門家であっても体罰防止のために活用出来るプログラムや、そのプログラムの成功率などを、ほとんど把握していない状況にある。

　本書の目的は、親の体罰を減らしポジティブなしつけ行動を増やすことが研究で明確化しているいくつかの介入手法につき紹介し、その内容を概説することにある。具体的には、本書では15の介入法の紹介を行っている。本書は、各介入法の開発者らがこれまでに公表した、体罰を減らしていくための各種アプローチの要旨についての論文をより深く掘り下げてまとめたものであるが（Gershoff, Lee, & Durrant, 2017）、それらの論文では言及出来なかった詳細についても、それぞれ項目立てを行い記載している（各章では、それぞれのアプローチ法につき、介入のためのエビデンス、広く一般化しうる可能性、地域社会や臨床現場でどのように実施出来るかについて、情報提供を行っている）。

　それぞれのアプローチ法についての比較を容易にするために、各章の記述は「用いられる手法」「具体的内容」「これまでの実施状況」という同様の構成で記載し、その上で、介入に関するエビデンスについて概説を行っている。すべてのアプローチ法について、エビデンスに基づくアウトカム評価を行っており、ほとんどのアプローチ法についてはそのプロセスの評価に関しての情報を提示している。またそれぞれのアプローチ法の限界点（limitation）や、将来的な活用法についての考察についても記載している。本書の最終章では、共通するテーマについての要約を行い、この分野における今後の在り方の方向性について、提示している。

　本書は、個人・グループ・地域社会の各レベルにおいて体罰を減少・予防するための効果的な介入法に関心を持つ、臨床医・地域の実務家・政策立案者を読者対象としている。本書には、それらの読者がどのアプローチ法を実施するべきかを決定する上で必要となる、費用に関しての情報や、資料の入手先についての情報も記載されている。

　本書は、現時点で運用されているすべてのアプローチ法を完全に網羅したものではないが、体罰を容認する親を減らし実際に体罰が行使される機会を減らす効果的な介入法を、ある程度示すことが出来たと考えている。

またほとんどの章は、実際にプログラムを開発した人物によって記載されたという点にも注目していただきたい。このことは本書の価値を高めているといえると同時に、その点に留意して読み解く必要があるともいうことが出来る。プログラムの開発者というのは、自らのプログラムに最も精通しており、それゆえに最も適切にプログラムの説明を提供することが出来るものの、自らのプログラムの有効性に関する議論を行う際に、自らの研究に対して固執し偏りが生じる可能性もありうるのである。そのため各章では、プログラムの限界点につき論じているだけではなく、プログラムに関する情報を収集しエビデンスの質を評価し、そのプログラムが推奨されるか否かの報告書を作成している外部機関によって検証がなされているかどうかについても、言及を行っている。

本書で紹介した各種介入プログラムの理論と実践の根拠

これまで様々な文化や国々の、様々な分野（心理学、医学、教育学など）で、体罰に関する研究が何百も実施されてきた。これらの研究は一貫して、体罰は子どもが問題行動をきたすリスクを増加させ、その後に精神医学上の問題などの負の転帰をもたらすリスクを増加させることを示している（Gershoff & Grogan-Kaylor, 2016）。社会学習理論、敵対的属性バイアス理論、愛着理論、強制的家族プロセス理論などの各種の心理学理論上も、親による体罰というものが、子どもの攻撃性の増加、反社会的行動の増加、および学業的成績の低下、認知機能の低下などの負の影響をもたらしうることが、説明されている（Gershoff, 2002）。

予防研究の分野からも多くの示唆が得られている。多くの予防・介入研究の検証を通じ、米国医学研究所は介入のレベルを、個別的予防介入、選択的予防介入、一般的予防介入の3つのレベルに分けている（Mrazek & Haggerty, 1994）。図0.1は、これら3つのレベルの介入を、典型的なピラミッド図として図示したものであり、それぞれのレベルで対象となる集団につき記載するとともに、その対象集団のサイズと、介入の強度との関係性が分かりやすく示されている。個別的予防介入プログラムは、既に望ま

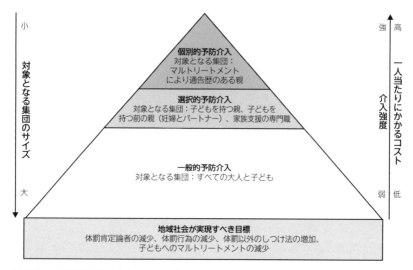

図 0.1：体罰の予防・減少のための介入レベルと対象とする集団

"Promising Intervention Strategies to Reduce Parents' Use of Physical Punishment," by E. T. Gershoff, S. J. Lee, and J. E. Durrant, 2017, *Child Abuse & Neglect: The International Journal*, 71, p. 10. より Elsevier 社の許可を得て掲載

しくない行動を行ってしまっているか、行う強いリスクを有する集団を対象としており、望ましくない行動の割合を変化させることを目標としている。このような介入プログラムの対象は非常に限られるため、サービスを提供すべき対象は最も少なくなるが、集中的なサービスを必要とする傾向にあり、1人当たりのコストは高くなることが多い。

　選択的予防介入プログラムは、ライフサイクルにおいて、懸念すべき行動を行うリスクが平均よりも高くなる状況にある集団を対象とするプログラムである。一般的予防介入プログラムは、地域住民すべてを対象とするもので、特定のリスクに基づくものではない。このレベルのプログラムは、介入の強度は最も低いが、対象となる集団は最も幅広く、1人当たりにかかる費用は最も低いものである。

　本書で紹介した各種の介入プログラムはそれぞれ、これら3つのレベルの介入プログラムのいずれかに位置づけて分類することが可能である。実際に各章では、それぞれの介入プログラムがどの集団を対象としているのか（地域住民すべてを対象としているか、個々の特定の家族を対象としている

のか）や、どのように実施されるのか（1対1で実施されるのか、それとも一度に数百人または数千人の人々に提供しうるものなのか）について、最初に明記している。本書の読者は様々な立場で体罰の防止に取り組もうとしているであろう。このような分類が明示されていることで、読者それぞれの目標にかなう取り組みが促進されることを願っている。

結　語

　本書の出版によって、体罰を肯定する人物を減らし、実際に体罰が行使されることを減らすことが実証されている15の介入プログラムの紹介が出来ることを、大変喜ばしく感じている。それぞれの介入プログラムは、個々の家族や家族グループと関わりを持つ臨床医や、ポジティブな育児を幅広く推進しようとする地域の実務家や、州や国レベルで子どもに対するあらゆる形態の暴力を減らしていくことを目指す政策立案者にとって有用であることに疑いの余地はない。本書の出版により、本書で紹介した各種のアプローチ法の普及と実施が促進されていくことを、祈念している。

参考文献

Afifi, T. O., Ford, D., Gershoff, E. T., Merrick, M., Grogan-Kaylor, A., Ports, K. A., . . . Peters Bennett, R. (2017). Spanking and adult mental health impairment: The case for the designation of spanking as an adverse childhood experience. *Child Abuse & Neglect: The International Journal*, 71, 24–31. http://dx.doi.org/10.1016/j.chiabu.2017.01.014

Altschul, I., Lee, S. J., & Gershoff, E. T. (2016). Hugs, not hits: Maternal warmth, not spanking, predicts positive child behaviors in the first five years of life. *Journal of Marriage and the Family*, 78, 695–714. http://dx.doi.org/10.1111/jomf.12306

American Academy of Child and Adolescent Psychiatry. (2012, July 30). Policy statement on corporal punishment. Retrieved from http://www.aacap.org/aacap/policy_statements/2012/Policy_Statement_on_Corporal_Punishment.aspx

American Professional Society on the Abuse of Children. (2016). APSAC position statement on corporal punishment of children. Retrieved from https://www.apsac.org/apsacpublications

American Psychological Association. (2019). Resolution on physical discipline of children by parents. Retrieved from https://www.apa.org/about/policy/physical-discipline.pdf

Canadian Psychological Association. (2004). Policy statements: Physical punishment of children and youth. Retrieved from https://cpa.ca/aboutcpa/policystatements/#physical

Durrant, J. E., Ensom, R., & Coalition on Physical Punishment of Children and Youth. (2004). Joint statement on physical punishment of children and youth. Retrieved from http://www.cheo.on.ca/en/physicalpunishment

Fortson, B. L., Klevens, J., Merrick, M. T., Gilbert, L. K., & Alexander, S. P. (2016). *Preventing child abuse and neglect: A technical package for policy, norm, and programmatic activities.* Atlanta, GA: National Center for Injury Prevention and Control, Introduction 9 Centers for Disease Control and Prevention. Retrieved from http://www.cdc.gov/violenceprevention/childmaltreatment/index.html

Gershoff, E. T. (2002). Corporal punishment by parents and associated child behaviors and experiences: A meta-analytic and theoretical review. *Psychological Bulletin, 128,* 539–579. http://dx.doi.org/10.1037/0033-2909.128.4.539

Gershoff, E. T. (2013). Spanking and child development: We know enough now to stop hitting our children. *Child Development Perspectives, 7,* 133–137. http://dx.doi.org/10.1111/cdep.12038

Gershoff, E. T., & Grogan-Kaylor, A. (2016). Spanking and child outcomes: Old controversies and new meta-analyses. *Journal of Family Psychology, 30,* 453–469. http://dx.doi.org/10.1037/fam0000191

Gershoff, E. T., Lansford, J. E., Sexton, H. R., Davis-Kean, P., & Sameroff, A. J. (2012). Longitudinal links between spanking and children's externalizing behaviors in a national sample of White, Black, Hispanic, and Asian American families. *Child Development, 83,* 838–843. http://dx.doi.org/10.1111/j.1467-8624.2011.01732.x

Gershoff, E. T., Lee, S. J., & Durrant, J. E. (2017). Promising intervention strategies to reduce parents' use of physical punishment. *Child Abuse & Neglect: The International Journal, 71,* 9–23. http://dx.doi.org/10.1016/j.chiabu.2017.01.017

Global Initiative to End All Corporal Punishment of Children. (2019). Progress. Retrieved from https://endcorporalpunishment.org/countdown

Lee, S. J., Altschul, I., & Gershoff, E. T. (2015). Wait until your father gets home? Fathers' and mothers' spanking and development of child aggression. *Children and Youth Services Review, 52,* 158–166. http://dx.doi.org/10.1016/j.childyouth.2014.11.006

Lee, S. J., Grogan-Kaylor, A., & Berger, L. M. (2014). Parental spanking of 1-year-old children and subsequent child protective services involvement. *Child Abuse & Neglect: The International Journal, 38,* 875–883. http://dx.doi.org/10.1016/j.chiabu.

2014.01.018

Mrazek, P. J., & Haggerty, R. J. (Eds.). (1994). *Reducing risks for mental disorders: Frontiers for prevention intervention research*. Washington, DC: National Academies Press.

National Academies of Sciences, Engineering, and Medicine. (2016). *Parenting matters: Supporting parents of children ages 0–8*. Washington, DC: The National Academies Press. http://dx.doi.org/10.17226/21868

National Association of Pediatric Nurse Practitioners. (2011). NAPNAP position statement on corporal punishment. *Journal of Pediatric Health Care*, 25 (6), e31–e32. http://dx.doi.org/10.1016/j.pedhc.2011.07.003

Sege, R. D., Siegel, B. S., Council on Child Abuse and Neglect, & Committee on Psychosocial Aspects of Child and Family Health. (2018). Effective discipline to raise healthy children. *Pediatrics*, 142 (6), e20183112. http://dx.doi.org/10.1542/peds.2018-3112

UNICEF. (2017). A familiar face: Violence in the lives of children and adolescents. Retrieved from https://data.unicef.org/wp-content/uploads/2017/11/VAC-Brochure-FINAL-10-31-17.pdf

United Nations. (1989, November 20). Convention on the Rights of the Child, G. A. Res. 44/25, U. N. GAOR, 44th Sess., at 3, U. N. Doc. A/RES/44/25. Retrieved from http://www.unicef.org/crc

United Nations Committee on the Rights of the Child (CRC). (2007, March 2). CRC General Comment No. 8 (2006): The right of the child to protection from corporal punishment and other cruel or degrading forms of punishment (CRC/C/GC/8). Retrieved from https://www.refworld.org/cgi-bin/texis/vtx/rwmain?page=search&docid=460bc7772&skip=0&query=crc/c/gc/8

I

個人／家族レベルの介入方法

1 簡易オンライン教育

ジョージ・W・ホールデン、アラン・S・ブラウン

概　要

　体罰に関する簡易オンライン教育システム（Brief Online Education About Physical Punishment intervention）は、南メソジスト大学のジョージ・W・ホールデン博士によって開発されたプログラムである。本介入プログラムは、子どもの有無にかかわらず、すべての成人が使用可能な一般的介入プログラムに位置づけられるものである。このプログラムは、専門家が管理する形で運用することも可能である。

背景と理論

　親は、様々な情報源から体罰に関する考え方を形成していくが、一般的には、自身を育てた養育者のしつけ法に最も強い影響を受けている（Simons & Wurtele, 2010）。また親はスパンキング（手や尻をピシャリと叩く行為）やその他の痛みを伴う体罰の有用性に対しての認識や信念を、自らの文化的背景や価値観を基に構築していく。体罰の無効性や体罰の持つ有害性に関して、これまでに数えきれないほどの研究成果が報告されているにもかかわらず、多くの人々はいまだに体罰が子どもに与える潜在的な負の影響を認識していないままの状況にある。さらに、小児科医は身近な専門家として最も信頼出来る情報源であり（Taylor, Moeller, Hamvas, & Rice, 2013）、また多くの親は子どものしつけ法について、より多くの情報を得たいと望んでいるものの（Young, Davis, Schoen, & Parker, 1998）、小児科医に子どもを受診させた際に親は子どものしつけ法に関して尋ねようとは考えておらず、小児科医も自らしつけに関して積極的に親に情報提供をしてはいないと報告されている（McCormick, 1992）。信頼出来る情報源から体

罰に関する研究成果について聞く機会がない場合、多くの親は、“体罰は子どもに有害ではない”とか“身体的な痛みというのは子どもが望ましい行動をとるようにするための効果的な方法である”と見なしてしまいうる。

　個人があるトピックについての考え方を構築する際に、その考えが限定的な知識に基づいて構築されたものである場合には、新たな情報がもたらされることにより、その考えというのは変化しやすくなる。したがって、体罰に関する科学的研究から得られた知見について教育する機会を持ち情報を提供することは、体罰に関する認識を修正する上で、十分有用に働く可能性がある。

　個人に向けて継続的に情報を提供するこのようなアプローチは、体罰に関するいくつかの先行研究で、良い結果が報告されている。例えば、Robinson、Funk、Beth、Bushら（2005）は、体罰が子どもの行動を変える上で、他の方法に比して効果に乏しい旨を記載した書面を被験者に読んでもらうことで、スパンキングを有効なしつけ法であると考える割合が低下したと報告している。また、約20分の視聴覚教材（Play Nicely：第5章参照）を開発した小児科医からは、体罰によらないしつけ法につき言及されている視聴覚教材を視聴した親は、視聴しなかった親に比べ、スパンキングを有効なしつけ法と見なす割合が減少した、との報告がなされている（Hudnut-Beumler, Smith, & Scholer, 2018; Scholer, Hamilton, Johnson, & Scott, 2010）。

　これだけインターネットが普及し、どのような社会経済的状況の親でも広く活用している現状を踏まえれば、体罰に関するこれまでの研究から得られた知見について、インターネットを通じて親に情報を提供することも、十分理にかなった方法である。インターネットやスマートフォンなどのモバイル技術を利用することで、育児や子どもの福利に関する考え方を変え、行動変容をもたらすことが可能なことも、数多くの研究で証明されている（Enebrink, Hogstrom, Forster, & Ghaderi, 2012 等）。これらの技術は容易に利用することが出来、コストもそれほどかからず、親の行動を変容させる上でより効果的であることから、今後はますますインターネットを活用した育児方法の啓発に、注力がなされるべきであることも示唆されている

（Breitenstein, Gross, & Christophersen, 2014; Jones et al., 2013; McGoron & Ondersma, 2015）。

本介入プログラムの主たる目的

　本介入プログラムの主な目的は、子どもに対する体罰の負の影響に関する科学的研究に関しての心理教育的効果のある情報を、簡潔に提供することにある。情報の提供先は子どもを持つ親だけでなく、すべての成人を対象としている。体罰に肯定的な認識を持つ人が、体罰に関する各種研究の成果を知ることにより、そのような認識を修正することが見込まれる。

本介入プログラムの具体的な方法

　本介入プログラムは、誰でも自由に活用することが出来、特別なトレーニングや資格は不要である。オンラインで情報にアプローチしさえすれば良く、その時間は平均すると、およそ30分程度である。本介入プログラムは、個人が自分のパソコンを介して、オンラインでサイトを閲覧する形で利用することが想定されているが、大きなスクリーンに投影することで、複数人のグループで利用することも可能である。本サイトにアクセスする上で必要なものは、インターネット接続環境とそれに繋げるコンピューターのみである。もちろんオンラインサイトの内容をすべて印刷した上で配布することも可能ではあるが、そのような方法ではあまり関心を持ってもらえないであろう。

スパンキングや体罰に関連した、本介入プログラムの内容

　情報をより興味をそそる状態にするために、このプログラムをグループワークなどに活用する人物は、まず参加者に「体罰のうち最も一般的なスパンキング（尻や手をピシャリと叩く）と、子どもの行動上の問題や家族の関係性の問題との間に、どのような関連性が研究で判明しているか、ご存知ですか？」などと投げかけるとよい。選択肢は「関連性なし」「ある程度関連性あり」「強い関連性あり」から選ばせ、その後にスパンキングが子どもの行動上の問題やその他の家族問題を生じさせるリスクが増加する

別掲 1.1：教育現場で提示する、スパンキングに関しての研究成果の情報提供例
　　　　（一部を抜粋）

スパンキングと加害性について：加害性とは、一般に「本質的に、敵対的で有害とな
る破壊的行動」と定義されます。しつけ法としてスパンキングに頼っている親の子ど
もは、そうではない子どもに比べて、同年代の他の子どもに対してより攻撃的である
ことが、学問的に明確化されています。この知見は、25 以上の研究で再現性が確認さ
れているのです。

スパンキングと親子関係の質について：親子の関係性は、コミュニケーションの質と
頻度、信頼性、愛情の強固さなどによって測られます。親が子どもにスパンキングを
した場合に、親子間の繋がりは実質的に減弱化するという結果が、14 もの研究で示さ
れています。スパンキングの結果、親子の絆が弱まってしまう理由としては、子ども
と母親との愛着状態が不安定となり、親子間の相互関係性が否定的な状況となってし
まうため、と説明されています。

こと示した研究の要約を、参加者に読んでもらう。

　この要約された情報には、7 つの要素（加害性、子ども虐待、抑うつ、非
行、道徳的価値観、DV、親子関係の質）とスパンキングとの関連について、
簡潔に記載されている。またこの 7 つの要素ほど強固とはいえないが、関
連が指摘されている 5 つの要素（成人期の肥満、注意欠陥障害、社交恐怖な
ど）についても記載されている。要約された情報の一部を、別掲 1.1 に提
示した。

本介入プログラムの実施状況

　本介入プログラムの利用状況は明らかではないが、計 638 名が参加した
2 つの研究が存在している。1 つの研究は親を対象とし、参加者は自宅等
のパソコンからオンラインで参加したもので、もう 1 つの研究は大学生を
対象とし、大学キャンパス内のパソコンから参加したものである。2 つの
研究の参加者の年齢幅は 18 〜 52 歳であった（Holden, Brown, Baldwin, &
Croft Caderao, 2014）。親を対象とした研究の参加者の子どもの年齢幅は、
2 〜 8 歳であった。2 つの研究ともに、参加者はほとんどが白人（82%）
であったが、その他にもヒスパニック（8%）、アフリカ系米国人（6%）、
アジア系米国人（3%）なども参加していた。大学生を対象とした研究の
参加者は、米国南西部の大都市圏の大学に属していた人物からリクルート

されたが、親を対象とした研究の参加者は全米各地からリクルートされた。本介入プログラムは英語で書かれたものであったが、他の言語を使用している参加者には翻訳版が提供された。

アウトカム評価に基づく、本介入プログラムの効果のエビデンス

　前項で言及した2つの研究のうち、大学生を対象とした研究の参加者は、米国南西部の中規模の私立大学の学生118名であり、72％が女性、64％が白人であり、平均年齢は19.5歳であった。約1週間の間隔を置いて2回、プログラムを利用してもらい、ATS質問紙（the Attitudes Toward Spanking questionnaire）を用いて、体罰に関する認識の変化が評価された（Holden, Coleman, & Schmidt, 1995）。2回目のプログラム利用の直前には参加者全員に、体罰によってもたらされる可能性が高くなる子どもの特定の問題行動に関しての、各種研究成果の要旨が端的に記載された書面を読んでもらった上で、プログラム利用直後にATS質問紙に再度記入をしてもらった。その結果、1回目と2回目の回答を比較すると、スパンキングが有用であるとの回答を行った参加者の比率は有意に低下し、参加者の大半（75％）は体罰に対して否定的な回答を行った、と報告されている。

　この研究の対象者はあくまでも親ではなかったため、2004年に3〜8歳の子どもを持つ親を対象に、同様の変化が確認されるのかが調査された。この2つ目の研究ではMTurk（訳注：Amazon Mechanical Turk、アマゾンの提供するオンラインサービスの1つ）を利用して、計414名の親がリクルートされた（女性59％、白人78％、平均教育期間10.5年、平均年齢31歳）。参加者には1回、このプログラムを利用してもらい、プログラムの利用前後でATS質問紙に回答をしてもらった。その後、無作為に抽出した半数の参加者に、大学生を対象とした研究と同じく、体罰に関する研究結果の要旨が記載された書面を読んでもらい、残りの半数の参加者にはコントロールとして、育児に関するその他の研究についての要旨を読んでもらった。その結果、大学生を対象とした研究と同様に、スパンキングに関連した各種研究成果について読んだ親において、ATSスコアの有意な低下が確認された（79％の親で低下が確認された）。この変化はコントロール群よ

りも有意に大きかったことから、オンライン・プログラムを受講するだけ
では、行動上の変化は生じ難く、大学生を対象とした調査と同様、親を対
象とした研究でも、体罰に関する各種研究の成果を読むことが、体罰に関
する認識を変化させたと考えられた。実際、事前にスパンキングに関する
各種研究の成果について、全く予備知識を持っていなかったとの回答を
行った人物において、その改善率は高かった、とも報告されている。

本介入プログラムの研究における限界点（Limitations）

　本介入プログラムの限界点としては、オンラインで受講した際に個人が
どのように情報を処理したのかや、提示された情報に個人がどのように反
応したのかについては、何も評価されていない点が挙げられる。ただ、こ
のような情報処理のプロセスのモニタリング評価は、将来的にはオンライ
ンベースの教育プログラムの中に組み込むことは出来るであろう。この研
究のもう１つの限界点としては、体罰への認識の変化については明快に示
されたものの、受講後に親のしつけが実際にどのように変わったのかに関
しては、評価がなされていない点が挙げられる。この点の評価については、
今後の研究が必要である。

本介入プログラムの将来的な活用案

臨床医は、本介入プログラムをどのように利用することが出来るか

　臨床医はこのプログラムを様々な方法で、教育ツールとして利用するこ
とが可能である。例えば、このオンラインプログラムの受講を課題として
与え、再診した際に内容について議論することも出来る。その他にも、治
療のセッションの際に子どもへの懲戒に関しての親の認識を引き出す方法
として使用することも出来る。その他にも本介入プログラムは、ファシリ
テーターが、グループに本プログラムの内容を提示して、グループディス
カッションを促す形など、グループセッションとして使用することも可能
である。

地域の実務家は、本介入プログラムをどのように利用することが出来るか

　地域の実務家は、上述した臨床医が利用する場合と同様の方法で、本介入プログラムを使用することが出来る。

政策立案者は、本介入プログラムをどのように利用することが出来るか

　本介入プログラムは、高校生や大学生の教育や、病院における出生前教育やその他の様々な個人対象の親教育プログラムとして、幅広く使用することが出来る。地域が企画する親教育セミナーとして使用することも出来るし、学術団体が企画する専門職の生涯教育としても、使用することが可能である。

本プログラムの情報取得先

　本プログラムの情報を取得する上で、費用がかかることはない。また性質上、トレーニングの必要もない。介入プログラムの入手方法の詳細については、ジョージ・W・ホールデン博士宛に、メールで問い合わせするとよい（gholden@smu.edu）。

訳者注──本介入プログラムの本邦における実施状況

　本邦においても、体罰に関する有害性などを記載したウェブページはいくつか存在しているが、閲覧による啓発効果を評価したものは現時点では存在していない。

　ここではオンラインで入手できる、厚生労働省が関与した公刊物を2つ紹介しておく。

愛の鞭ゼロ作戦リーフレット

http://sukoyaka21.jp/wp/wp-content/uploads/2016/08/aino-muchizero_pdf.pdf（2020年2月8日アクセス）

平成 28 年度厚生労働科学研究費補助金健やか次世代育成総合研究事業「妊産褥婦健康診査の評価および自治体との連携の在り方に関する研究（研究代表者　立花良之）、「母子の健康改善のための母子保健情報利活用に関する研究（研究代表者　山縣然太朗）」

体罰等によらない子育てのために（素案）

https://www.mhlw.go.jp/content/11907000/000573078.pdf

（2020 年 2 月 8 日アクセス）

　厚生労働省「体罰等によらない子育ての推進に関する検討会」（本書発刊時点では素案の状態で、2020 年 1 月 18 日までパブリックコメントを募集していた）

参考文献

Breitenstein, S. M., Gross, D., & Christophersen, R. (2014). Digital delivery methods of parenting training interventions: A systematic review. *Worldviews on Evidence-Based Nursing*, 11, 168–176. http://dx.doi.org/10.1111/wvn.12040

Enebrink, P., Högström, J., Forster, M., & Ghaderi, A. (2012). Internet-based parent management training: A randomized controlled study. *Behaviour Research and Therapy*, 50, 240–249. http://dx.doi.org/10.1016/j.brat.2012.01.006

Holden, G. W., Brown, A. S., Baldwin, A. S., & Croft Caderao, K. (2014). Research findings can change attitudes about corporal punishment. *Child Abuse & Neglect: The International Journal*, 38, 902–908. http://dx.doi.org/10.1016/j.chiabu.2013.10.013

Holden, G. W., Coleman, S., & Schmidt, K. L. (1995). Why 3-year-old children get spanked: Parent and child determinants in a sample of college-educated mothers. *Merrill-Palmer Quarterly*, 41, 431–452.

Hudnut-Beumler, J., Smith, A., & Scholer, S. J. (2018). How to convince parents to stop spanking their children. *Clinical Pediatrics*, 57, 129–136. http://dx.doi.org/10.1177/0009922817693298

Jones, D. J., Forehand, R., Cuellar, J., Kincaid, C., Parent, J., Fenton, N., & Goodrum, N. (2013). Harnessing innovative technologies to advance children's mental health: Behavioral parent training as an example. *Clinical Psychology Review*, 33, 241–252.

http://dx.doi.org/10.1016/j.cpr.2012.11.003

McCormick, K. F. (1992). Attitudes of primary care physicians toward corporal punishment. *JAMA*, 267, 3161–3165. http://dx.doi.org/10.1001/jama.1992.03480230053027

McGoron, L., & Ondersma, S. J. (2015). Reviewing the need for technological and other expansions of evidence-based parent training for young children. *Children and Youth Services Review*, 59, 71–83. http://dx.doi.org/10.1016/j.childyouth.2015.10.012

Robinson, D. H., Funk, D. C., Beth, A., & Bush, A. M. (2005). Changing beliefs about corporal punishment: Increasing knowledge about ineffectiveness to build more consistent moral and informational beliefs. *Journal of Behavioral Education*, 14, 117–139. http://dx.doi.org/10.1007/s10864-005-2706-9

Scholer, S. J., Hamilton, E. C., Johnson, M. C., & Scott, T. A. (2010). A brief intervention may affect parents' attitudes toward using less physical punishment. *Family and Community Health*, 33, 106–116. http://dx.doi.org/10.1097/FCH.0b013e3181d592ef

Simons, D. A., & Wurtele, S. K. (2010). Relationships between parents' use of corporal punishment and their children's endorsement of spanking and hitting other children. *Child Abuse & Neglect: The International Journal*, 34, 639–646. http://dx.doi.org/10.1016/j.chiabu.2010.01.012

Taylor, C. A., Moeller, W., Hamvas, L., & Rice, J. C. (2013). Parents' professional sources of advice regarding child discipline and their use of corporal punishment. *Clinical Pediatrics*, 52, 147–155. http://dx.doi.org/10.1177/0009922812465944

Young, K. T., Davis, K., Schoen, C., & Parker, S. (1998). Listening to parents: A national survey of parents with young children. *Archives of Pediatrics & Adolescent Medicine*, 152, 255–262.

2 聖書の解釈変更介入プログラム

シンディー・ミラー・ペリン、ロビン・ペリン

概　要

　聖書の解釈変更介入プログラム（ABII：Alternative Biblical Interpretations Interventions）は、ペパーダイン大学のロビン・ペリンとシンディー・ミラー・ペリンにより開発された介入プログラムである。本プログラムは、子どもの有無にかかわらず、保守的なプロテスタントの信仰を持つ成人を対象とする選択的介入法である。

背景と理論

　ABIIは、「親は自分自身の子ども時代の経験に基づいて、自身のしつけの方法を学んでいき、仲間や自己の属する組織の他者のしつけを見て、それに修正を加えている」という直感的な観察結果に基づいている。個人の信念という観点においても、集団的な信仰という観点においても、少なくとも米国では体罰を子どもに行うことを容認し促進している流れを断ち切ることが出来ておらず、子どもへの体罰は効果的なものとして広く行われてしまっている。

　このような体罰を容認する考え方は、保守的なプロテスタント（福音主義者、ファンダメンタル主義者、カリスマ的キリスト教者など）の間でとりわけ顕著である。保守的なプロテスタントの親たちが、米国の一般成人集団よりも体罰をより肯定的に捉えていて、実際により体罰を行使していることは、これまで実証的に何度も確認されている（Ellison, Bartkowski, & Segal, 1996; Ellison & Sherkat, 1993; Hoffmann, Ellison, & Bartkowski, 2017）。なぜそのような状況が生じてしまっているのかについては、これまで多くの報告が存在しており、広く議論されているが（Webb, 2011）、旧約聖書

の箴言のいくつかの記載（第13章24、第22章15、第23章13-14、第20章30）がその一因であると考えられている。保守的なプロテスタントの多くは、これらの記載を体罰が推奨される理由として捉えている。もう1つの要因としては、保守的なプロテスタントの多くが、「子どもというのは本質的にいうことを聞かないものであり、反抗的な子どもたちの凝り固まった認識を変容させるために、体罰というのは欠かせない手段である」と考えていることにある（Dobson, 2017）。

　最近の研究でも、保守的なプロテスタントと米国の一般的な成人との間の体罰に関する認識のギャップは、長年にわたりかなり強固なものとなっており、おそらくは今後さらに顕著になっていくと推察されている（Hoffmann et al., 2017）。しかし保守的なプロテスタントでも、より若く、高等教育を受けた人々は、そのような認識をより変容させうることも、研究で示されている（Hoffmann et al., 2017）。さらに、保守的なプロテスタントの親は、育児の専門家による体罰への批判を拒絶する可能性が高いものの（Holden, Miller, & Harris, 1999）、その専門家が保守的なプロテスタントのコミュニティに属する人物である場合には、その批判を受け入れる余地がより高まる、とも推察されている（Perrin, Miller-Perrin, & Song, 2017）

本介入プログラムの主たる目的

　ABIIの主な目的は、聖書の体罰に関連した記載を、「体罰を推奨するものではない」という別の形に解釈する方法を、信徒に提供することにあり、「聖書はしつけの重要性を説いたものではあるが、必ずしも体罰という形で提供される必要性はない」ということを提唱するものである。すなわちABIIの主たる目的は、スパンキング（手や尻をピシャリと叩く体罰）に対する積極的な容認姿勢を低減化し、しつけ法としてのスパンキングの使用を減少させることにある。

介入プログラムの具体的な方法

　ABIIの提供は、約30分間の個別対面の形で行われる。参加者は、ABIIの配付資料を読んだ上で、提供者が行う口頭での要約内容の説明を聞き、

その後に配付資料の内容について議論を行う（ただしABIIの最中に、スパンキングの是非そのものについての議論は、行ってはならない）。ABIIは、グループセッションの形でも提供することが出来、その提供者は教師や臨床医や地域の実践家が通常は担うが、宗教指導者が担うことも可能である。必要となる資料は、本章末に許諾を得て転載したPerrinら（2017）の配付資料（付録2.1）のみである。

スパンキングや体罰に関連した、本介入プログラムの内容

ABIIで使用する配付資料（付録2.1）は、聖書の体罰に関連する記載部分を引用し、それらが書かれた文化的背景を理解した上で解釈を行う必要性につき、言及したものである。ABIIでは、文化的背景を理解するための、2つの重要なポイントを指摘している。第一のポイントは、いにしえの時代における、子どもの地位の低さについて理解する重要性である。de Mause（1974）の記載にあるように、聖書が書かれた時代には、現代社会で理解しているような「子ども」という概念は、まだ全くない状況であった。当時の子どもたちは、今日のように養育され、守られている存在ではなく、しばしば存在価値の低いものとして扱われ、虐待され、遺棄され、殺害されていた（とりわけ女児が嬰児殺の対象となることは、全く珍しいことではなかった）。第二のポイントは、当時は暴力だけが子どもをしつける方法であると認識されており、なおかつその暴力はしばしば苛烈で重大なものであったことを理解する重要性である。聖書が書かれた当時、子どもには権利が存在するという考え方はなく、「傷つくまで打つことで、悪は清まる」（箴言第20章30）と理解されていたため、そのような育児法が推奨されていたとしても、特段驚くに値しない。

ABIIは、深刻な暴力のはびこる当時の文化的背景を理解した上で聖書の記載を解釈するならば、「これらの文章は新たな意味合いで解釈する必要がある」と提唱するものである。新約聖書の学者でありプロテスタントでもあるWilliam Webb（2011）によれば、旧約聖書に書かれた体罰を肯定しているかのような記載は、実際にはより「進歩的な記載」と解釈するべきものであり、暴力を制限することを意図して書かれたものなのである。

　　女性、子ども、少数民族、奴隷など、脆弱で無力な人々が暴力的
　な虐待をしばしば受けてきた時代に書かれた、旧約聖書の体罰に関
　する様々な文言は、子どもを含めた他者に対し、暴力を制限したよ
　り人間的な取り扱いを奨励するものと解釈することが出来るのです
　（Perrin et al., 2017, p.8）。

　ABIIでも、子どもをしつけることは極めて重要である、と結論づけて
いる。ただ効果的なしつけを行う上で、必ずしも暴力的な手法を用いる必
要性があるわけではない。

　　子どもにはしつけが必要であることに、疑いの余地はありません。
　ただ聖書は、暴力が子どもをしつける唯一の方法であると認識され
　ていた時代に書かれたものであり、今日では、子どもをしつける方
　法は数多く存在しており、科学的にスパンキングよりも効果的であ
　ることが明らかな代替方法が存在することも、明確化しています。
　聖書が、暴力がはびこる時代に、暴力を規制し制御しようとしたも
　のであったことに鑑みるに、現代において聖書を読み解く際には、
　聖書は決して体罰を推奨するものとして解釈すべきではない、と考
　えるのが妥当なのです（Perrin et al., 2017, p.9）。

本介入プログラムの実施状況

　ABIIの実施に関する研究報告としては、計323名の大学生や成人に対
し施行して、効果的であったとの報告が存在している。例えばPerrinら
（2017）や、Miller-PerrinとPerrinら（2017）は、主に18〜25歳の白人大
学生を対象として、2群に割り付けてABIIを実施した結果について、報
告を行っている。また18〜40歳の子どもを持たない韓国人を対象として
ABIIを実施した研究や、20〜56歳の子どもを持つ韓国人を対象として
ABIIを実施した研究も存在しているが、いずれもその効果が確認された
と報告されている（Perrin, Miller-Perrin, Bayston, & Song, 2018）。研究に際
し、ABIIで配付する資料は韓国語に翻訳されており、保守派キリスト教

会で管理されている。

アウトカム評価に基づく、本介入プログラムの効果のエビデンス

　Perrin ら（2017）の研究では、キリスト教系の私立大学の教養学部に通う 121 名の大学生（87 名が女性、34 名が男性、平均年齢 19 歳）を対象に、(a) 小児の発達に関しての情報のみを提供した対照群、(b) スパンキングの無効性や潜在的な有害性の実証的な研究成果について情報を提供した体罰情報提供群、(c) b の情報に加え、聖書の記載の新たな解釈についても情報を提供した ABII 群、の 3 群にランダムに割り付けを行い、ABII の有効性につき調査が行われた。各群には、情報提供を行う 4 週間前に、ATS 質問紙（the Attitudes Toward Spanking questionnaire）（Holden, Coleman, & Schmidt, 1995）を用いた体罰に関する認識調査を行い、情報提供終了直後に、2 回目の ATS 質問紙による評価が行われた。反復測定分散分析の結果では、対照群では ATS スコアに経時的な変化は確認されなかった一方で、体罰情報提供群と ABII 群において、ATS スコアの有意な減少が確認された。さらなる解析により、体罰情報提供群と ABII 群の比較においても、後者の群で体罰に関して否定的に捉える好ましい回答の割合がより高かったことが確認された。

　また Miller-Perrin と Perrin の研究（2017）では、キリスト教系の私立大学に通う 129 名の大学生（70％が女性、平均年齢 19 歳）を対象に、①スパンキングの研究成果の情報を提供した体罰情報提供群、②聖書の記載の新たな解釈につき情報提供した ABII 単独群、③両方の情報を提供した複合情報群、の 3 群に分けて体罰に関する認識や態度を評価するとともに、それらと宗教的な役割についての検討が行われている。介入セッションを行う 4 週間前に、学生たちの属性の確認や、宗教原理主義尺度（the Religious Fundamentalism Scale）（Altemeyer & Hunsberger, 2004）の測定とともに、ATS スコアの測定が行われ、介入セッション終了時に、学生たちには 2 度目の ATS スコア測定が実施された。二元配置分散分析の結果、それぞれの群で介入による ATS スコアの低下が確認されたが、③の複合情報群で最もその低下の程度が顕著であり、さらには宗教原理主義尺度で

スコアが高い（宗教的信念が強い）人々で、最もATSスコアが低下していたことが示された。とりわけ保守的であると自認している場合には、介入によって、スパンキングが有効であると容認する割合は最も顕著に低下していた、と報告されている。

　さらにPerrinらは2018年にも、カリフォルニア州ウエストコービナの保守的プロテスタント教会に参加する韓国人成人60名を対象として、スパンキングに対する態度の変容を評価した、ABIIの介入研究の結果を報告している（2018）。なお60名の内訳は、子どものいない成人37名（平均年齢25.50歳［18〜37歳：SD = 5.28]）と子どもを持つ成人23名（平均年齢43.39歳［37〜52歳：SD = 4.04]）であった。参加者には、介入を受ける4週間前にATS尺度の測定が実施され、介入後に2回目のATS尺度の測定が行われた。その結果、子どもを持つ成人においても持たない成人においても、明らかにATSスコアが低下することが確認された。

本介入プログラムの研究における限界点（Limitations）

　ABIIに関する研究の大半は、人種、民族性、社会経済的地位、教育、居住地域においての多様性はなく、主として白人の保守的キリスト教徒を対象とした均質的な集団に対して行われたものである。また、ABIIの効果に関する研究は、実際の行動ではなく短期的な認識変化を測定したものであり、そのよう変化の持続性や長期的な安定性を測定したものではない。またABIIは、現時点では旧約聖書の解釈に関する点に限定されており、将来的には新約聖書における体罰に関連する記載の解釈についても、拡張していく必要がある。

本介入プログラムの将来的な活用案

臨床医は、本介入プログラムをどのように利用することが出来るか

　臨床医は、スパンキングに関する親の認識や態度を変えるために、マンツーマン、もしくはグループセッションとしてABIIを実施することが出来る。ABIIを実施する際には、スパンキングの効果に関するこれまでの

各種研究成果の要約の説明を併用すると、さらに効果的である。

地域の実務家は、本介入プログラムをどのように利用することが出来るか

　地域の実務家も、スパンキングに関する親の認識や態度を変えるために、臨床医同様にABIIを実施することが出来るであろう。地域の保守的なキリスト教徒に、より広くアプローチするためには、親がしつけ法の助言を求める主たる人物である宗教指導者を対象として、ABIIを実施するとよいであろう（Taylor, Moeller, Hamvas, & Rice, 2013）。宗教指導者に対しての介入というのは、指導者だけではなく、彼らの属する集団の体罰に対する態度に影響を与えうるものとなるのである。

政策立案者は、本介入プログラムをどのように利用することが出来るか

　スパンキングが文化的に容認されている背景には、親の宗教的信念が存在しているが、これまでその要因というのは、長きにわたり見過ごされてきた。キリスト教徒全般、とりわけ保守系プロテスタントは、そうでない親よりも体罰を容認し、実践している可能性が著しく高いことは明らかである（Vieth, 2014）。しかし宗教的信条や文化的背景がどうあれ、心理学的にはスパンキングが子どもの育児方法として適切ではなく、部分的にも容認されるべきでないことは明らかである（Miller-Perrin & Rush, 2018）。政策立案者は、宗教的信条というものが子どもの体罰を容認しそれを維持することになっている、という点の重要性につき認識し、積極的に対応を行う必要性がある。また政策立案者は、スパンキングが効果的ではないという各種の研究成果を認識し、ABIIのような、親の宗教的信条を尊重しつつも変化をもたらしうる介入プログラムを行うことの有効性を示す研究成果にも、目を向ける必要がある。

本介入プログラムの情報取得先

　ABIIで使用するPerrinら（2017）の作成した配付資料を、本章末に付録2.1として掲示している。さらなる情報を必要とする方は、ABIIの開

発者である Cindy Miller-Perrin（cindy.miller-perrin@pepperdine.edu）または Robin Perrin（robin.perrin@pepperdine.edu）に、メールで連絡するとよい。

訳者注──本介入プログラムの本邦における実施状況

本邦においては、現時点で本介入プログラムは導入されていない。

付録 2.1：ABIIの配付資料　キリスト教徒という観点からのしつけについて [注]

　ABIIのプログラムを実施する前に、事前に知っておいてほしいことを、ここに記しています。ABIIの講義で明らかにしていきますが、我々はスパンキング（手や尻をピシャリと叩く行為）を含む体罰について、明確な意見を持っております。私たちは、子どもに対して体罰を行うことは、してはならない行為であると考えております。私たちの意見は、私たちがこれまで学術的に学んできたこと、体罰に関する新しい研究の成果、実際の親としての育児経験、私たち自身のクリスチャンとしての聖書の教えの解釈、など多くの要素に基づいて導き出したものです。我々の意見は必ずしもクリスチャン全体の総意というわけではありませんが、実際には多くのクリスチャンが、スパンキングは最善のしつけ法ではないことに気づき始めています。あなたのご意見がどうあれ、今日お話しすることについて、ぜひ心を開いてお聞きいただきたいと存じます。また本日のお話が終了した後には、子どものしつけに対するあなたの認識について、匿名のアンケートにご記入していただきますよう、なにとぞよろしくお願い申し上げます。私たちがこのように答えて欲しがっているだろうな、という観点で回答す

注：Robin Perrin, Cindy L Miller-Perrin, Jeongbin Song. Changing attitudes about spanking using alternative biblical interpretations. *International Journal of Behavioral Development* 41(3): p520-522, 2017.より、Sage社の許可を得て転載。

るのではなく、あなたが現段階で子どものしつけについてどのように考えているのかにつき、率直なお考えを回答してください（あなたにお子さんがいない場合には、もし親になったら、という観点でご回答ください）。

聖書に記載されている Spare the Rod, Spoil the Child（鞭を惜しめば、子どもがダメになる）について

　聖書は体罰を推奨しているのでしょうか？　聖書の記載のうち、体罰に関連する以下の4つの節がしばしば引用されますが、たしかにこれらを読むと、聖書は体罰を推奨しているように思えるかもしれません。

　　　鞭を加えない者はその子を憎んでいるのである。子を愛する者は、つとめてこれを懲らしめる（箴言第13章24）。
　　　愚かなことが、子どもの心の中には繋がれている、懲しめの鞭は、これを遠く追いだす（箴言第22章15）。
　　　子どもを懲戒することをさし控えてはならない、鞭で彼を打っても死ぬことはない。もし、鞭で彼を打つならば、その命を陰府から救うことが出来る（箴言第23章13-14）。
　　　傷つくまでに打てば悪い所は清くなり、鞭で打てば心の底までも清まる（箴言第20章30）

文化的背景

　ただ私たちは、聖書が記載された時代や文化的背景を理解した上で、これらの節を読み解く必要がある、と主張したいと思います。子どもの価値について現代の価値観から理解しようとすれば、いにしえの時代に子どもたちがどれほど価値が低いものとして扱われ、しばしば虐待されてきたかのかはおよそ理解出来ないでしょう。例えば、「目には目を」で知られる紀元前約800年の古代バビロニアの法典であるハンムラビ法典では、父親を敬わない息子に対しては、その舌や手を切り落とすことが出来ると記載されています。古代ローマの法典では、望まない子ども（ほとんどは女の子）は、法的・社会的な制裁を受けることなく殺害することが出来ると定

められており、父親は借金の整理のために息子を奴隷商人に売却すること
が認められていました。

　旧約聖書の体罰に関する記載がなされた時代には、多くの人々が「悪を
払拭する」ために「打撃と傷」が必要であると理解していたため、親が鞭
を用いてしつけを行うことを聖書が推奨したことは、特段驚くべきことで
はありません。一部のキリスト教学者は、時代的背景の考察を進めた結果、
暴力に関する旧約聖書の全体的なスタンスは、実際には暴力を制限するこ
とを意図したものである、と判断しています。現代において聖書を読み解
く際には、あくまで歴史的文脈を考慮に入れる必要がある、ということを
改めて我々は強調したいと思います。女性、子ども、少数民族、奴隷など、
脆弱で無力な人々が暴力的な虐待をしばしば受けてきた時代に書かれた、
旧約聖書の体罰に関する様々な文言は、子どもを含めた他者に対し、暴力
を制限したより人間的な取り扱いを奨励するものと解釈することが出来る
のです。つまり旧約聖書の記載は、実際には親の際限のない暴力に制限を
加えているのです。

　比較として、奴隷制度に関しての聖書の記載について言及しておきたい
と思います。聖書は奴隷制を非難してはいません。実際、奴隷制に関する
旧約聖書の記載の多くは、当時の一般市民の感覚とバッティングしないよ
うに記載されています。例えば、出エジプト記には第 21 章 20-21 にかけ
て以下のように記載されています。

　　　もし鞭を使用して自身の奴隷を打ち、死亡せしめた場合には、そ
　　の人物は罰せられなくてはならない。ただし、奴隷は個人の財産で
　　あるので、1 〜 2 日程度で回復するような程度で済んだのであれば、
　　罰せられる必要はない。

　このような記載を、現代に当てはめて行使することが望ましいという考
えは、キリスト教徒であっても正当化されることはまずないでしょう。し
かし奴隷制度に誰もが疑問を感じることがなく、残忍で時には致命的な方
法が奴隷の所有者によって行われていることが多かった世界では、この節

の表現は子どもへの体罰に関して言及したのと同様に、当時の文化的背景で是認されているよりもより良い状況にイスラエルの人々を導こうとするもの、と判断すべきといえるのです。

我々の解決策

　体罰を肯定しているキリスト教系団体であるFocus on the Familyのチップ・イングラム牧師によるならば「いずれの方法であれ、聖書のしつけに関しての記載は、両親がしつけに責任を持ち熱心に行う必要があることを強調するものである（中略）いうまでもなく、聖書の記載というのはバランスがとれ、合理的で、うまく統制されているものである」ということになりますが、私たちやその他の多くのクリスチャンには、聖書に基づいたしつけ法が、現代においてもバランスがとれ、合理的で、うまく統制されているものである、とは到底思えていないのです。実際、子どもの体罰に関する聖書の記載行為の多くは、残酷で暴力的で現在の基準では虐待と判断されるであろう行為です。実際、もし聖書の記載を一言一句忠実に、子どもへのしつけ法として用いるならば、私たちは鞭を使って、背中に複数の損傷を負わせて「悪を洗い流す」こととなるでしょう。

　事実、ほとんどのキリスト教徒は、聖書の暴力を支持する記載箇所の多くを放棄する選択をしてきました。例えば、Focus on the Familyでも、「体罰を行う際には愛情を持って、平手打ちを2回まで」などと推奨しています。このような提案は、より正しい方向に向かわせる動きとしては賞賛すべきものといえますが、あくまで聖書に示された方法とは異なるものである、と認識することが重要です。また私たちは、このような解釈は目指す方向としておよそ十分ではなく、子どもにはあらゆる体罰が禁止されるべきであると考えています。

　子どもにはしつけが必要であるということに、疑いの余地はありません。ただ聖書は、暴力が子どもをしつける唯一の方法であると認識されていた時代に書かれたものであり、今日では、子どもをしつける方法は数多く存在しており、科学的にスパンキングよりも効果的であることが明らかな代替方法が存在することも、明確化しています。聖書が暴力がはびこる時代

に、暴力を規制し制御しようとしたものであったことに鑑みるに、聖書を
読み解く際には、聖書は決して体罰を推奨するものとして解釈すべきでは
ない、と考えるのが妥当なのです。

参考文献

Altemeyer, B., & Hunsberger, B. (2004). Research: A revised religious fundamentalism scale: The short and sweet of it. *The International Journal for the Psychology of Religion*, 14, 47–54. http://dx.doi.org/10.1207/s15327582ijpr1401_4

de Mause, L. E. (1974). *The history of childhood*. New York, NY: Psychohistory Press.

Dobson, J. C. (2017). *The new strong-willed child*. Carol Stream, IL: Tyndale House Publishers.

Ellison, C. G., Bartkowski, J. P., & Segal, M. L. (1996). Conservative Protestantism and the parental use of corporal punishment. *Social Forces*, 74, 1003–1028. http://dx.doi.org/10.1093/sf/74.3.1003

Ellison, C. G., & Sherkat, D. E. (1993). Conservative Protestantism and support for corporal punishment. *American Sociological Review*, 58, 131–144. http://dx.doi.org/10.2307/2096222

Hoffmann, J. P., Ellison, C. G., & Bartkowski, J. P. (2017). Conservative Protestantism and attitudes toward corporal punishment, 1986–2014. *Social Science Research*, 63, 81–94. http://dx.doi.org/10.1016/j.ssresearch.2016.09.010

Holden, G. W., Coleman, S. M., & Schmidt, K. L. (1995). Why 3-year-old children get spanked: Parent and child determinants as reported by college-educated mothers. *Merrill-Palmer Quarterly*, 41, 431–452.

Holden, G. W., Miller, P. C., & Harris, S. D. (1999). The instrumental side of corporal punishment: Parents' reported practices and outcome expectancies. *Journal of Marriage and the Family*, 61, 908–919. http://dx.doi.org/10.2307/354012

Ingram, C. (n.d.). The biblical approach to spanking. Retrieved from http://www.raisinggodlychildren.org/2012/10/the-biblical-approach-to-spanking.html

Miller-Perrin, C., & Perrin, R. (2017). Changing attitudes about spanking among conservative Christians using interventions that focus on empirical research evidence and progressive biblical interpretations. *Child Abuse & Neglect: The International Journal*, 71, 69–79. http://dx.doi.org/10.1016/j.chiabu.2017.03.015

Miller-Perrin, C., & Rush, R. (2018). Attitudes, knowledge, practices, and ethical beliefs of psychologists related to spanking: A survey of American Psychological Association division members. *Psychology, Public Policy, and Law*, 24, 405–417. http://dx.doi.org/10.1037/law0000184

Perrin, R., Miller-Perrin, C., Bayston, L., & Song, J. (2018, June). Changing attitudes about spanking using alternative biblical interpretations among adult Korean conservative Protestants. Paper presented at the 25th Annual APSAC Colloquium, New Orleans, LA.

Perrin, R., Miller-Perrin, C., & Song, J. (2017). Changing attitudes about spanking using alternative biblical interpretations. *International Journal of Behavioral Development*, 41, 514–522. http://dx.doi.org/10.1177/0165025416673295

Taylor, C. A., Moeller, W., Hamvas, L., & Rice, J. C. (2013). Parents' professional sources of advice regarding child discipline and their use of corporal punishment. *Clinical Pediatrics*, 52, 147–155. http://dx.doi.org/10.1177/0009922812465944

Vieth, V. I. (2014). From sticks to flowers: Guidelines for child protection professionals working with parents using scripture to justify corporal punishment. *William Mitchell Law Review*, 40, 907–942.

Webb, W. J. (2011). *Corporal punishment in the Bible: A redemptive-movement hermeneutic for troubling texts*. Downers Grove, IL: Intervarsity Press.

3 ベビーブック

ステファニー・M・ライヒ、グアダルペ・ディアス

概　要

　ベビーブックは、カリフォルニア大学アーバイン校のステファニー・M・ライヒ博士と、バンダービルト大学が共同で開発したものである。本介入プログラムに関して1件のRCT（ランダム化比較研究）が既に実施されており（BB1：Baby Books 1）、追試験が現在進行中である（BB2：Baby Books 2）。本介入プログラムは、英語とスペイン語を話す、初めて子どもを持つこととなった低所得層の両親を対象とした、選択的プログラムである。

背景と理論

　親が小児の一般的発達過程について知っていることは、親の子どもとの接し方や、親が子どもに用意する環境の種類に影響を与え、子どもの発達にも影響を及ぼすということが、多くの研究から示されている（Huang, O'Brien Caughy, Genevro, & Miller, 2005; Jahromi, Guimond, Umaña-Taylor, Updegraff, & Toomey, 2014; Morawska, Winter, & Sanders, 2009; Scarzello, Arace, & Prino, 2016）。典型的な子どもの発達過程について正確な知識を有する親は、子どもを養育する際に、よりストレスを感じづらく、より効果的にしつけを行うことが出来る傾向にあり（Hess, Teti, & Hussey-Gardner, 2004; Huebner, 2002; Parush & Hahn-Markowitz, 1997）、家庭環境の中で子どもにより発達を促すような刺激を与えることが出来（Benasich & Brooks-

Baby Books 1ならびにBaby Books 2の開発と評価は、Eunice Kennedy Shriver National Institute of Child Health and Human Developmentの研究助成を受けている（R01HD 447749およびR01HD078547）。

Gunn, 1996; Huang et al., 2005)、子どもの認知能や感情調節能、心理的発達
や身体的発達を促進させるように働きかけることが可能である（Albarran
& Reich, 2013; Fewell & Wheeden, 1998）。

　対照的に、子どもの発達に対して過度の期待を持つ親は、子どもの行動
に対してイライラしたり不寛容になりがちで（de Lissovay, 1973; Morawska
et al., 2009）、しつけが厳しくなり（Scarzello et al., 2016）、子どもへの虐待
に至るリスクは増大してしまう（Azar, Robinson, Hekimian, & Twentyman,
1984; McMillin et al., 2016; Peterson, Gable, Doyle, & Ewigman, 1997）。さらに、
親のいらだちや不寛容性は子どもの愛着形成に影響を及ぼし（Schmidt &
Eldridge, 1986; Ward, Kessler, & Altman, 1993）、厳しく一貫性がなく予測不
能な子育て行動は、愛着障害やその後の小児期の精神病理的病態の発生と
強く相関していることが知られている（Coyl, Roggman, & Newland, 2002;
Erickson, Sroufe, & Egeland, 1985; Greenberg, Speltz, & DeKlyen, 1993）。

　米国では、小児期の定型的発達プロセスやそれに応じた最適なしつけ法
の啓発は、乳幼児健診の場で小児科医による指導という形で提供されるこ
とが多いとされている（American Academy of Pediatrics, Committee on Psy-
chosocial Aspects of Child and Family Health, 1998; Hagan, Shaw, & Duncan,
2008; McMillin et al., 2016）。しかし最近の研究によれば、乳幼児健診の際に
はそのような時間はほとんど設けられておらず（Reisinger & Bires, 1980;
Schuster, Duan, Duan, Regalado, & Klein, 2000）、小児科医が実際にそのよう
な指導をしたとしても、親はその指導内容をほとんど覚えていないとも報
告されている（Barkin et al., 2005; Morrongiello, Hillier, & Bass, 1995）。

　ベビーブック・プロジェクトは、“親への啓発教育は子どもが幼い場合
にはとりわけ重要であるが、これまでの方法論では不十分である”という
前提に基づいて行われている。筆者らは、親が子どもに読み聞かせる絵本
に、教育的な情報を組み込むことを決め、このプロジェクトを立ち上げた。
幼い子ども向けの絵本は、単純な言葉で記載され、内容を補足する絵が中
心となっており、一般的には何度も繰り返し読み聞かせに使用されるもの
であるため、このような目的を果たすために、理想的なリソースになりう
ると我々は考えた。

　このような読み聞かせを通じ、親子の交流の機会を増やすことになり、親が子どもの発達や発達に応じた適切なしつけ法について学ぶことで、親子の交流の際により適切な行動がとれるようになるとも我々は考えた。さらには繰り返して読み聞かせを行うことで、子どもは親子交流の際にこの絵本のように振る舞うようになり、そのことで親の知識は強化され、親子の交流の質と量の双方が向上するとも考えた。ベビーブックでは、子どもの典型的な発達過程を説明しており、またしつけ戦略上なぜスパンキング（手や尻をピシャリと叩く行為）を含む体罰が効果的でないのかや、子どもの適切な行動を引き出すためにポジティブな対応を行うことがなぜ望まれるのかの説明も行っており、さらに子どもをしつける際に体罰を用いない方法の説明も記載されている。

本介入プログラムの主たる目的

　ベビーブック・プロジェクトの主たる目的は、(a) 子どもの典型的な発達過程への親の理解を深め、子どもの発達の専門家や臨床医が推奨する育児実践を行うための知識を得てもらうこと (Hagan et al., 2008)、(b) 体罰が効果的であるという親の信念を変え、読み聞かせの機会を増やし、体罰を用いないしつけ法の利点を強調し、子どもに共感的な対応を増やし、親が積極的に言葉でのコミュニケーションをとることを促進するなど、しつけ法を改善すること、(c) 親と子どもの相互関係性の質を高めること、(d) 親と子どものストレスを低減し、雰囲気を良くし、言葉を用いたコミュニケーションを増やし、予防可能な損傷を減らすことで健康と福祉を増進すること、にある。当初我々が開発したベビーブックのセット（BB1）は、妊娠期から生後 18 カ月までの母親と乳児を対象としていたが、現時点でデータ収集を行っているベビーブックのセット（BB2）では、英語とスペイン語を話す両親とその子どもを対象とし、ポジティブで一貫性のあるしつけを促進するために、父親と母親の協力関係を改善することで、子どもの健康の増進がもたらされるのか、研究している。

本介入プログラムの具体的な方法

　ベビーブック・プロジェクトは、個々の親に絵本を配るという、個人レベルの介入法である。本介入プログラムは、米国小児科学会（AAP）の勧奨に沿って、初めて子どもを持つ親に対し、同じタイミングと間隔で育児に関する啓発本を発送するものである。ベビーブックの初回セット（BB1）は、バンダービルト大学のライヒ医師らによって初めて開発され、その後、メリーランド大学のナタシャ・カブレラ医師と共同する形で、セカンドセット（BB2）が開発された。BB1の配付は、妊娠後期に登録を行った親を対象に、妊娠中、出生2カ月後、4カ月後、6カ月後、9カ月後、12カ月後に計6冊の本を母親に配付する、という形で行われた。BB2の配付は、出生後9・12・15・18・24カ月の時点で、母親と父親の両者に向けて計5冊の本を配付する、という形で行われた。BB1もBB2もそれぞれ、各書籍を配付する時点でデータの収集が行われ、最後の書籍を配付してから6カ月後（BB1では生後18カ月時、BB2では生後30カ月時）にも、追加でデータ収集が行われた。

　本介入プログラムでは、親は介入サービスを受ける立場であるが、同時に介入を提供する立場（研究者が子ども向けに作成した本を、実際に子どもに読み聞かせる立場）でもある。介入は本の読み聞かせという形であるため、とりわけトレーニングは必要とされない。読み聞かせは家庭で実施されることを想定して、デザインされている。

スパンキングや体罰に関連した、本介入プログラムの内容

　ベビーブック・プロジェクトは、初めて子どもを持つこととなった低所得世帯を対象としており、親の知識・信念・慣習が確立される前に、その質を高めることを目的としたものである。BB1の具体的な目的の1つは、スパンキングなどの体罰に関する親の信念を変えることにあった。BB2ではさらに、信念を変えることに加え、実際に体罰が行われることを減らすことを目的としている。

　配付する絵本の内容は、なぜ子どもは「親が無作法だと思う行動」を行うのかについてや、そのような行動を是正するために体罰がなぜ有効に作

用しないのかにつき、発達の観点から概説している。また絵本には、子ど
ものかんしゃくを上手に無視する方法を記載するとともに、褒め育ての利
点や、リダイレクション・ディストラクション（子どもの気をうまく散らす
ための育児法）などの方法の有用性についても言及されている。図3.1と
図3.2に、配付する絵本の一部を掲示している（それぞれのページには、体
罰に頼らないポジティブなしつけ法についてや、父親と母親が協力して育児を
行うため戦略について、テキストとイラストで示されている）。

本介入プログラムの実施状況

　「ベビーブック・プロジェクト」に関する最初の介入研究は、親を3つ
の群（BB1を配る群、BB1とイラストは同じであるが啓発的なテキストのない
本を配った群、本を配付しない群）に無作為に分けて、その効果についての
評価がなされた。産科診療所を受診した198名の初産婦がリクルートされ、
妊娠後期に各群にランダムに割り付けられた。流産したり、子どもが新生
児死亡したり、引っ越したり、研究に興味を失い離脱した母親を除き、
168名の母親が参加して初回のデータ収集が行われ、その後無作為に各群
に割り付けられた。生後18カ月まで継続して調査協力が得られたのは
145名であった。参加者の大半は米国南部に居住しており、全例が低所得
者で、人種としてはアフリカ系が63％と圧倒的に多かった。在胎週数は
すべて正期産で、結果として早産児はいなかった。なお妊娠の80％は計
画外の妊娠であった。本を配付する群に対しての配本は全例、データ収集
のために自宅訪問した際に直接手渡しする形で行われた。

　BB2研究は基本的にBB1を引き継ぐ形で行われているが、さらに父親
も研究対象として、育児協力についても調査項目に含め、配付書物も英語
版だけではなくスペイン語版も作成し、対象を生後30カ月までに拡大し
た形で行われている。各家族は4つの群（父親に向けた本を配付した群、母
親に向けた本を配付した群、父親向けと母親向けの本の両方を配付した群、市
販されている教育目的ではない本を配付した群）のいずれかに、無作為に割
り付けられた。このような4群に分けた割り付けを行うことで、母親への
教育効果と父親への教育効果の差異についてや、母親と父親の両者に向け

この子が答えやすいようにするために
ヒントをあげるのがより良い方法です
体罰はこの子に何も教えず、
恐怖だけを教えることになるでしょう

どの動物さんが
同じ動物さんかな？
どれが違う動物
さんかな？

(a)

赤ちゃんが自由に動けるようになったらパパの出番です
やってはいけないルールを決め、やさしく見守って
あげましょう。ルールが守れたらいっぱい褒めて、
キスしてあげましょう

(b)

『子どもへの体罰を根絶するために』

本文中に誤りがありましたので、以下のように訂正いたします。

p.129、p.221

【誤】ダラント　　【正】デュラント

p.129　概要：5行目

【誤】ダラント医師　　【正】デュラント博士

p.129　背景と理論：4行目

【誤】PDEF　　【正】PDEP

p.140　ボックス内本文

【誤】本邦では、一般社団法人ポジティブ・ディシプリンコミュニティ（http://www.pdepc.com/）が、PDEP の実施と普及を行なっている。

【正】本邦では、親向け読本は、2009 年に『親力をのばす 0 歳から 18 歳までの子育てガイド　ポジティブ・ディシプリンのすすめ』が明石書店より出版されている。以来、公益社団法人セーブ・ザ・チルドレン・ジャパンがプログラム普及およびファシリテーター養成活動を統括してきたが、2019 年に認定カントリートレーナーが設立した団体、きづく kids-ku ポジティブ・ディシプリン日本事務局（https://www.kids-ku.org/pdj）へ同業務（事務局機能）を移管している。本介入プログラムは、都内や首都圏の PDEP プログラムの実施を担うために初代認定ファシリテーターが設立した団体、一般社団法人ポジティブ・ディシプリン コミュニテイ（http://www.pdepc.com/）をはじめ、各地の地方自治体や民間団体により実施・開催されている。

良い行動・良い選択をした時にはいっぱい褒めましょう
子どもに向き合う余裕が出来るまでは、
子どもの叫び声やかんしゃくはとりあわないほうがいいでしょう
子どもは親を見て、学びます
親は子どものお手本になるようにしなくちゃ

(c)

図 3.1　ベビーブック・プログラムで配付する絵本（BB1）の参照ページ

ベビーブックで配付する絵本の、体罰によらない子育てを促進する内容の例。(a) は「パパの育ち盛りのかわいい赤ちゃん（Daddy's Growing Baby）」という題名の、子どもが生後 9 カ月時に配付する絵本（著者：K. Worley、S. Reich、N. Cabrera［スペイン語版訳者：W. Ochoa、N. Alfaro、L. Peña、D. Aldoney、G. Espino]、2016 年時点での版権はカリフォルニア大学理事会に属する）の 12 〜 13 ページから引用したもの。(b) は「ママ、私 1 歳になったの！　私がやること全部見ててね！（Mommy, I'm 1! Look at All the Things I Can Do!)」という題名の、子どもが生後 12 カ月時に配付する絵本（著者：K. Worley、S. Reich、N. Cabrera、C. Kuhns［スペイン語版訳者：W. Ochoa、N. Alfaro、D. Aldoney、G. Espino、N. Cabrera]、2016 年時点での版権はカリフォルニア大学理事会が有する）の 9 ページから引用したもの。(c) は「パパ・ママ・赤ちゃんのみんなに向けて（All Kinds of Dads, Moms and Babies）」という題名の、子どもが生後 18 カ月時に配付する絵本（著者：S. Reich、R. Black、N. Cabrera［スペイン語版訳者：W. Ochoa、D. Aldoney、N. Alfaro、N. Cabrera、G. Espino]、2016 年時点での版権はカリフォルニア大学理事会が有する）の 11 ページから引用したもの。それぞれ版権者の許可を得て転載。

図 3.2　ベビーブック・プログラムで配付する絵本（BB2）の参照ページ

ベビーブックで配付する絵本の、父母が協力して育児を行う助言をしている内容例。(a) は「パパ・ママ・赤ちゃんのみんなに向けて（All Kinds of Dads, Moms and Babies）」という題名の、子どもが生後 18 カ月時に配付する絵本（著者：S. Reich、R. Black、N. Cabrera [スペイン語版訳者：W. Ochoa、D. Aldoney、N. Alfaro、N. Cabrera、G. Espino]、2016 年時点での版権はカリフォルニア大学理事会が有する）の 17 ページから引用したもの。(b) は「パパ、僕 2 歳になったんだ！　僕がやること全部見ててね！（Daddy, I'm 2! Look at All the Things I Can Do!）」という題名の、子どもが生後 24 カ月時に配付する絵本（著者：S. Reich、N. Cabrera [スペイン語版訳者：W. Ochoa、N. Alfaro、N. Cabrera、G. Espino]、2016 年時点での版権はカリフォルニア大学理事会が有する）の 17 ページから引用したもの。それぞれ版権者の許可を得て転載。

て絵本を配付することにより相加的効果や相乗的効果が生じるかどうか、といった評価が可能になるものと思われる。現在240家族（480名）を対象として、本研究が進行中の状態である。ワシントンDCとカリフォルニア州オレンジ郡の2地域で登録が行われ、現時点の研究進捗は3分の2程が終了した状態にある。参加した家族は、民族的にも人種的にも多様ではあるが、ラテン系が圧倒的に多い（71%）。世帯所得はいずれも年間7万ドル未満で、平均所得は年間約3万7000ドルであった。配本は、3冊はデータ収集のために自宅訪問した際に直接手渡しし、残りの2冊は電話でのインタビュー時にあわせて郵送された。

　研究としての取り組み以外にもベビーブック・プロジェクトは、主にカリフォルニア、テネシー、ワシントンDCを中心として、出生前から生後30カ月目までの家族を対象とし、これまでにアフリカ系、白人、ヒスパニック系／ラテン系を中心に、アジア系および米国先住民などの家族にも広く実施されている。

本プログラムの社会実装過程の評価を通じた、実施可能性に関するエビデンス

プログラムスタッフのトレーニング効果に関するエビデンス

　本介入プログラムは、書籍の配付という形で行われるため、取り立ててスタッフトレーニングを行う必要性などはない。しかしBB1を用いた研究のデザインは、研究者が直接手渡しするため、それが交絡因子となりうるものであった。そのためBB2を用いた研究では、書籍を郵送する場合と、直接手渡しする場合とで、影響が同等であるかどうかについても検討を行っている。この点を明らかにすることで、他の配本法（例えば、診療所や幼稚園に本を進呈する、メールで電子書籍の形で配信する）などに方法を拡大した場合に、有効となりうる余地があるのかの検討を行う上で、有用となるであろう。

本介入プログラムに対しての、スタッフからの評価に関するエビデンス

BB1 の配付を受けた母親は、それらの本が子どものためだけでなく、自分のために送られたものであるとの認識を持っていたが、それでもそれらの本を楽しんでいたと報告されている。ビデオ撮影された、親子の本の読み聞かせの様子では、母親が本の内容をよく理解していて、研究デザインどおりにこれまでに繰り返して読み聞かせを行っていたことが実証されている。

本介入プログラムに対しての、家族からの評価に関するエビデンス

本介入に対しての家族からの評価に関しては、データ収集は行われているものの、現時点では分析を行うにまでは至っていない。BB2 を用いたベビーブック・プログラムに関する研究では、データ収集のそれぞれのタイミングで、配付された本を母親や父親が気に入っているのか否かや、実際に本の読み聞かせを週平均何回行ったのかについて、データ収集を行っており、親が本を楽しむことが出来た割合や、しっかりと研究デザインどおりに読み聞かせを行うことが出来たのかどうかを、ある程度正確に評価することが可能となっている。

アウトカム評価に基づく、本介入プログラムの効果のエビデンス

BB1 を用いた研究では、ベビーブックは子どもの典型的な発達についての母親の理解を深め、発達に応じたしつけの実践に繋がり（Reich, Bickman, Saville, & Alvarez, 2010）、育児に関しての信念を変容させ（Auger, Reich, & Penner, 2014; Reich, Penner, Duncan, & Auger, 2012）、家庭におけるポジティブなしつけの実践が増え（Reich, Penner, & Duncan, 2011）、親と子どもの予後を改善しうる（Albarran & Reich, 2013; Khalessi & Reich, 2013; McManus, Khalessi, Lin, Ashraf, & Reich, 2017）ことが判明している。

さらに、BB1 の配本を受けた母親群では、子どもの正常な発達についてより正確な知識を有しており、データ収集のあらゆる段階で、それらの知識に基づいた推奨される子育て法を実践しており（Reich et al., 2010）、スパンキングは望ましくないとの認識を有しており、子どもの発達年齢を

超えた過度の不適切な期待を有している割合が低かった（Reich et al., 2012）ことも判明している。また我々は、子どもが生後2カ月、6カ月、12カ月、18カ月の家庭訪問時に、「成人と思春期児の、幼小児への接し方包括調査尺度（AAPI：the Adult-Adolescent Parenting Inventory; Bavolek & Keene, 2001）」の5つの下位尺度（子どもに対する発達的に不適切な期待、体罰への肯定的認識、共感の欠如、子どもとの役割の逆転、子どもへの力による支配／抑圧）を用いた調査研究を行っている。ベビーブックの内容に鑑み、我々は「体罰への肯定的認識」の割合や、「子どもに対する発達的に不適切な期待」の割合が、3群（BB1を配る群、BB1とイラストは同じであるが啓発的なテキストのない本を配った群、本を配付しない群）間で異なっていると推測していた。

　実際、すべての調査時点を通じ、BB1配付群の母親ではAAPIのスコアはより高く、子どもの発達に応じた適切でポジティブな養育を行っている割合が高かった。また2つの対照群（BB1とイラストは同じであるが啓発的なテキストのない本を配った群、本を配付しない群）と比較して、BB1配付群の母親では、母親の「子どもに対する発達的に不適切な期待」や「体罰への肯定的認識」や「共感の欠如」や「子どもとの役割の逆転」のスコアがいずれも統計的に有意に低かったことを確認した。とりわけ「体罰への肯定的認識」のスコアにおける有意差は、「BB1とイラストは同じであるが啓発的なテキストのない本を配った群」との間で効果量0.67、「本を配付しなかった群」との間で効果量0.25と最も大きかった。また、これらの効果は、アフリカ系米国人の母親（効果量 = 0.75 vs. 0.57）および義務教育レベル以下の、教育レベルの低い母親（効果量 = 0.78 vs. 0.49）でより大きかったことも確認された。

　BB2を用いた比較対照研究に関しては、現在も継続して実施されており、しつけと体罰に関する親の知識や態度の変化の評価を行うだけではなく、自己申告制の体罰への認識の経時的な変化を評価するとともに、子どもとの遊びの時間とお片付けのタスクを課した状態における親の行動の観察評価を行い、親の体罰使用状況を経時的に客観的に評価した結果を、報告する予定である。

費用対効果分析

　これまで、ベビーブック・プログラムの費用対効果分析は、裂傷・転倒転落・熱傷などの傷害防止への影響という観点のみでしか実施されていない。この分析は、BB1 研究に参加した 167 名の母親とその子どもが、診療所もしくは病院の救急外来に受診したり入院した場合に、診療録を後方視的に検討する形で行われた。3 群（BB1 を配る群、BB1 とイラストは同じであるが啓発的なテキストのない本を配った群、本を配付しない群）間で損傷を負うことにより要したコストを比較する過程で、BB1 の配付を受けた群では、その他の 2 群と比較して、子どもが生後 18 カ月になるまでに予防可能な傷害を負った子どもの割合は、より少なかったことが判明した。そしてこのような傷害を負う可能性が減少することで、生後 18 カ月までに 12 万 8982 ドルのコスト削減が見込まれる、と試算された（Reich, Andrade, & Tamman, 2019）。これらの費用分析は、Miller, Romano, Spicer らが 1996 年に実施した米国の 2220 万人の子どもを対象とした研究（2000）のコスト推計法に基づいて行われ、インフレ率を調整して算出された。ただ現時点では、本介入法を用いて親がスパンキングなどの体罰の使用に関しての認識を変容させたことで、どのような経済的コストの削減に結びつくのかといった、さらに細かな費用対効果分析は実施されていない。

本介入プログラムの研究における限界点（Limitations）

　ベビーブックの配付を行うことは体罰を減らしていく上で有望なものとなりうるが、現時点では、まだ "自分なりの子育て法" が確立されていない、教育効果が及びやすいと想定される、第一子誕生を控えた親のみを対象としたものである。既に子育て経験を有する親や、親以外の立場で子どもの世話を行う養育者に用いた場合に有効であるのかに関しては、現在何らの検証も行われていない。さらにBB1 の配付は、母親の体罰への肯定的認識を低減する効果は確認されているものの、実際に体罰が減ったかどうかまでは検証が行われていない。BB2 の配付による介入効果研究が現在行われているが、幼小児を持つ母親と父親の体罰への認識だけではなく、

実際に行使する頻度にまで影響を及ぼしたか否かについても、検証を行う
予定である。

本介入プログラムの将来的な活用案

臨床医は、本介入プログラムをどのように利用することが出来るか

　臨床現場でこれらの本を配付する体制を整備することは、比較的容易に
出来るであろう。例えば、小児科クリニックでの「Reach Out & Read」
プログラム（絵本の読み聞かせ推進運動）の実施の際や、保健師による家庭
訪問の際、さらには幼小児が受診をしてきた際に、ベビーブックを配付す
るように調整することも出来るであろう。さらには乳幼児健診の際に、親
に子どもの典型的な発達について啓発を行う補助ツールとして用いること
も出来るであろう。

地域の実務家は、本介入プログラムをどのように利用することが出来るか

　ベビーブックの配付は実務家が行うものではないが、これらの本は、公
立図書館、幼稚園、書店など、様々なルートで入手が可能である。ただ、
しつけ教室などの際に、母親に配付するように行政や研究者と調整するこ
とは可能であり、また配付を行わないまでもそれらの本の存在やその意義
について、そのような場で強調するなどの関わりを行うことは出来るであ
ろう。

政策立案者は、本介入プログラムをどのように利用することが出来るか

　政策立案者は、これらの本の作成と、新たに子どもを持った家族にこれ
らの本を普及させるため、予算をつけることが出来る立場にある。ベビー
ブック・プロジェクトは、親に教育を行うことの重要性を強調するもので
ある。政策立案者は、政策の立案と実施という観点から、親に教育を提供
する機会を増やすことに、今以上に力を発揮することが求められる。

本介入プログラムの情報取得先

プロジェクトに関する詳しい情報については、ウェブサイト（http://www.babybooks2.com）で確認することが出来る。プログラム開発者であるステファニー・M・ライヒ（smreich@uci.edu）またはナタシャ・カブレラ（ncabrera@umd.edu）に電子メールで問い合わせをいただいても対応可能である。本書の発刊時点では、本プロジェクトで使用されているベビーブックの内容はまだオンライン上で公開されていない。

訳者注――本介入プログラムの本邦における実施状況

本邦においては、現時点で本介入プログラムは導入されていない。

参考文献

Albarran, A. S., & Reich, S. M. (2013). Using baby books to increase new mothers' self-efficacy and improve infant language development. *Infant and Child Development*, 23, 374–387. http://dx.doi.org/10.1002/icd.1832

American Academy of Pediatrics, Committee on Psychosocial Aspects of Child and Family Health. (1998). *Guidance for effective discipline. Pediatrics*, 101 (4 Pt. 1), 723–728.

Auger, A., Reich, S. M., & Penner, E. K. (2014). The effect of baby books on mothers' reading beliefs and reading practices. *Journal of Applied Developmental Psychology*, 35, 337–346. http://dx.doi.org/10.1016/j.appdev.2014.05.007

Azar, S.-T., Robinson, D.-R., Hekimian, E., & Twentyman, C.-T. (1984). Unrealistic expectations and problem-solving ability in maltreating and comparison mothers. *Journal of Consulting and Clinical Psychology*, 52, 687–691. http://dx.doi.org/10.1037/0022-006X.52.4.687

Barkin, S. L., Scheindlin, B., Brown, C., Ip, E., Finch, S., & Wasserman, R. C. (2005). Anticipatory guidance topics: Are more better? *Ambulatory Pediatrics*, 5, 372–376. http://dx.doi.org/10.1367/A04-2131R1.1

Bavolek, S., & Keene, R. (2001). *Adult–adolescent parenting inventory AAPI-2: Administration and development handbook*. Park City, UT: Family Development Resources.

Benasich, A. A., & Brooks-Gunn, J. (1996). Maternal attitudes and knowledge of child-rearing: Associations with family and child outcomes. *Child Development*, 67, 1186–1205. http://dx.doi.org/10.2307/1131887

Coyl, D., Roggman, L., & Newland, L. (2002). Stress, maternal depression, and negative mother–infant interaction in relation to infant attachment. *Infant Mental Health Journal*, 23 (1–2), 145–163. http://dx.doi.org/10.1002/imhj.10009

de Lissovay, V. (1973). Childcare by adolescent parents. Children Today, 4, 22–25.

Erickson, M.-F., Sroufe, L. A., & Egeland, B. (1985). The relationship between quality of attachment and behavior problems in preschool in a high-risk sample. *Monographs of the Society for Research in Child Development*, 50 (1/2), 147–166. http://dx.doi.org/10.2307/3333831

Fewell, R. R., & Wheeden, C. A. (1998). A pilot study of intervention with adolescent mothers and their children: A preliminary examination of child outcomes. Topics in *Early Childhood Special Education*, 18 (1), 18–25. http://dx.doi.org/10.1177/0271121 49801800105

Greenberg, M. T., Speltz, M. L., & DeKlyen, M. (1993). The role of attachment in the early development of disruptive behavior problems. *Development and Psychopathology*, 5 (1–2), 191–213. http://dx.doi.org/10.1017/S095457940000434X

Hagan, J. F., Shaw, J. S., & Duncan, P. M. (2008). *Bright futures: Guidelines for health supervision on infants, children, and adolescents* (3rd ed.). Elk Grove Village, IL: American Academy of Pediatrics.

Hess, C., Teti, D., & Hussey-Gardner, B. (2004). Self-efficacy and parenting of high-risk infants: The moderating role of parent knowledge of infant development. *Journal of Applied Developmental Psychology*, 25, 423–437. http://dx.doi.org/10.1016/j.appdev. 2004.06.002

Huang, K., O'Brien Caughy, M. O., Genevro, J. L., & Miller, T. L. (2005). Maternal knowledge of child development and quality of parenting among White, African-American and Hispanic mothers. *Applied Developmental Psychology*, 26, 149–170. http://dx.doi.org/10.1016/j.appdev.2004.12.001

Huebner, C. E. (2002). Evaluation of a clinic-based parent education program to reduce the risk of infant and toddler maltreatment. *Public Health Nursing*, 19, 377–389. http://dx.doi.org/10.1046/j.1525-1446.2002.19507.x

Jahromi, L. B., Guimond, A. B., Umaña-Taylor, A. J., Updegraff, K. A., & Toomey, R. B. (2014). Family context, Mexican-origin adolescent mothers' parenting knowledge, and children's subsequent developmental outcomes. *Child Development*, 85, 593–609. http://dx.doi.org/10.1111/cdev.12160

Khalessi, A., & Reich, S. M. (2013). A month of breastfeeding associated with greater adherence to pediatric nutrition guidelines. *Journal of Reproductive and Infant Psy-

chology, 31, 299–308. http://dx.doi.org/10.1080/02646838.2013.784898

McManus, M. A., Khalessi, A. A., Lin, J., Ashraf, J., & Reich, S. M. (2017). Positive feelings during pregnancy, early feeding practices, and infant health. *Pediatrics International*, 59, 593–599. http://dx.doi.org/10.1111/ped.13209

McMillin, S. E., Bultas, M. W., Zander, T., Wilmott, J., Underwood, S., Broom, M. A., & Zand, D. H. (2016). The role of maternal knowledge of child development in predicting risk for child maltreatment. *Clinical Pediatrics*, 55, 374–376. http://dx.doi.org/10.1177/0009922815586054

Miller, T. R., Romano, E. O., & Spicer, R. S. (2000). The cost of childhood unintentional injuries and the value of prevention. *The Future of Children*, 10, 137–163. http://dx.doi.org/10.2307/1602828

Morawska, A., Winter, L., & Sanders, M. R. (2009). Parenting knowledge and its role in the prediction of dysfunctional parenting and disruptive child behaviour. *Child: Care, Health and Development*, 35, 217–226. http://dx.doi.org/10.1111/j.1365-2214.2008.00929.x

Morrongiello, B. A., Hillier, L., & Bass, M. (1995). 'What I said' versus 'what you heard': A comparison of physicians' and parents' reporting of anticipatory guidance on child safety issues. *Injury Prevention*, 1, 223–227. http://dx.doi.org/10.1136/ip.1.4.223

Parush, S., & Hahn-Markowitz, J. (1997). The efficacy of an early prevention program facilitated by occupational therapists: A follow-up study. *The American Journal of Occupational Therapy*, 51, 247–251. http://dx.doi.org/10.5014/ajot.51.4.247

Peterson, L., Gable, S., Doyle, C., & Ewigman, B. (1997). Beyond parenting skills: Battling barriers and building bonds to prevent child abuse and neglect. *Cognitive and Behavioral Practice*, 4 (1), 53–74. http://dx.doi.org/10.1016/S1077-7229 (97) 80012-0

Reich, S. M., Andrade, A. R., & Tamman, S. (2019). Reducing injuries through educational baby books. Manuscript in preparation.

Reich, S. M., Bickman, L., Saville, B. R., & Alvarez, J. (2010). The effectiveness of baby books for providing pediatric anticipatory guidance to new mothers. *Pediatrics*, 125, 997–1002. http://dx.doi.org/10.1542/peds.2009-2728

Reich, S. M., Penner, E. K., & Duncan, G. J. (2011). Using baby books to increase new mothers' safety practices. *Academic Pediatrics*, 11 (1), 34–43. http://dx.doi.org/10.1016/j.acap.2010.12.006

Reich, S. M., Penner, E. K., Duncan, G. J., & Auger, A. (2012). Using baby books to change new mothers' attitudes about corporal punishment. *Child Abuse & Neglect: The International Journal*, 36, 108–117. http://dx.doi.org/10.1016/j.chiabu.2011.09.017

Reisinger, K. S., & Bires, J. A. (1980). Anticipatory guidance in pediatric practice. *Pediatrics*, 66, 889–892.

Scarzello, D., Arace, A., & Prino, L. E. (2016). Parental practices of Italian mothers and fathers during early infancy: The role of knowledge about parenting and child development. *Infant Behavior and Development,* 44, 133–143. http://dx.doi.org/10.1016/j. infbeh.2016.06.006

Schmidt, E., & Eldridge, A. (1986). The attachment relationship and child maltreatment. *Infant Mental Health Journal,* 7, 264–273.

Schuster, M. A., Duan, N., Regalado, M., & Klein, D. J. (2000). Anticipatory guidance: What information do parents receive? What information do they want? *Archives of Pediatrics & Adolescent Medicine,* 154, 1191–1198. http://dx.doi.org/10.1001/archpedi.154.12.1191

Ward, M.-J., Kessler, D. B., & Altman, S. C. (1993). Infant–mother attachment in children with failure to thrive. *Infant Mental Health Journal,* 14, 208–220. http://dx.doi. org/10.1002/1097-0355（199323）14:3<208::AID-IMHJ2280140306>3.0.CO;2-C

4 動機づけ面接

ジョージ・W・ホールデン、グラント・W・O・オランダ

概　要

　動機づけ面接の手法を用いた体罰防止プログラムである "スパンキング
を止める動機づけ（Enhancing Motivation to Stop Spanking)" は、南メソジ
スト大学のジョージ・W・ホールデン博士とグラント・W・O・オランダ
博士により開発された。本介入プログラムは、体罰を行ってしまった親や、
今にも体罰を使用してしまいそうな親を対象とした、個別的／選択的介入
プログラムである。

背景と理論

　体罰に対して親がどのように認識しているのかは、親が子どもに体罰を
行っているのかや、行っている場合にはどのぐらいの頻度で行っているの
かを予測するための、最も優れた予測因子の1つということが出来る
(Vittrup, Holden, & Buck, 2006)。それゆえに「体罰の使用を容認する態度
をターゲットとして親に介入する」という戦略が、深刻な体罰を撲滅しよ
うとする場合の最も一般的な戦略となるのである。しかし体罰の使用とい
うのは、深く根付いた行動様式であり、変えることが難しいものでありう
る。体罰というのは多くの地域で広く行われてきたものであり、世代間を
伝播するものである（「自分も殴られて育った」）。その使用にはその他にも
複数の要因が影響しているが、多くの大人は体罰の使用に容認的な態度を
示している。動機づけ面接（MI：motivational interviewing）とは、頑なに
変えようとしない態度や行動に対処するためにデザインされた、臨床的技
法の1つである（Miller & Rollnick, 2002)。開発されてから数十年経つMI
は、抵抗が予想される様々な行動に広く適用され、個人の「変わりたい」

というモチベーションを高める方法として、臨床的に活用されてきた。MIが臨床的に優れている点の１つとして、わずか１〜４回のセッションで変化を生じさせうる効果のあることが判明している点が挙げられる（Burke, Arkowitz, & Menchola, 2003）。

　本介入プログラムの開発に先立ち論文検索を行ったところ、MIの実施が体罰に対する容認的な態度を減らしたとの研究成果が、５編公表されていた（Griffin, Robinson, & Carpenter, 2000; Holden, Brown, Baldwin, & Croft Caderao, 2014; Reich, Penner, Duncan, & Auger, 2012; Robinson, Funk, Beth, & Bush, 2005; Scholer, Hamilton, Johnson, & Scott, 2010）。これら５つの研究からは、MIの実施が体罰に対する容認的態度を減らす効果は、個人におけるCohenのd（注：効果量を表す統計の方法の１つ）は 0.33 〜 0.44、介入群とコントロール群の差異は 0.14 〜 0.69 であることが示された。これらの知見は有望なものであるということが出来るが、効果の大きさとしては軽度〜中等度と判断される程度であった。

　態度や行動の変化に向けた取り組みの指針となる有用な枠組みを示した理論として、計画的行動理論（TPB：theory of planned behavior）というものがある（Fishbein & Ajzen, 2011）。この理論によれば行動というのは、行動の有用性に関しての態度、他人が行動をどのように見ているかに関する信念（主観的規範）、行動への関与の容易さに関する見解、によって決定されるとされている。これらの３つの認知というものがあいまって、特定の行動を行うか否かの意思決定がなされるのである。そしてそのような意思決定がなされていることで、次に行動を起こす機会の際にその行動に繋がるのである。

　本介入プログラムは、親への心理的教育を介し、これら３つの認知のうち、行動の有用性に関しての態度（「スパンキング（手や尻をピシャリと叩く行為）などの体罰は子どもを育てる上で有用である」）と主観的規範（「他者からも体罰は容認されているものである」）の２つに対処するものである。MIというのは、治療者が親の行うべき行動を指示するのではなく、親の体罰への態度や行動を変えるために、親自身の意図や動機を作ることを目的として行われるものであり、それゆえに、親の体罰への認識や行動を変える

のに、とりわけ適しているということが出来る。本介入プログラムは、親の防衛的対応を引き出す可能性が高い「子どもへのしつけはどうあるべきか？」といった話題には言及せず、親が自身の育児法に問題があると認識する手助けをし、それから解決策を生み出すことの手助けをする、という構成で成り立っている。

本介入プログラムの主たる目的

　本介入プログラムの主たる目的は、親の体罰への認識と、それを使おうとする意図を、心理教育的効果のある対話を通じ、変容させることにある。本介入プログラムは、体罰の使用を減らすことに親が心理的抵抗を示しうるという点に対処するために、明確なエビデンスを有するMIという技法を適用させている。

本介入プログラムの具体的な方法

　本介入プログラムは、臨床家が実施する1回以上のセッションからなる短時間の介入法である。1回のセッションの長さは最低20分から1時間以上までで、柔軟に変更可能である。本プログラムのオリジナルの方法は、平均60分の複数回のセッションの形で、臨床家と親のマンツーマンで実施するというものであるが、プログラムをグループセッションの形で実施することも可能である。本プログラムの開発者らは、このプログラムを実施する際には、基礎的な臨床面接技法について何らかのトレーニングを受けた経験があり、より望ましくはMIとしての面接技法の原則につきトレーニングを受けた心理学者・カウンセラー・ソーシャルワーカー・小児科医やその他のプライマリーケアの実施者が行うことを推奨している。プログラムの実施には、話をするためのプライベートなスペースが必要となる。心理教育を行う際のポイントを理解し、何を議論しているのかを理解するための配付資料がある方が望ましいが、そのようなものがなくても実施することは可能である。

スパンキングや体罰に関連した、本介入プログラムの内容

　本介入プログラムは、体罰が子どもに及ぼす影響について話し合うことによって、親自身がしつけ法を変化させる上での意欲を高めることが出来るように、設計されている。介入セッションは、(1) これまでの体罰使用経験を語る、(2) 心理教育の実施、(3) 新たな考え方の構築と、それに基づく行動の喚起、の3つのフェーズで構成されている。初期のフェーズでは、臨床家は参加してもらった親にオープンな質問を行って話し合い、価値観・育児の目標・行っているしつけ法について、探索を行う。このような場合に、誘導的な質問を用いなくとも、親はしばしば体罰に関しての姿勢につき言及する。このような話し合いの際に、医師は親に体罰に関する研究に参加するように提案し、許諾を得る。その後、体罰に関するGershoffのメタアナリシス研究 (2002) の結果を要約した資料を親に手渡す。

　この対話内容やペースは親ごとに調整し、臨床家はここまでのセッションで議論した内容に関しての親からの質問やコメントへの対応を行う。上記の心理教育的プロセスの後に、臨床家はMIのEvoking（引き出し）の段階に移る。この段階では、その他のMIの各種技法を用いながら、親が特定の情報に関して持つ懸念について話し合い、また、体罰に関する各種の研究成果が、これまでの対話で特定された価値や目標とどう適合しているのかについて話し合う (Miller & Rollnick, 2002)。本介入プログラムは、オリジナルの状態では心理教育的な要素のみで構成されていたが、現在では次のステップとして、体罰に代わるしつけ法に関しての教育的要素を追加することが推奨されている。

本介入プログラムの実施状況

　本介入プログラムは、これまで計43名の母親に対し、特に問題を生じることなく実施がなされている。現時点では、このプログラムは大学病院内の心理クリニックでのみ、実施されている状況にある。この43名は米国南西部の大都市圏に住む英語を話す母親で、人種的・民族的に多様なグループ（アフリカ系米国人 [49%]、ユーロ系米国人 [35%]、ヒスパニック系 [16%]）から構成されている。対象者の平均年齢は32歳 (22〜44歳) で、

既婚者（49%）・未婚者（33%）・離婚者（12%）、未婚の同棲者（6%）であった。世帯収入の中央値は2万〜4万ドルであり、約半数は大学に進学していた。対象者の子どもの年齢は3〜5歳であり、障害を持った子どもはおらず、児童相談所への通告歴のある子どももいなかった。

アウトカム評価に基づく、本介入プログラムの効果のエビデンス

　本介入プログラムの有効性のエビデンスとしては、待機中のプログラム参加希望者をコントロール群としたRCT（ランダム化比較研究）が1編存在している（Holland & Holden, 2016）。母親は、1回60分間の介入セッションに参加し、参加前・参加直後・参加1カ月後の3つの時点で、アウトカム評価が実施された。その結果、セッションへの参加は、体罰に対する母親の肯定的認識や体罰を行おうという母親の意図を明らかに低下させることが確認され、この影響は交差試験の結果でも再現された。参加前に比べて、セッションの参加直後と参加1カ月後に、母親の体罰への肯定的認識は有意に低下しており、コントロール群との差異も明らかであった。スパンキングを行おうとする意図についても、同様の結果が確認された。効果量としてのCohenのdは0.67〜2.72と、中等度から非常に大きいとされる範囲であり、これまでに報告された体罰に関しての各種介入研究と比較して、最も高い数値であった。アウトカム評価には、本プログラムに対しての親の反応の評価は含まれていなかったものの、参加者からは本プログラムに参加したことへの肯定的なコメントがなされており、体罰への肯定的態度が強固なままであった母親からも、参加したことに意義を感じたとの感想が寄せられている。

本介入プログラムの研究における限界点（Limitations）

　体罰への肯定的認識や実際に体罰を行ってしまう状況を変えるために、本介入プログラムを活用することは有効と考えられるが、時間をかけて個々の親に向き合って対応を行う必要があり、実施コストも比較的かかるプログラムである。またその効果を、容易に計測することも出来ない。このような限界点に対処するための選択肢として、グループセッションとし

て実施する、プログラムにコンピューター技術を組み込む、などの対策が考えられる。効果に関する研究を行う上での主な限界点は、実際に体罰が減少したか否かを測定しているわけではなく、あくまで体罰の認識や体罰を行う意図がアンケートで回答されたに過ぎないという点が挙げられる。

本介入プログラムの将来的な活用案

臨床医は、本介入プログラムをどのように利用することが出来るか

現時点では、体罰に対しての認識を変容させるためにMIを用いたとの研究報告は1編のみである（Holland & Holden, 2016）。しかし、本介入プログラムの強みの1つは、様々な状況で実施しうる点にある。本介入プログラムは大学で開発され、臨床心理学のトレーニングを受けた個人によって提供されてきたものであるが、体罰に関する各種の研究成果について学び、MIの原則についてトレーニングを受けた専門家であれば、誰でも実施することが可能である。

また本介入プログラムは、単独の治療という位置づけというよりも、体罰に関しての懸念があるケースにおいて、親と関わりを深めるために用いるべき手段ということが出来る。母親学級などの、親に提供されるプログラムやサービスの構成要素や補完ツールとして使用することも出来るであろう。

本介入プログラムの長所の1つは、様々な状況で、また多様なタイプのセラピストと共に使用しうる点にある。実際、親が子育てについて助言を求める際に、大学の研究者にそれを求めることはあまりないため（Taylor, Moeller, Hamvas, & Rice, 2013）、親にとって最も信頼され、影響力のある子育て情報源である、医療従事者や宗教指導者（Taylor, Hamvas, Rice, Newman, & DeJong, 2011）によって本介入プログラムが利用されるようになれば、アウトカム評価においてもより強力な効果量が見出される可能性はありうる（Taylor, Hamvas, Rice, Newman, & DeJong, 2011）。短時間のトレーニングを行うことで、専門家は効率的かつ効果的に本介入プログラムを活用することが出来るようになるはずである。本介入プログラムは現時点で

も十分に簡潔なものということが出来るが、時間的・空間的・人的な制限
がある状況下で実施を可能にするためには、さらなる合理化を進めること
が重要であろう。

地域の実務家は、本介入プログラムをどのように利用することが出来るか

　地域の実務家は、MIのトレーニングを受けたセラピストやその他の専
門家と協力し、このプログラムを活用することが出来る。本介入プログラ
ムは、学校や病院における親教育プログラムとしても適しており、小児科
医・看護師やその他の医療従事者が親に提供する予防的なガイダンスとし
て活用することも出来るであろう。

政策立案者は、本介入プログラムをどのように利用することが出来るか

　本介入プログラムは、身体的虐待を行ってしまった親やそのリスクのあ
る親に対して行いうる、個人的アプローチ法としての教育プログラムの一
部となりうる。

本介入プログラムの情報取得先

　本介入プログラムの情報を取得する上で費用は一切かからない。本介入
プログラムを利用する際には、特段のトレーニングも必要とはされない
が、臨床心理学者やカウンセラーや親に教育を行う立場などの、バック
ボーンを有していることが望ましい。本介入プログラムのより詳細な情報
の入手方法については、ジョージ・ホールデン（gholden@smu.edu）に
メールで問い合わせするとよい。

訳者注——本介入プログラムの本邦における実施状況

　本邦において、動機づけ面接を体罰防止に特化する形で展開する
プログラムは、現時点では存在していないが、一般社団法人日本動

機づけ面接協会（https://www.motivationalinterview.jp/）が、動機づ
け面接の手法の普及・促進及び実際の臨床で使える技術を持つカウ
ンセラーの育成・評価を行っている。また日本語の書籍も多数出版
されている。

参考文献

Burke, B. L., Arkowitz, H., & Menchola, M. (2003). The efficacy of motivational inter-viewing: A metaanalysis of controlled clinical trials. *Journal of Consulting and Clinical Psychology*, 71, 843–861. http://dx.doi.org/10.1037/0022006X.71.5.843

Fishbein, M., & Ajzen, I. (2011). *Predicting and changing behavior: The reasoned action approach*. New York, NY: Taylor & Francis. http://dx.doi.org/10.4324/978020 3838020

Gershoff, E. T. (2002). Corporal punishment by parents and associated child behaviors and experiences: A metaanalytic and theoretical review. *Psychological Bulletin*, 128, 539–579. http://dx.doi.org/10.1037/00332909.128.4.539

Griffin, M. M., Robinson, D. H., & Carpenter, H. (2000). Changing teacher education students' attitudes toward using corporal punishment in the classroom. *Research in the Schools*, 7, 27–30.

Holden, G. W., Brown, A. S., Baldwin, A. S., & Croft Caderao, K. (2014). Research findings can change attitudes about corporal punishment. *Child Abuse & Neglect: The International Journal*, 38, 902–908. http://dx.doi.org/10.1016/j.chiabu.2013.10.013

Holland, G. W. O., & Holden, G. W. (2016). Changing orientations to corporal punishment: A randomized, control trial of the efficacy of a motivational approach to psychoeducation. *Psychology of Violence*, 6, 233–242. http://dx.doi.org/10.1037/a0039606

Miller, W., & Rollnick, S. (2002). *Motivational interviewing: Preparing people for change* (2nd ed.). New York, NY: Guilford Press.

Reich, S. M., Penner, E. K., Duncan, G. J., & Auger, A. (2012). Using baby books to change new mothers' attitudes about corporal punishment. *Child Abuse & Neglect: The International Journal*, 36, 108–117. http://dx.doi.org/10.1016/j.chiabu.2011.09.017

Robinson, D. H., Funk, D. C., Beth, A., & Bush, A. M. (2005). Changing beliefs about corporal punishment: Increasing knowledge about ineffectiveness to build more consistent moral and informational beliefs. *Journal of Behavioral Education*, 14, 117–139. http://dx.doi.org/10.1007/s1086400527069

Scholer, S. J., Hamilton, E. C., Johnson, M. C., & Scott, T. A. (2010). A brief intervention may affect parents' attitudes toward using less physical punishment. *Family and Community Health*, 33, 106–116. http://dx.doi.org/10.1097/FCH.0b013e3181d592ef

Taylor, C. A., Hamvas, L., Rice, J., Newman, D. L., & DeJong, W. (2011). Perceived social norms, expectations, and attitudes toward corporal punishment among an urban community sample of parents. *Journal of Urban Health*, 88, 254–269. http://dx.doi.org/ 10.1007/s1152401195487

Taylor, C. A., Moeller, W., Hamvas, L., & Rice, J. C. (2013). Parents' professional sources of advice regarding child discipline and their use of corporal punishment. *Clinical Pediatrics*, 52, 147–155. http://dx.doi.org/10.1177/0009922812465944

Vittrup, B., Holden, G. W., & Buck, J. (2006). Attitudes predict the use of physical punishment: A prospective study of the emergence of disciplinary practices. *Pediatrics*, 117, 2055–2064. http://dx.doi.org/10.1542/peds.20052204

II 病院や診療所向けの
介入プログラム

5 プレイ・ナイスリー

ゼス・スカラー

概　略

　プレイ・ナイスリー（Play Nicely）はバンダービルト大学医療セン
ターのゼス・スカラー医師により開発されたプログラムである。本介入プ
ログラムは一般的予防策であるが、選択的予防策としても利用可能である。
両親が複雑な感情を抱くことを避けるためにも、本介入プログラムの開発
者は、子どもを持つ親すべてを対象とした一般的予防策として本プログラ
ムを活用することを推奨しているが、スクリーニングでハイリスクと認識
された親を対象にした選択的予防策として活用してもよい。

背景と理論

　プレイ・ナイスリーは、小児期逆境経験（ACE：adverse childhood expe-
riences）の構成要因である体罰などの不健康な育児習慣を減らすことに焦
点化した、子どものマルトリートメント予防のための、動画視聴による心
理教育プログラムである。ACEの構成要素は、家庭機能問題（離婚、親の
収監、親の精神疾患、親の薬物乱用、父母間のDV）とマルトリートメントの
問題（虐待、ネグレクト）の大きく2群に分類しうる。虐待・ネグレクト
は親の養育問題に関連する、ACEの構成要素である。このようなACEの
構成要素の例としては、体罰、脅し、屈辱を与える、大声でどなる、罵る、
等が挙げられる。このような育児行動に曝露されていた場合、ACE研究
では虐待・ネグレクト体験があったものとして分類される。このように分
類することが望ましいことは各種の研究によっても支えられており、体罰
もその他のマルトリート体験も、のちの人生における健康予後を低下させ
ることが示されている（Afifi et al., 2017）。

本介入プログラムの主たる目的

プレイ・ナイスリー・プログラムの主たる目的は、体罰に代わる健全なしつけ法を親に伝達することで、ACEの発生を抑えるための効果的で効率的で安価な方法を提供することにある。本介入プログラムと他の育児プログラムを差別化する特徴としては、簡潔さ、低コスト、施行の容易さが挙げられる。

介入プログラムの具体的な方法

プレイ・ナイスリー・プログラムでは、体罰に代わるしつけ方法の選択肢について、幼い子どもが別の子どもを叩いていたのを見た場合を親に想定してもらいながら、心理教育を実施している。参加する親には、選択肢として20通りの方法が提示される（図5.1参照）。各々の選択肢をクリックすると、1〜2分間のナレーションとともに、箇条書きでの概説が示され、「とても良い選択です」「他の方法を試してダメだった場合、この方法も有効でしょう」「他に良い選択があります」といったフィードバックが表示される。20通りの選択肢の内容につき、学習者がいつでも確認出来るように、マルチメディア・プログラムのナレーションを書き起こしたハンドブック（Play Nicely: Healthy Discipline Handbook）も用意されている（図5.2、図5.3参照）。子どもの攻撃的態度というものは、将来的な暴力行為に発展する最も高いリスク要因であるが、そのような態度やその他の挑発的な態度を子どもが示した場合に、親はどのように対応したら良いのかの選択肢について、学ぶことが出来る。

プレイ・ナイスリーのマルチメディア・プログラムを閲覧するのに要する時間は、親がどこまでセクションを細かく表示するのかにもよるが、50分間もあればすべてを見ることが出来る。セクションの中で、体罰を低減する上で最適の情報を提示している「推奨事項2」というページを観閲するのに必要な時間は、各選択肢でそれぞれ1分程度、全部で20分程度である。プレイ・ナイスリー・ハンドブックは、マルチメディア・プログラムの内容を反映しているが、このハンドブックの内容を確認するのにかかる時間は、読む人物の読書レベルにより異なる。

| はじめに戻る | 推奨事項2 | 子どもが暴力を振るった時の20の選択肢 |

あなたの子どもが別の子を叩いているのを目撃しました。あなたはどうしますか？

ここで提示した各種の選択肢は、以下のどれに該当するかを、それぞれ数分ずつ学びましょう

◎素晴らしい選択肢です　○他の方法を試した後なら、良い選択肢です　✗推奨されない選択肢です

◎ より良い行動を促す（リダイレクト）
✗ 手やお尻をピシャリと叩く（スパンキング）
○ 楽しみ（おもちゃ/お菓子など）を取り上げる
✗ 問題行動を無視［見て見ぬふり］する
◎ 後で、ロールプレイを行う
◎ 子どもに、他の子がどう感じたと思うか、尋ねる
◎ なぜ暴力が悪い事なのか、話し合う
○ 警告を与える
○ スポーツ、武道など、積極的に体を動かす機会を作る
◎ こうして欲しいという期待を伝える

◎ 後で、良い行動がみられた時には、積極的に子どもを褒める
◎ 「叩いてはだめ」のように話し、ルールを決める
○ 子どもを一定時間1人にし、落ち着かせる（タイムアウト）
◎ あなたの子どもがどう思ったのか、尋ねる
◎ 子どもに［ダメ！］と言う
○ その場を離れる
✗ 怒鳴ったり、怒った口調で叱る
○ その日の行動計画の変更を行う
✗ 子どもに［あなたは悪い子ね］と伝える
◎ 質問形式で、リダイレクト［良い行動の促進を行う

©プレイナイスリーの著作 www.playnicely.org

©2010　バンダービルト大学

図 5.1　プレイ・ナイスリーのマルチメディアアプローチで提示している「20のしつけ法」を示したページのスクリーンショット

Play Nicely: The Healthy Discipline Program, Third Edition [interactive multimedia program] , by S. J. Scholer. より。http://www.playnicely.org. から閲覧可能（訳注：日本語版を準備中である）。版権を有するバンダービルト大学から、許可を得て転載

プレイ・ナイスリー：健全なしつけ法のハンドブック

手やお尻をピシャリと叩く（スパンキング）

× 推奨されない選択肢です（他に良い方法があります）

スパンキングは短期的にみれば効果があるようにみえるかもしれません。しかし実際には長い目で見た場合、スパンキングは状況を悪化させることになってしまうのです。スパンキングは子どもの注意を引きますが、子どもの行為がなぜ間違っているのかを説明することはできません。あなたは子どものお手本なのです。あなたが子どもにスパンキングを行うことは、「困った状況を切り抜けるために誰かを傷つけることは、許容される手段なのだ」と伝えることになります。子どもを叩きながら「叩いてはいけません」と教えることは、全くつじつまが合いません。**「良い行動を促す（リダイレクト）」**などの、どうすれば人を傷つけないでいられるのかを子どもが学ぶことが出来る他の選択肢を用いる方が、はるかに有効です。良い選択肢は複数存在しており、スパンキングはしつけ法としては推奨されません。

「愛のムチ」「お尻ペンペン」などの"愛情があるのならば軽微な体罰は有効である"と言う人もいますが、実際には、月に1回程度でもスパンキングを受けている子どもは、感情や思考をコントロールする脳の前頭前野の大きさが19%も小さくなっていたことが、研究では判明しています＊。子どもを導く際には。**「ルールを明確化する」「不適応行動に対してリダイレクトを行う」「なぜ暴力がいけないのか教える」「他の子がどう感じたのか考えさせる」**などの手段を用いるべきであり、スパンキングやその他の体罰を用いるべきではありません。あなたがより良い形のしつけ法を惜しむ場合には、あなた自身が子どもの問題行動を促進させてしまいうるのです。

＊友田ら. Neuroimage. 2009; 47(Suppl 2):T66-71.
　https://www.ncbi.nlm.nih.gov/pmc/articles/PMC2896871/

図5.2　プレイ・ナイスリーの「手やお尻をピシャリと叩く（スパンキング）」の選択に対する該当ページ（同内容が、マルチメディア・プログラムではナレーションされる）

プレイ・ナイスリー：健全なしつけ法のハンドブック

より良い行動を促す（リダイレクト）

◎ 素晴らしい選択肢です

子どもの行動を、より良い行動に向き換え、それを促していくことは、素晴らしい選択です。このような、子どもの暴力的行為を、役に立つ別の行動に親が向き換える、という働きかけをリダイレクトと言います。リダイレクトという方法は、あなたが見ているよ、ということを子どもに伝えることが出来る・同じような状況に置かれた際に「してはいけない」ことではなく「こうしたらよい」ということを子どもが学ぶことが出来る、という理由から非常に有効に働きます。

例：

子どもが他の子どもを叩いたり、つきとばしたり、髪の毛を引っ張ったりした時：
「お手々は、ボールを投げたり、お家のお掃除の手伝いをしたり、レゴで遊ぶために使おうね」

子どもが他の子どもを蹴った時：
「あんよは歩くために使おうね」

子どもが他の子どもを咬んだ時：
「歯は食べ物を食べるために使おうね」

子どもが誰かを傷つける言葉を使った時：
「次に怒った時に、もっといい言葉が悶えるように考えてみようね」

リダイレクトは、子どもがイライラしたり怒った時であっても、自身の体をより良く使う方法を学ぶことが出来る、非常に重要なしつけ法です。しつけ方法としてリダイレクトを取り入れることで、日々の生活の中で困難を感じたときに、子どもはより適切な行動がとれるようになっていくのです

図 5.3 プレイ・ナイスリーの「より良い行動を促す（リダイレクト）」の選択に対する該当ページ（同内容が、マルチメディア・プログラムではナレーションされる）

Play Nicely: The Healthy Discipline Handbook（p.9）, by S. J. Scholer から引用。
版権を有するバンダービルド大学から、許可を得て転載

臨床現場で1分でできる、プレイ・ナイスリーの導入

ステップ1　ハンドブックのページを開く

「私たちはすべての親御さんに、お子さんに対して健康的なしつけ法を使って欲しいと考えています。プレイ・ナイスリーというプログラムをご存知でしょうか？」

「あなたのお子さんが別の子を叩いているのを見かけるとします。お子さんに対し、どう対応しますか？20の選択肢から選んでみますか？」

「素晴らしい選択肢もあれば、他の方法を試してダメだった場合に有効であろう選択肢もあれば、お勧めできない選択肢もあります。スパンキング（タブ付きページをめくって）・リダイレクトが最高な選択である理由と、スパンキングが推奨されない理由を一緒に確認しましょう。このように、ハンドブックから、状況に適した様々なしつけ法について学ぶことが出来ますよ」

[ハンドブックの入手できる場所（例：地域リソースセンター、図書館、診療所、バンダービルド大学など）につき、親に助言を行う]

ステップ2　ハンドブックの最後のページを開く

「しつけ法の様々な選択肢についてさらに学びたければ、パソコンやタブレットやスマートフォンから、以下のサイトにアクセスすれば、無料でマルチメディアプログラムを使用することが出来ます：www.playnicely.org」

お子さんの世話をしてくれるすべての人にプログラムを見せてあげましょう。誰もが一貫して同じしつけ方をすることで、あなたのお子さんの振る舞いは、より良いものとなるでしょう」

「お子さんの行動に不安がある場合、診察予約を入れますので、2～3ヶ月の様子について確認させてください」

プレイ・ナイスリー一緒なしつけ法のハンドブック

あなたのお子どもが、他の子に暴力をふるっているのを見かけた状況を、想定してみてください。以下の20の選択について考えてみましょう

より良い行為を促す（リダイレクト）

手や拳でピシャリと叩く（スパンキング）

「叩いてはだめよ」と優しく叱り、ルールを決める名明確化する（ルール設定）

後で、良い行動をとれたか確認には、積極的に子どもに褒美を与える（報いを与える）

子どもに、他の子から叩かれたと思うか、尋ねる気持ちを考える

子どもを一定時間、落ち着かせる（タイムアウト）

怒鳴ったり、起こって口頭で叱る（怒鳴る）

子どもにダメと言う（ダメ）

楽しみ（おもちゃやお菓子など）を取り上げる（特権剥奪）

警告を与える（警告する）

問題行動を無視する［見て見ぬふりをする（無視）］

スポーツ、武道など、積極的に体を動かす機会を作る（体を動かす）

あなたの子どもがどう思ったのか、尋ねる（気持ちを聞く）

子供に「あなたは悪い子ね」と伝える（悪い子よ）

その場を離れる（場を離れる）

なぜ暴力が悪いのか、話し合う（話し合う）

「こうして欲しい」という期待を伝える（期待を伝える）

別の機会に、ロールプレイを行う（ロールプレイ）

買い物するなど、その日の行動形態を変更する（計画変更）

該当するページに行くと、あなたの選択が以下の3つのどれに当たるのか、記載されています。
◎とても良い　○良い　✕推奨されない

図5.4　臨床現場で1分でできる、プレイ・ナイスリーの導入

　プレイ・ナイスリー・プログラムは、個人を対象として実施することも出来るし、グループセッションに活用することも可能である。このプログラムの導入に際し、特段の研修は必要としないため、医療者・教育者・家族・友人など、誰でも活用することが出来る。プレイ・ナイスリーの導入は1分もあれば出来るため（図5.4参照）、時間に追われる小児の一次診療の場面でも使用出来るという、極めて重要な利点を有する。

　プログラム実施の際に必要な資料は、どのような場面で実施するのかや、誰を対象に実施するのかにより異なる。手元に資料がなくとも、いつでも誰でも、親に「子どもが困った行動をとる時にどのように対応したら良いのかの選択の幅を広げる、良いツールがありますよ。"プレイ・ナイスリー"というのですが、インターネットでPlay nicely.orgと入力すれば、無料で閲覧することが出来ます」との説明を行うことが可能である。

　パソコンやタブレット端末、スマートフォンなどをインターネットに接続して、https://www.playnicely.orgに行き、右上の「20のオプション」をクリックすれば、親に20のオプション（図5.1参照）を表示することが出来る。プログラムを紹介する際の、紹介方法の一例を、以下に提示する。

　　　私たちは、すべての親御さんに、子どもをしつけるための健全な方法について学んでいただきたいと思っています。あなたのお子さんが他の子どもを叩いているのを目撃したとしましょう。あなたはその時、どうしますか？　唯一絶対の正解というのはありませんが、他の方法よりも、より望ましい方法というものは存在しています。詳しく知りたい場合には、それぞれの選択肢を選択すれば、その説明を行っているページに飛ぶことが出来ます。それぞれのページの内容を確認するのには、1〜2分程度しかかかりません。お好きなだけ、確認していただければと思います。

　親がインターネットを使用するよりも、印刷物として内容の確認をすることを望む場合には、ハンドブックを活用するとよい。プレイ・ナイスリーのハンドブックは、保育士や教師、研修医などとも共有出来るし、親

が持ち帰って他の家族成員と共有することも出来る。医療者やその他の専門家は、このハンドブックを使って、1分以内にプレイ・ナイスリーのプログラムを導入することが出来るであろう（図5.4参照）。

スパンキングや体罰に関連した、本介入プログラムの内容

　プレイ・ナイスリーのマルチメディア・プログラムは複数のセクションから成り立っており、親が自由に見たいコンテンツを選択することが出来る。例えば、セクション1は5つの「推奨事項」という項目からなり、推奨事項2はこのプログラム中で最も長く、すべて閲覧するのに約20分を要する。「推奨事項2」とタイトルされたページは、体罰のもたらす予後についての言及があるインタラクティブなページであり、たとえ親がこのページをわずか5〜10分程度であっても見ることが、とりわけ重要となる。「推奨事項2」のページでは、幼い自分の子どもが、他の子どもを叩いているのを見た、という仮想的な状況を設定し、20のしつけ法のリストを提示した上で、その中から閲覧者が1つ選択する、という構成になっている（図5.1参照）。「スパンキング」という選択肢をクリックした場合、スパンキングが推奨されない理由について箇条書きされたページに飛び、ナレーションが流れる（ナレーションの内容について記載されたハンドブックの該当ページを図5.2に掲示している）。

　プレイ・ナイスリー・プログラムでは、体罰に代わるしつけ法の選択肢を親に提供している。親はこのプログラムを介して、「リダイレクション」「特権を取り上げる」「『こうして欲しい』という期待を伝える」「良い行動に対し、積極的に褒める」「後で、ロールプレイを行う」「その日の行動計画の変更を行う」「なぜ暴力が悪いのか、話し合う」などの、健全なしつけ法の選択肢を学ぶことが出来る。例えば「リダイレクション」は「とても良い選択」と位置づけられるしつけ法である。本選択肢をクリックした場合に流れるナレーションの内容について記載されたハンドブックの該当ページを、図5.3に掲示する。

本介入プログラムの実施状況

　プレイ・ナイスリーは、小児科や産婦人科のクリニックの現場、医学部教育の場、小児科研修プログラム、早期教育施設、家庭訪問プログラムなどで幅広く活用されている。現時点でも数多くの研究が存在し、総計で1000名以上の親が対象となり、その効果が報告されている（Burkhart, Knox, & Hunter, 2016; Burkhart, Knox, Hunter, Pennewitt, & Schrouder, 2018; Chavis et al., 2013; Hudnut-Beumler, Smith, & Scholer, 2018; Scholer, Brokish, Mukherjee, & Gigante, 2008; Scholer, Hamilton, Johnson, & Scott, 2010; Scholer, Hudnut-Beumler, & Dietrich, 2010, 2012; Scholer, Hudnut-Beumler, Mukherjee, & Dietrich, 2015; Scholer, Mukherjee, Gibbs, Memon, & Jongeward, 2007; Scholer, Reich, Boshers, & Bickman, 2005, 2012; Scholer, Walkowski, & Bickman, 2008; Smith, Hudnut- Beumler, & Scholer, 2017）。ただ本介入法は、オンラインのマルチメディア・プログラムが無料で利用可能な状態で開放されており、ダウンロードしたコンピューターでもいくらでも閲覧出来、ハンドブックも無料で貸与されているため、実際にこのプログラムを利用した家族の総数は不明である。

　バンダービルト大学医療センターでは、英語かスペイン語を話す低所得者層の生後6カ月から10歳までの子どもを持つ親を対象に、本介入プログラムの効果についての研究を精力的に行っている（Chavis et al., 2013; Hudnut-Beumler et al., 2018; Scholer, Hamilton, et al., 2010; Scholer, Hudnut-Beumler, & Dietrich, 2010, 2012; Scholer et al., 2007, 2015; Scholer, Walkowski, & Bickman, 2008; Smith et al., 2017）。またトレド医科大学では、小児科の研修医を対象に、本介入プログラムの効果研究が実施されている（Burkhart et al., 2018）。

プログラムスタッフのトレーニング効果に関するエビデンス

　研修医と医学生を対象としてプレイ・ナイスリーの効果につき検討した研究が、いくつか実施されている（Burkhart et al., 2016; Scholer, Brokish, et al., 2008; Scholer et al., 2005; Scholer, Reich, et al., 2012）。研究の結果、このプログラムを閲覧した小児科研修医や小児科実習を行った医学生は、親にし

つけ法について教育する方法をより深く理解しており、自身のスキルにより自信を持ち、実際に親と話をする際に体罰を使用しないように助言する傾向が高かったことが判明している。

　同じく、小児科研修医と小児科実習中の医学生を対象とした別のある研究では、プレイ・ナイスリー・プログラムを使用する前後で、以下のシチュエーションを想定するように、求められた。

　　　　スミスさんは3歳のジョニーちゃんの母親です。ジョニーちゃんは乳児健診で発達上の遅れなども認めていない、生来健康なお子さんです。ただスミスさんは、ジョニーが他の子どもたちを叩いたり押し倒したりしてしまうことに懸念を抱いており、そんな時にどうしたら良いか、あなたに助言を求めてきました。あなたがスミスさんと話し合う必要があると考えるポイントについて、すべてリストアップしてください。

　プログラムを閲覧した後では、このような状況を提示された際に、健全なしつけ法についてリストアップする割合が有意に増加することが確認されている（$p < .001$, Cohenのd = 0.97）。またプログラムを閲覧する前と比較し、閲覧後には研究参加者のスパンキングを容認する割合が、有意に低下したことも確認されている。例えば、ATS質問紙（the Attitudes Toward Spanking questionnaire）を用いて検討を行ったHoldenらの研究では、プログラム使用前のスコアは平均29であったが、使用後には21.4に低下していた、と報告されている（$p < 0.001$; Cohenのd = 1.00）（Burkhart et al., 2016; Holden, Coleman, & Schmidt, 1995）。

本介入プログラムに対しての、スタッフからの評価に関するエビデンス

　バンダービルト大学では、プレイ・ナイスリー・プログラムを、親や研修中の医療者に対し、健全なしつけ法について教育する上での、第一線の情報源として活用している。バンダービルト大学に関連する小児科の一次診療の提供者（スタッフ医師、看護師、研修医）は、幼小児の両親に本プロ

グラムの使用を日常的に推奨している。バンダービルト大学のジュニア・
リーグ・ファミリー・リソース・センターでは、親に無償で貸与するため
に、プレイ・ナイスリー・ハンドブックを大量に用意している。バンダー
ビルド大学の関連施設でプレイ・ナイスリーが広く活用されるようになっ
た背景には、当地の医療者が長年にわたって、親と共有可能なプログラム
の開発に関心を持ち続けてきた点も挙げられるであろう。

本介入プログラムに対しての、家族からの評価に関するエビデンス

　親がプレイ・ナイスリー・プログラムに好感を示していることも、各種
研究で確認されている。それらの研究では、親が「本プログラムは、有用
性があり、医療者としつけについて相談する頻度を高める」と捉えている
と、報告されている（Scholer, Hudnut-Beumler, & Dietrich, 2012; Scholer et
al., 2015）。ある研究では、小児科のクリニックにおいて、英語かスペイン
語を話す親に、マルチメディア・プログラムで提示される 20 のしつけ法
の選択肢のうち、少なくとも 4 つ以上の選択肢の説明を閲覧するように依
頼し、閲覧後に、親にクリニックに訪問してこのようなプログラムを使用
したことについて、どのように評価するのかを尋ね、「良い」との評価を
行った親にはその理由を尋ねている（Scholer, Hudnut-Beumler, & Dietrich,
2012）。その結果、研究に参加した 129 名の親のうち、128 名がプログラ
ムを使用したことについて、「良い」との評価を行っていた。ほとんどの
親はこのプログラムを使用した経験を「個人的に良い経験となった」と評
価しており、その理由としての自由回答では、76％の親が「教育的なもの
であった」、8.6％の親が「より良いしつけについて学習する良い機会と
なった」、2％の親が「しつけ法について医師と話をする良いきっかけと
なった」と回答し、16％の親が「このプログラムを他者にも勧めたい」と
回答していた。また、医療者としつけ法について話し合いを持ったと回答
した親のうち 90％以上が、「このプログラムがその話し合いを行うきっか
けとなった」と回答していた（Scholer et al., 2015）。
　プレイ・ナイスリーの効果に関する研究では、文化・人種的な背景に関
して評価した研究も行われている。小児科のクリニックを受診した際に、

マルチメディア・プログラムで提示される 20 のしつけ法の選択肢のうち、少なくとも 4 つ以上の選択肢の説明を閲覧するように依頼した親を対象として、文化や人種の問題について親に質問を行ったある研究では、80％の親が「人種や民族に関係なく、このプログラムは家族のニーズに対応するものであり、家族の価値観を尊重し、個人的な信念に対しても考慮されたものである」と回答していた (Smith et al., 2017)。1 人の親のみが、以下のように、「このプログラムは文化的な背景を考慮していない」とのコメントを行っていた。

　　私は、スパンキングは最も優れたしつけ法だと考えています。このプログラムは白人家庭を対象としたものであり、文化的にスパンキングを許容してきた黒人家族を対象としたものではないと感じました。このプログラムを使用して、自分のやっていることは間違っているのではないかと、教えられたような気もしました。もし私が子どもたちに体罰を使用しなくなれば、子どもたちは私に暴力を振るうようになるでしょう。

　このような指摘があったことを重く受け止めることは重要ではあるものの、育児プログラムというものは、人種にかかわらず少数の親が確信的に抱いている健全とはいえない育児信念に反していたとしても、広く一般の親に最善のしつけとはどのようなものかを知らせるものであるべきである。プレイ・ナイスリー・プログラムが提供する情報が、アフリカ系米国人の一部や、「鞭を惜しめば子どもがダメになる」という宗教的信念を持つ一部の米国人など、特定の人々の考えとバッティングしてしまうという事実と、体罰に対する社会的規範を変えていくことで子どもたちが受ける健康上の利益とは、しっかりとバランスを図るべき問題ということが出来よう。

アウトカム評価に基づく、本介入プログラムの効果のエビデンス

　プレイ・ナイスリーは、親や研修医を対象とした複数の研究で、体罰の使用を低減する効果が実証されている (Chavis et al., 2013; Hudnut-Beumler et al., 2018; Scholer, Brokish, et al., 2008; Scholer, Hamilton, et al., 2010; Scholer, Hudnut-Beumler, & Dietrich, 2010; Scholer et al., 2007; Scholer, Reich, et al., 2012)。本介入プログラムは、特に子どもが攻撃的態度を示した際に、親、保育士／教師、医療者が、より健全な形でしつけを行うことが出来るように、啓発することを目的としている。本プログラムを使用することで、親の体罰への認識を変え、親が体罰を使用しようとする意図を減らし、実際に体罰の使用が減ることが判明している。本プログラムを閲覧した医療者は、親に子どもへ体罰を使用しないように助言する割合が高まることも判明している。他にも、このプログラムがどのように機能するかについてや、このプログラムが文化的背景の異なる親に対して広く適応しうるかどうかについて評価した研究も存在している。

　プレイ・ナイスリー・プログラムが親の体罰使用に影響しうることを示した最初の研究は、小児科クリニックを受診した際に、プレイ・ナイスリー・マルチメディアプログラムを利用し、20 のしつけ法の選択肢のうち少なくとも 8 つのしつけ法の選択肢のページを閲覧した、1 〜 7 歳の子どもを持つ親 89 名を対象とした研究である（Scholer et al., 2007）。この研究では、親が本プログラムを閲覧した後に、「家に帰って子どもをしつける際に、何かこれまでと違うことをしようと思いましたか？」との自由回答形式の質問を親に行っている。その結果、90％の親が何らかの形でしつけの仕方を変えようと考えたと回答しており、30％の親はこれからは体罰を減らそうと思う、と明確に口にしていた。

　本研究の結果を受け、いくつかのランダム化比較研究（RCT）が行われ、本介入プログラムが親の体罰使用を、少なくとも短期的には低減することが示された（Chavis et al., 2013; Scholer, Hamilton, et al., 2010; Scholer, Hudnut-Beumler, & Dietrich, 2010）。例えば、子どもを幼稚園に通園させている親と、子どもを小児科クリニックに受診させてきた親を対象に行われたある RCT 研究では、20 のしつけ法の選択肢のうち少なくとも 8 つのしつけ法の選択肢のページを閲覧した介入群と、対照群の 2 群に親を無作為に割り付け、体罰への認識の変化について検討がなされた。介入から 4 カ月後の時点で、体罰を容認する割合は対照群では変化がなかったものの、介入

群では有意な減少が確認されたと報告されている（p＜0.01）（Scholer, Hamilton, et al., 2010; Smith et al., 2017）。

　また、選択バイアスの可能性を低減させるために、一般集団を対象とした RCT 研究も、2 件実施されている。2 つの RCT 研究ともに、介入群の親は対照群の親と比較して、スパンキングを容認する割合が有意に低下した、と報告されている（Chavis et al., 2013; Scholer, Hudnut-Beumler, & Dietrich, 2010）。1 つ目の RCT 研究では、1 〜 5 歳の子どもを持つ親を対象とし、介入群には少なくとも 4 つのしつけ法の選択肢のページを閲覧するように依頼し、小児科クリニック受診時に、介入群・対照群の両方の親に、「子どもをしつけるやり方を変えるつもりはありますか？」との質問がなされた。その結果、対照群ではしつけ法を変えるつもりと答えた親が 0％であったのに対し、介入群の親の 9％が「子どもにスパンキングを今後は行わないつもりだ」と回答していた（p＜0.001）、と報告されている（Scholer, Hudnut-Beumler, & Dietrich, 2010）。もう 1 つの RCT 研究は、生後 6 カ月から 2 歳の子どもの親を対象として実施され、介入群には少なくとも 4 つのしつけ法の選択肢のページを閲覧するように依頼がなされた。小児科クリニック受診時に、介入群と対照群の親すべてに、ATS 質問紙（the Attitudes Toward Spanking questionnaire：親に体罰容認傾向がある場合にスコアが高くなる）（Holden et al., 1995）を用いた評価が行われ、その結果、介入群の親の ATS スコアは、対照群に比べ有意に低かった（p = .043）と報告されている（Chavis et al., 2013）。

　各種の研究で、プレイ・ナイスリー・プログラムは親だけでなく、医療者にも影響を及ぼすことが確認されている。トレド大学医学部が行った研究では、プレイ・ナイスリー・プログラムを小児科研修医、小児科実習中の医学生、そして親の 3 グループに閲覧してもらい、その後に体罰の使用に関しての態度を評価したところ、すべてのグループで体罰を容認する割合が低下した、と報告されている（Burkhart et al., 2016, 2018）。

　プレイ・ナイスリーは、体罰に代替するしつけ法を親に提供することで、体罰容認割合の低下という効果を発揮することが判明している（Hudnut-Beumler et al., 2018）。Hudnut の研究では、小児科のクリニックでプレイ・

ナイスリー・プログラムの少なくとも4つのしつけ法の選択肢のページを
閲覧した親197名が対象とされていたが、9%の親が自発的に体罰を控え
る旨の発言を行っていた。それらの親に、何がそのような変化をもたらし
たのかについて質問がなされているが、63%の親は「プログラムを閲覧し
たことで体罰に代替する他の選択肢を学んだため」と回答した、と報告さ
れている。

本介入プログラムの研究における限界点（Limitations）

　本介入プログラムの研究の限界としては、追跡期間の短さと、親が実際
に体罰をどの程度使用しているのかの評価がなされていない点が挙げられ
る。これらの限界点に対処するため、現在大規模のRCT研究が進行中で
ある。

本介入プログラムの将来的な活用案

臨床医と地域の実務家は、本介入プログラムをどのように利用することが出来るか

　プレイ・ナイスリー・プログラムは、幼小児の養育を行うすべての人を
対象としている。今後の展開としては、母親学級の妊婦や、高校生・大学
生の健康教育クラスなど、まだ実際には子どもの養育に関わってはいない
人物を対象として、本プログラムを活用するなども考えられる。

　医療現場で、医療者がルーチンに本プログラムを使用することを推奨す
る、なども考えられる（図5.4参照）。親の中には、子育てのための教育や
支援を必要とする人もいれば、ほとんどそのような支援を要さない親もい
る。そのため小児の一次診療を行う医療者は、親の養育能力評価を併用す
る形で、本プログラムを使用することを望むかもしれない。健全な養育を
行っている親を同定するための親調査票もいくつか開発されているものの、
そのほとんどは乳幼児健診の場などで使うには、時間がかかりすぎるのが
現状である。2017年と2018年に、本介入プログラムの研究チームは、
ACE調査の一環として、12項目の育児評価項目を含むPCS（Parenting

and Childhood Stressors）尺度を、生後6カ月から10歳の子どもを持つ1000人以上の親を対象として、使用した。その成果に基づき研究チームは、医療者が活用出来るよう、親や子どものストレス状況の評価としてのPCS尺度を、プレイ・ナイスリーのプログラムに組み込んでいる。

政策立案者は、本介入プログラムをどのように利用することが出来るか

　プレイ・ナイスリーの利点の1つは、様々な保健医療の現場や、地域の子育て支援の現場で、幅広く活用することが出来る点にある。子どもへの体罰防止に関心を抱いている政策立案者は、家庭訪問プログラムや「ヘッド・スタート」などの就学前支援プログラムに、プレイ・ナイスリーの使用を推奨することで、幅広くこのプログラムを地域に広げることが可能である。

本介入プログラムの情報取得先

　プレイ・ナイスリーは、オンラインサイト（http://www.playnicely.org）から無料で閲覧可能である。内容を印刷したハンドブック（Play Nicely: Healthy Discipline Handbook）は1冊14ドルで購入出来、一度に大量に購入した場合、割引価格が適用される。マルチメディア・プログラムは、英語版とスペイン語版が提供されており、そのいずれもが無料で利用出来る。ハンドブックは英語版、スペイン語版、アラビア語版が用意されている。医療者が不健全なしつけ法を用いている親を特定するためのACEアルゴリズムも無料で提供されており、支援計画に役立てることが出来る。マルチメディア・プログラムの表示方法、ハンドブックやACEアルゴリズムの入手方法については、https://www.playnicely.orgを参照するとよい。

> **訳者注──本介入プログラムの本邦における実施状況**
> 現在、前橋赤十字病院小児科および松戸市立総合医療センター小

児科が中心となり、本邦での実施・普及に向け、開発元であるバン
ダービルド大学との版権交渉を行っている。

必要時には作成中のHPから連絡されたい：https://plaza.umin.ac.jp/nhz/

参考文献

Afifi, T. O., Ford, D., Gershoff, E. T., Merrick, M., Grogan-Kaylor, A., Ports, K. A., . . .
Peters Bennett, R.（2017）. Spanking and adult mental health impairment: The case
for the designation of spanking as an adverse childhood experience. *Child Abuse &
Neglect: The International Journal*, 71, 24–31. http://dx.doi.org/10.1016/j.chiabu.
2017.01.014

Burkhart, K., Knox, M., & Hunter, K.（2016）. Changing health care professionals' atti-
tudes toward spanking. *Clinical Pediatrics*, 55, 1005–1011. http://dx.doi.org/10.1177/
0009922816667313

Burkhart, K., Knox, M., Hunter, K., Pennewitt, D., & Schrouder, K.（2018）. Decreasing
caregivers' positive attitudes toward spanking. *Journal of Pediatric Health Care*, 32,
333–339. http://dx.doi.org/10.1016/j.pedhc.2017.11.007

Chavis, A., Hudnut-Beumler, J., Webb, M. W., Neely, J. A., Bickman, L., Dietrich, M. S.,
& Scholer, S. J.（2013）. A brief intervention affects parents' attitudes toward using
less physical punishment. Child Abuse & Neglect: *The International Journal*, 37,
1192–1201. http://dx.doi.org/10.1016/j.chiabu.2013.06.003

Holden, G. W., Coleman, S. M., & Schmidt, K. L.（1995）. Why 3-year-old children get
spanked — Parent and child determinants as reported by college-educated mothers.
Merrill-Palmer Quarterly, 41, 431–452.

Hudnut-Beumler, J., Smith, A. E., & Scholer, S. J.（2018）. How to convince parents to
stop spanking their children. *Clinical Pediatrics*, 57, 129–136.

Scholer, S. J., Brokish, P. A., Mukherjee, A. B., & Gigante, J.（2008）. A violence- preven-
tion program helps teach medical students and pediatric residents about childhood
aggression. *Clinical Pediatrics*, 47, 891–900. http://dx.doi.org/10.1177/0009922808319
965

Scholer, S. J., Hamilton, E. C., Johnson, M. C., & Scott, T. A.（2010）. A brief intervention
may affect parents' attitudes toward using less physical punishment. *Family & Com-
munity Health*, 33, 106–116. http://dx.doi.org/10.1097/FCH.0b013e3181d592ef

Scholer, S. J., Hudnut-Beumler, J., & Dietrich, M. S.（2010）. A brief primary care inter-
vention helps parents develop plans to discipline. *Pediatrics*, 125, e242–e249. http://

dx.doi.org/10.1542/peds.2009-0874

Scholer, S. J., Hudnut-Beumler, J., & Dietrich, M. S. (2012). Why parents value a brief required primary care intervention that teaches discipline strategies. *Clinical Pediatrics*, 51, 538–545. http://dx.doi.org/10.1177/0009922812439241

Scholer, S. J., Hudnut-Beumler, J., Mukherjee, A., & Dietrich, M. S. (2015). A brief intervention facilitates discussions about discipline in pediatric primary care. *Clinical Pediatrics*, 54, 732–737. http://dx.doi.org/10.1177/0009922815586049

Scholer, S. J., Mukherjee, A. B., Gibbs, K. I., Memon, S., & Jongeward, K. L. (2007). Parents view a brief violence prevention program in clinic. *Clinical Pediatrics*, 46, 724–734. http://dx.doi.org/10.1177/0009922807302508

Scholer, S. J., Reich, S. M., Boshers, R. B., & Bickman, L. (2005). A multimedia violence prevention program increases pediatric residents' and childcare providers' knowledge about responding to childhood aggression. *Clinical Pediatrics*, 44, 413–417. http://dx.doi.org/10.1177/000992280504400505

Scholer, S. J., Reich, S. M., Boshers, R. B., & Bickman, L. (2012). A brief program improves counseling of mothers with children who have persistent aggression. *Journal of Interpersonal Violence*, 27, 991–1004. http://dx.doi.org/10.1177/0886260511424501

Scholer, S. J., Walkowski, C. A., & Bickman, L. (2008). Voluntary or required viewing of a violence prevention program in pediatric primary care. *Clinical Pediatrics*, 47, 461–468. http://dx.doi.org/10.1177/0009922807311731

Smith, A. E., Hudnut-Beumler, J., & Scholer, S. J. (2017). Can discipline education be culturally sensitive? *Maternal and Child Health Journal*, 21, 177–186. http://dx.doi.org/10.1007/s10995-016-2107-9

6

シーク子ども安全環境
プログラム

ハワード・ドゥボウィッツ

概　要

　シーク子ども安全環境プログラム（SEEK：Safe Environment for Every Kid）は、メリーランド大学医学部のハワード・ドゥボウィッツ博士（米国小児科学会認定小児科専門医、理学修士）らによって開発された。SEEKは、小児科の一次診療を受診した0～5歳の子どもを持つすべての親を対象とした、一般介入予防策としてデザインされている。

背景と理論

　SEEKプログラムの開発の背景には、複数の理論が存在している。その1つは生態学的発達理論（Belsky, 1993; Bronfenbrenner & Morris, 1998）であり、この理論は「子どもを取り巻く複数システムは相互作用している」というものである。小児科のケアは、たいていは中心となる子どもに焦点が当てられるが、SEEKプログラムは、家族や親の機能が子どもの健康・発達・安全・虐待／ネグレクトの発生に強い影響を及ぼすという理解に基づいて開発されている。SEEKはまた、個人が行動変容のステージ（前熟考期・熟考期・準備期・実行期・維持期）を上げていく多理論統合モデル（TTM：transtheoretical model）（Prochaska & Diclemente, 1982, 1983; Prochaska, Diclemente, Velicer, & Rossi, 1992）の概念や、動機づけ面接（MI：motivational interviewing）（Miller & Rollnick, 2013; Williams & Wright, 2014）の原則も取り入れられている。多機関が連携して問題に対処する予防科学（Rubin, Lane, & Ludwig, 2001）の手法も、SEEKには反映されている。子どもの虐待やネグレクトの背景にある病態は多因子性であり、多機関の専門家の連携対応が求められるものである。SEEKは、小児のプライ

マリーケア提供者が、虐待やネグレクトの背景にある親の抑うつや体罰などの問題を認識し、他機関の専門家との協働を介して、その対応能力を高め、変化を引き起こすことを目的としたプログラムである。SEEKはまた、社会的認知理論（Bandura, 2001）の概念も取り入れている。SEEKプログラムでは、小児のプライマリーケア提供者がどのように家族の問題に気づいたら良いのか、その方法論を示すために、ロールプレイなども組み込まれている。このようなアプローチを通じ、子どもの問題行動に対する保健サービスの専門家と協働することは、小児のプライマリーケア提供者が自信を獲得し、自己効力感を高める上で有用となる。

　SEEKは、親の抑うつ・薬物乱用・親密パートナー間暴力（DV）、厳しい体罰などの心理社会的要因と、子ども虐待・ネグレクトのリスク増大との間に、十分に証明された関連性があることを前提としたプログラムである。幼小児（0〜5歳）は頻繁に小児科で健診や診察を受けることとなる。そのため、医療者は家族と信頼関係を醸成しやすい立場にある。そのような関係性を基盤として、子どものセンシティブな問題を話し合ったり、親のストレス要因につき話し、家族の抱える困難や家族の持つストレングスについて、共有することも可能である。しかし実際には医療者の多くは、DVなども含め、対象となる問題へ対処する最善の方法につき、何もトレーニングを受けていない。そのためSEEKプログラムは、小児のプライマリーケア提供者がこのような問題に対処する際に困難を感じずに済むように、対応能力を上げるためのオンラインの専門家トレーニングから始まる。

　SEEKプログラムは、親が子どもを健全に育て、最適なしつけを行う能力の発揮を阻害するリスク要因に対処することにより、親の育児を支援し、家族のストレングスを強化し、子どもの健康・発達・安全を促進し、虐待・ネグレクトの発生を予防する一助とすることが出来る。実際、マルトリートメントというべき厳しい体罰や恫喝が持つ有害性というものは、十分に証明されている。

本介入プログラムの主たる目的

　日常的なストレス要因というのは、育児を妨げうるものとなりうる。SEEKプログラムでは、子どもの行動に関しての心理教育を行いながら、親のストレスを低減させるために建設的な形で多機関が連携したアプローチを行う。親と小児のプライマリーケア提供者との間には一般的に十分な信頼関係が存在する。それゆえにプライマリーケア提供者は、親支援を行っていく多機関連携システムの中で、独特の機会を提供する立場にあるといえる。

　SEEKプログラムの主要な構成要素は、小児のプライマリーケア提供者が（a）親の抑うつ・重大なストレス・薬物依存・DV・厳しい体罰・食べるにも困っている状況などの、焦点を当てるべき心理社会的問題を特定し、対処するためのトレーニングを行い、（b）乳幼児健診時にリスク要因をスクリーニングするために、医学的エビデンスが示されている「改訂版SEEK親質問票（PQ-R：Parent Questionnaire-Revised）」（Dubowitz, Prescott, Feigelman, Lane, 2008; Feigelman et al., 2009; Kim, Dubowitz, Hudson-Martin, & Lane, 2007; Lane, Dubowitz, Feigelman, & Poole, 2014）を使用し、（c）問題を評価し対処するのを支援する「リフレクション−共感−評価−計画」という4つのステップから成るSEEKアルゴリズムを使用し、（d）動機づけ面接法の手法に基づく面接を行い、（e）地域の特性に合わせてカスタマイズされた、家庭の問題ごとに焦点化した親向け配付資料（SEEK Parent Handouts）を配付し、（f）特定された問題を解決するための地域リソースに繋げていく方法を確立する、ことからなる。

　医療現場でSEEKを実施する際には、まずは小児のプライマリーケア提供者はオンライン研修を修了した上で、対象となる問題についてのスクリーニングをどのようなタイミングで実施すべきかを決める必要がある。例えば、生後2・9・15・24・36・48・60カ月の健診の時点で、一律に行うなどの方法が考えられるが、そのような際に、PQ-Rの実施や、その結果の取り扱いをどのように行うのか（健診前にするのか、健診中にするのか）を決定する必要がある。PQ-Rへの回答は、時間的には2〜3分程度で終えることが出来、通常は待合室で行ってもらうことになるであろう。

プライマリーケア提供者は、この検査で陽性（一定のリスクを有する）であるか否かの判断を短時間で行うことが出来、陽性であった場合には、特定された問題への対処を開始することとなるであろう。この際の対応指針はSEEKアルゴリズムとして、プライマリーケア提供者に提供されている。このアプローチには動機づけ面接（MI）の手法が取り入れられており、親の関心を向ける努力をし、問題に関しての彼／彼女の認識を理解し、その問題に対し、どうしていけば良いのか最善の方法を考えていくのである。このような取り組みは、医療者が端的に患者に必要な事項を説明する、という従前の疾病医療の取り組みとはかけ離れたものといえる。理想的にはSEEKを行うその場で、子どもの問題行動に対する保健サービスの専門家と相談出来る体制を整備しておけば、親が望んだ場合にすぐに紹介することが出来るであろう。SEEKではこの点に対し、柔軟に対応することが求められる。体罰のような問題を抱えた親に対しては、しばしばその後のフォローアップの外来受診を行う必要があるであろう。また薬物依存の問題などは、地域のしかるべきリソースに繋いでいく必要がある。SEEKで把握された問題について親に伝える際の一助として、親向け配付資料（SEEK Parent Handouts）やその他の配付資料を利用することも出来る。

本介入プログラムの具体的な方法

　SEEKプログラムは小児のプライマリーケア提供者が実施するようにデザインされた、親やその他の養育者に向けた、個人レベルの介入プログラムである。セッション数は特に設定されておらず、家族の問題の性質により異なるものとなる。SEEKは小児のプライマリーケアの場面に組み込むことが出来、乳幼児健診時に行うことも出来るし、追加の診察時に実施することも出来る。プライマリーケア提供者は、状況を評価した上で、どのように介入するのが最善か、理想的にはSEEKプログラムを実施する現場で保健サービスの専門家と相談し、柔軟に対応する必要がある。SEEKプログラムでは、改訂版SEEK親質問票（SEEK PQ-R）を用いて、親に潜在する問題のスクリーニングがまず行われる。特定された問題への対処を開始する際（特に初回にアプローチする際）には、SEEKアルゴリズムとして

示される対応指針に則って行うことが推奨される。親向けの配付資料
（SEEK Parent Handouts）は、地域の特性と、親の抱える問題ごとにカス
タマイズしておく必要がある。

スパンキングや体罰に関連した、本介入プログラムの内容

　虐待・ネグレクトに発展しうる家庭内の心理社会的リスク因子としては、
子どもの育てにくさと体罰の問題が挙げられる。SEEKプログラムは、
「知識と技術を有している小児のプライマリーケア提供者というのは、潜
在的に子どもの虐待・ネグレクトを減少させていく上で中心的な役割を果
たすことが出来うる存在である」ということを前提とし、プライマリーケ
アの現場で数分で家族の問題に気づき対処しうるように、注意深く開発さ
れたものである。SEEKプログラムは、家族が抱えている問題をスクリー
ニングし、地域のリソースへと繋げることを促進するプログラムとして、
トリアージ機能を発揮することに重点が置かれている。SEEKプログラム
では家庭内の体罰問題の潜在の可能性に関して探索していくものの、露骨
に虐待・ネグレクトという表現を用いてはいない。最初に改訂版SEEK親
質問票（SEEK PQ-R）への記入をお願いする際には、以下のように紹介す
ると良い。

　　養育者の皆様へ：親になるということは必ずしも簡単にはいかな
　いものです。私たちは、ご家族が子どもに安全な環境を用意するお
　手伝いをしたいと考えています。そのために私たちは、ありがちな
　いくつかの問題に対し、すべての御家族にアンケートに答えていた
　だくようにお願いしています。
　　もしそれにより問題に気づいた際には、私たちはぜひ支援をさせ
　ていただきたいと考えています。アンケートには、本日乳幼児健診
　に連れていらっしゃったお子さんに関して、ご回答していただきま
　すが、もしそれ以外にお子さんがおり、その子のことで気にかかっ
　ている問題がございましたら、ぜひ◯をお付けください。このアン
　ケートに答えるか否かは、あくまで任意です。また答えたくない問

題に関しては、答える必要はありません。お子さんの安全に関して
強く懸念される状況がない限り、お答えいただいた情報を他所に公
開することはありません。

　しつけと体罰の問題を探索する質問としては、(1) お子さんを育てづら
いと感じることがしばしばありますか？という質問と、(2) お子さんを叩
く必要性を感じることはありますか？という質問を行う。

　体罰としつけに関する、小児のプライマリーケア提供者向けのSEEKト
レーニングビデオでは、親がより建設的な形でしつけを行うことを手助け
するための理論的根拠が、端的に示されている。またこのトレーニングビ
デオでは、小児のプライマリーケア提供者の役割を、ケースシナリオで示
している。しつけに関するSEEKアルゴリズムでは、小児のプライマリー
ケア提供者がどのようにして短時間でこの問題の潜在を評価するのかや、
その問題が見つかった時にまず初めにどのように対処したら良いのかの指
針が示されている。アルゴリズムでは、まず初めに最も対処に困難を感じ
ている子どもの行動を尋ね、そのような行動を子どもがとった時に他者の
助けを得られているのかを聞き、さらに他者の助けを得たいと考えている
のかを尋ねる。支援を拒否する親に対しては、何がその障壁になっている
のかを探索し、そのような障壁に対し、小児のプライマリーケア提供者が
どのように対処しうるのかについても指針で示されている。最初のセッ
ションは、支援を申し出たり、支援機関の利用を推奨して終わりにする。
アルゴリズムには、家族の中で誰が体罰を有効と考えているのかを評価す
る方法や、動機づけ面接の手法をどのように適用するのかについても示さ
れている。

本介入プログラムの実施状況

　SEEKプログラムは、主に米国およびスウェーデンで実施されており、
そのほとんどは小児のプライマリーケアを担う診療所（小児科クリニック
やファミリー・クリニック）で実施されているが、レジデントクリニック
（初期研修を終えた医師が上級医のスーパーバイズの元で診療に当たるクリニッ

ク）や、子どもの権利擁護センター（外来型虐待評価センター）や、産科ク
リニックや障害を持つ子どもを対象とした医療機関でも実施されている。
これまでに対象となった家族の数は不明であるが、おそらくのべ10万人
を下らないものと推察される。本プログラムは、0～5歳の子どもを持つ
家族が対象であり、資料は英語だけではなくスペイン語、スウェーデン語、
中国語、ベトナム語に翻訳され、文化・人種を問わず広く実施されている。
例えばバージニア州では一般的な小児科クリニックに加えて、州保健局の
主導の下、障害を有する子どもを対象とした医療機関や、虐待やネグレク
トの可能性について評価を行う子どもの権利擁護センターでも、パイロッ
ト的に実施がなされている。

プログラムスタッフのトレーニング効果に関するエビデンス

　これまでにSEEKプログラムに関する2つのランダム化比較研究（RCT）
が、連邦政府の基金の下、実施されており、それぞれSEEK I とSEEK II
と呼称されている（Dubowitz, Feigelman, Lane, & Kim, 2009; Dubowitz, Lane,
Semiatin, & Magder, 2012; Dubowitz et al., 2011; Feigelman, Dubowitz, Lane,
Grube, & Kim, 2011）。

研究目的

　RCT研究が実施された主な目的は、（a）SEEKプログラムのトレーニ
ングを介し、小児のプライマリーケア提供者の、虐待・ネグレクトへのリ
スク因子に対しての「気づき」「態度」「対応の困難さの知覚レベル」「実
践行動」がそれぞれ有意に改善するか否か、（b）SEEKプログラムを実施
することで、対照群に比べて虐待・ネグレクトの発生を実際に低減出来る
か否か、を調査することにあった。

研究対象

　SEEK I 研究は、西ボルチモアのレジデントクリニックを利用し、都市
部の貧困家庭の558名のハイリスクの親（308名がSEEKプログラムの介入
群、250名が対照群）を対象として行われた。対象となった親のほとんどが

アフリカ系米国人で、子どもの男女比はおおむね1：1であった。また親のほとんどは未婚で非雇用状況にある母親で、平均年齢は25歳であった。家庭内の成人の数は平均2.2名で、ほとんどの家庭がメディケイド（低所得者向け医療保険）を受給していた。なおプログラムを提供した医師は95名に上った（Dubowitz et al., 2009; Feigelman et al., 2011）。

一方SEEK Ⅱ研究は、メリーランド州中心部の郊外にある18か所の小児科クリニックを利用し、ほとんどが白人の中所得者層のリスクの低い家庭の1119名の母親（595名がSEEKプログラムの介入群、524名が対照群）を対象として行われた。子どもの平均年齢はちょうど2歳を過ぎたぐらいであった。ほとんどの母親は既婚で教育レベルが高く、メディケイド受給者はわずか9％であった。プログラムを提供した医師とナースプラクティショナーは合わせて105名であった（Dubowitz et al., 2011, 2012）。

研究デザイン

2つのRCT研究ではともに、親の基礎的な評価が行われた後に、SEEKプログラムの提供を行う群（介入群）と通常の小児科診療を行うのみの群（対照群）に無作為に割り付け、SEEK Ⅰではプログラム提供後6カ月の時点、SEEK Ⅱではプログラム提供後6カ月と12カ月の時点で再評価が行われた。またSEEK Ⅰ・Ⅱともに小児のプライマリーケア提供者に対して、研究開始時のベースラインの状態の評価を行った後に、短時間で家庭内の問題を評価する方法や、問題が確認された最初期にどのように介入をすれば良いのかについて、パーソナルトレーニングを行う群（介入医療者群）と、トレーニングを行わない群（対照医療者群）に無作為に割り付けられた。小児のプライマリーケア提供者は、トレーニング開始後18〜36カ月の後に、再度の評価を受けた。

体罰に関するデータは、親子間葛藤解決方略尺度（CTSPC：the Conflict Tactics Scale, Parent-Child——特定の期間に、しつけ時を含めて、子どもとの間で感じた葛藤や怒りの感情をどのように取り扱ったのかを評価する尺度）（Straus, Hamby, Finkelhor, Moore, & Runyan, 1998）を用いて、親に自己申告してもらう形で収集した。CTSPCの体罰関連尺度には、「非暴力的なし

つけ」「心理的に攻撃的なしつけ」「軽微な暴力による体罰」「重度の身体的暴行」「極めて深刻な身体的暴行」の5つの尺度がある。子どもが2歳以上の場合の体を揺する行為、素手で手やお尻をピシャリと叩く（スパンキング）、顔や頭や耳を平手で叩くなどは「軽微な暴力による体罰」に位置づけられている。子どもを手拳で殴る、蹴りを加える、といった行為は「重度の身体的暴行」に該当するものであり、何度も力の限り打ち据える、などは「極めて深刻な身体的暴行」に分類される。対象となった親の中で、「極めて深刻な身体的暴行」に該当する行為を行っていたと回答した親はほぼいなかったため、研究結果を提示する際には、「重度以上の身体的暴行」として重度の身体的暴行と組み合わせて分析が行われた。

　研究開始から約3年後に、研究対象となった家庭の児童相談所の係属状況（児童相談所が関わりを持っているか否か）につき、州政府のデータが収集された。SEEKプログラムを実施する前後の虐待・ネグレクトに関する医療診療録の記載に関しても、要約され、データ登録がなされた。また親の、小児のプライマリーケア提供者への満足度に関しても調査が行われた。SEEK IIでは、プライマリーケア提供者の監督の下、医学生が初回訪問時にスクリーニングをする様子や、リスクを有していた場合にSEEKプログラムを提供する際の様子や、それぞれにかかった時間も評価された。

SEEKプログラム研修が小児のプライマリーケア提供者に与えた影響

　SEEK I・IIともに、SEEKプログラムを実施する小児のプライマリーケア提供者は、対照群の医師に比べ、親の抱えるリスク要因を認識し対処することに対し、気後れすることなく、より自信を持って対応することが出来た、と報告されている（Dubowitz et al., 2009, 2011, 2012; Feigelman et al., 2011）。またその効果は、SEEKプログラムの研修を受けた直後から、18〜36カ月後の調査時点まで持続していた。診療記録の検証では、SEEK I研究に参加し、プログラムの研修を受けたプライマリーケア提供者は、対照群に比して、家族のリスク要因のスクリーニングを実施する割合が有意に高かったことも判明している。SEEK II研究では、直接的な観察によりこのことが追認され、自身のクリニックに受診した家族の持つ問

題のスクリーニングを行う割合は、SEEK プログラム導入前には受診患者の 5％未満であったものが、導入後には 62％にまで増加していた。またプライマリーケア提供者が、親の抱える心理社会的問題を SEEK プログラムに沿って割く時間は、平均してそれほどかかるものではないということも判明した（Dubowitz et al., 2011）。乳児健診で受診をする前に、親に改訂版親質問票（PQ-R）への記入を済ませておいてもらうことで、プライマリーケア提供者が問題に対処する時間と相殺出来る程度に、時間が節約出来ることも判明した。多忙なプライマリーケア提供者であっても、十分にSEEK プログラムを導入出来る点が示されたことは、極めて重要である。

本介入プログラムに対しての、スタッフからの評価に関するエビデンス

　本介入プログラムを活用している小児のプライマリーケア提供者によるプログラムの評価に関しては、公的には実施はされていないが、2 つのRCT 研究の実施の際に行われたスタッフ調査や、継続的に行われている非公式的なフィードバック評価では、高い評価が示されている。

本介入プログラムに対しての、家族からの評価に関するエビデンス

　SEEK Ⅰ研究に参加し、SEEK プログラムに基づく介入を受けた親は、対照群と比較して、子どものプライマリーケア提供者に対し、「好ましい印象を抱いている」と報告した割合が有意に高かった、と報告されている（Feigelman et al., 2011）。SEEK Ⅱ研究に参加した親に対しても同様の評価項目での評価が行われたが、SEEK Ⅱ研究に参加した親のほとんどが、当初から子どものプライマリーケア提供者に対し、好ましい印象を抱いていると回答していたため、介入による割合の変化に有意差は確認出来なかった。また親がこのようなスクリーニングを受けることを「侵入的である」と考えるのではないかという懸念が提起されることもあるが、SEEK 研究ではそのようなことはないことが明らかにされ、むしろ子どもの問題だけではなく家族の問題に対してプライマリーケア提供者が関与してくれることに謝意を示していることが明らかにされた。過去数年間にわたる、SEEK プログラムを実際に行ったプライマリーケア提供者からのフィード

バック（研究として確認した正式なものも、私信の形で確認された非公式なものも含む）からは、本プログラムが小児のプライマリーケアを改善するための、容易に実施出来る実用的なモデルであることが明らかとなっている。

アウトカム評価に基づく、本介入プログラムの効果のエビデンス

SEEK プログラムのアウトカムに関しては、（a）自己報告式の親子間葛藤解決方略尺度（CTSPC：the Conflict Tactics Scale, Parent–Child）（Straus et al., 1998）に基づくアウトカム評価報告、（b）虐待・ネグレクトに関する医療診療録の記載の検証に基づくアウトカム評価報告、（c）児童相談所の通告に基づくアウトカム評価報告、の 3 つの情報源からの評価報告が存在している。

親の自己申告に基づくアウトカムのエビデンス

SEEK I 研究では、介入群の親は対照群の親に比して、その後に「重度以上の身体的暴行」が発生する割合が有意に少なかった、と報告されている（p = 0.04、Dubowitz et al., 2009）。またSEEK II 研究では、介入群の親は対照群の親に比して、その後に心理的に攻撃的なしつけが確認される割合が有意に低く（p = 0.02）、素手によるスパンキングなどの軽微な暴力による体罰の発生割合が有意に低い（p < 0.05）ことが判明した（Dubowitz et al., 2012）。ただSEEK II の対照群はそもそも低リスク群であったため、児童相談所に通告された割合に関しては、介入群と対照群との間で有意差は確認されなかった。

医療診療録に基づくエビデンス

SEEK I 研究では、介入群の親は対照群の親に比して、医療ネグレクトの頻度が有意に少なかったと報告されている（医師の指導への不遵守：4.6% vs. 8.4%、p = 0.05、予防接種の遅延：3.3% vs 9.6%、p = 0.002）（Dubowitz et al., 2009）。

児童相談所の通告に基づくエビデンス

　SEEK Ⅰ 研究では、介入群の親は対照群の親に比して、児童相談所に通告される割合が有意に低かったと報告されている（12% vs. 19.7%，p = 0.04; Dubowitz et al., 2009）。SEEK Ⅰ 研究に登録された家庭から248件の児童相談所通告がなされているが（69%がネグレクト、21%が身体的虐待、6%が性的虐待：通告後のデータは239件で明らかとなっており、56%が虐待・ネグレクトと認定され、43%が判定困難、2%が虐待・ネグレクトではないと判断されている）、うち介入群は13件であった。この13件のうち1件で繰り返し児童相談所通告がなされていたが、このケースは明らかに高リスクの家庭であった。

費用対効果分析

　SEEK Ⅱ 研究では、SEEK プログラムによるリスク・スクリーニングには子ども1人当たり年間3.38ドルかかり、リスクを有していた家庭に本プログラムを提供するには子ども1人当たり210ドルの費用がかかったことが報告されている。虐待・ネグレクトに発展した場合、子どもにかかる医療費はこれまでの研究では、1人当たり2908ドルと推定されており、これまでにリスクを有すると判断されSEEK プログラムが正式に提供されたと推察される子どもが2万9610人いることから、SEEK プログラムが実施されたことで、社会はおよそ160万〜500万ドルのコスト発生を抑えることが出来たと試算される（Lane, Dubowitz, Frick, Semiatin, & Magder, 2011）。このように、SEEK プログラムは、虐待・ネグレクトの発生予防策として、社会に大幅なコスト削減をもたらしている。

各種の情報センターへの本プログラムの登録状況

　SEEK プログラムは以下の情報センターに登録されている。

- カリフォルニア州児童福祉情報センター（California Evidence-Based Clearinghouse for Child Welfare）：SEEK プログラムを、児

童虐待・ネグレクトの一次予防プログラムとして、1（研究により十分なエビデンスが存在している）に位置づけている。

http://www.cebc4cw.org/program/safe-environment-for-every-kid-seek-model/detailed

- WHO：子ども虐待防止プログラムの実施に向けて――専門家の提言（Implementing Child Maltreatment Prevention Programmes: What the Experts Say, World Health Organization）：プログラム例としてSEEKがリストアップされている。プログラムのエビデンス評価は行われていない。

http://www.euro.who.int/__data/assets/pdf_file/0009/289602/Maltreatment_web.pdf?ua=1

- イノベーションズ・エクスチェンジ（Innovations Exchange、医療の質や医学研究の質について評価を行う米国の機関）：SEEKプログラムは「強力なエビデンスがある」と評価されている。

https://innovations.ahrq.gov/profiles/pediatrician-training-and-office-support-significantly-reduce-instances-child-maltreatment

- 米国疾病対策予防センター：子どもの虐待／ネグレクト防止のための方針／基準策定のためのエビデンス集、および各種プログラム活動（Preventing Child Abuse and Neglect: A Technical Package for Policy, Norm, and Programmatic Activities, Centers for Disease Control and Prevention）：SEEKプログラムは「プライマリーケアを強化する方法」に分類されている。エビデンス評価は行われていない。

https://www.cdc.gov/violenceprevention/pdf/can-prevention-technical-package.pdf

- ピュー慈善信託：結果第一の情報センター・データベース（Results First Clearinghouse Database, Pew Charitable Trusts）：SEEKプログラムは「最もエビデンスレベルの高いプログラム」との指定を受けている。

https://www.pewtrusts.org/pt/research-and-analysis/data-visualizations/2015/results-first-clearinghouse-database

　また、SEEK親スクリーニング質問票（現在は、改訂版親質問票［PQ-R］
と呼称されている）は、米国小児科学会（AAP）の「優れた次世代の臨床
ツール（Bright Futures Tool and Resource Kit）」として、「健診時に親や家
族を評価する際に適したツール」として掲載されている（https://brightfu
tures.aap.org/materials-and-tools/tool-and-resource-kit/Pages/Developmental-
Behavioral-Psychosocial-Screening-and-Assessment-Forms.aspx）。

本介入プログラムの研究における限界点（Limitations）

　これまでに実施された研究には、いくばくかの限界点が存在している。
実施された2つの大規模RCT研究の結果は非常に有望なものであり、と
りわけ高リスク集団を対象としたSEEKⅠ研究の結果は強いエビデンスで
あるということが出来る。ただし、SEEKⅠもSEEKⅡもプログラムの開
発者自身が主導して行われたものであり、今後他の研究者による研究の実
施や、異なる集団に対しての研究の実施が推奨される。現在このような研
究が、スウェーデンにおいて進行中である。

本介入プログラムの将来的な活用案

臨床医は、本介入プログラムをどのように利用することが出来るか

　臨床医は、個人的にオンラインを活用することで、SEEKプログラムを
実施する立場になることが出来る。その際にはライセンス契約に署名する
必要がある。また大規模な組織で実施する場合には、その維持のためにい
くばくかの費用を投資する必要があるかもしれない。SEEKプログラムの
提供のためには、初期トレーニングを済ませるとともに、SEEK親質問票
（PQ-R）、SEEKアルゴリズム、SEEK親向け配付資料を用いる必要がある。

地域の実務家は、本介入プログラムをどのように利用することが出来るか

　レジデントクリニックを含め、小児のプライマリーケアのあらゆる現場

で、SEEKプログラムを実施することが出来る。プライマリーケアの現場以外でSEEKプログラムを提供した結果についての検証は現時点で行われてはいないが、産科クリニック、保育所、子どもの権利擁護センターでパイロット的にSEEKを提供している所も存在している。

政策立案者は、本介入プログラムをどのように利用することが出来るか

　政策立案者には、SEEKプログラムの実施を促進することが期待される。例えば、いくつかの州保健局では、SEEKプログラムを州内で広く実施するために、CDC（米国疾病予防対策センター）の助成金を活用している。SEEKの実施を行っている医療機関に補助金を支給する方法として、州によっては、「小児期の健診の場における、両親へのケア」をカバーしているCPTコード96161の医療処置に、SEEKの実施を含めるなどの対応を行っている。医療機関における健診時の時間の不足がケアの質を低下させることは明らかであり、保健医療システム上、健診にかかる時間への適正な医療費を分配することも、政策立案者に期待される事項といえる。

本介入プログラムの情報取得先

　SEEKプログラムに関する情報は、http://www.SEEKwellbeing.orgから入手可能である。トレーニング資料はすべて英語で作成されている。SEEK親質問票（The SEEK Parent Questionnaire）は英語だけではなく、スペイン語、中国語、ベトナム語、スウェーデン語も用意されている。SEEK親向け配付資料（Parent Handouts）は英語とスペイン語で提供されている。さらなる情報が必要な場合、ハワード・ドゥボウィッツ博士宛にメールするとよい（hdubowitz@som.umaryland.edu）.

訳者注――本介入プログラムの本邦における実施状況

本邦においては、現時点で本介入プログラムは導入されていない。

参考文献

Bandura, A.（2001）. Social cognitive theory: An agentic perspective. *Annual Review of Psychology*, 52 (1), 1–26. http://dx.doi.org/10.1146/annurev.psych.52.1.1

Belsky, J.（1993）. Etiology of child maltreatment: A developmental-ecological analysis. *Psychological Bulletin*, 114, 413–434. http://dx.doi.org/10.1037/0033-2909.114.3.413

Bronfenbrenner, U., & Morris, P. A.（1998）. The ecology of developmental processes. In W. Damon & R. M. Lerner （Eds.）, *Handbook of child psychology: Theoretical models of human development*（pp. 993–1028）. Hoboken, NJ: John Wiley & Sons.

Dubowitz, H., Feigelman, S., Lane, W., & Kim, J.（2009）. Pediatric primary care to help prevent child maltreatment: The Safe Environment for Every Kid （SEEK） Model. *Pediatrics*, 123, 858–864. http://dx.doi.org/10.1542/peds.2008-1376

Dubowitz, H., Feigelman, S., Lane, W., Prescott, L., Blackman, K., Grube, L., . . . Tracy, J. K.（2007）. Screening for depression in an urban pediatric primary care clinic. *Pediatrics*, 119, 435–443. http://dx.doi.org/10.1542/peds.2006-2010

Dubowitz, H., Lane, W. G., Semiatin, J. N., & Magder, L. S.（2012）. The SEEK model of pediatric primary care: Can child maltreatment be prevented in a low-risk population? *Academic Pediatrics*, 12, 259–268. http://dx.doi.org/10.1016/j.acap.2012.03.005

Dubowitz, H., Lane, W. G., Semiatin, J. N., Magder, L. S., Venepally, M., & Jans, M.（2011）. The safe environment for every kid model: Impact on pediatric primary care professionals. *Pediatrics*, 127, e962–e970. http://dx.doi.org/10.1542/peds.2010-1845

Dubowitz, H., Prescott, L., Feigelman, S., Lane, W., & Kim, J.（2008）. Screening for intimate partner violence in a pediatric primary care clinic. *Pediatrics*, 121, e85–e91. http://dx.doi.org/10.1542/peds. 2007-0904

Feigelman, S., Dubowitz, H., Lane, W., Grube, L., & Kim, J.（2011）. Training pediatric residents in a primary care clinic to help address psychosocial problems and prevent child maltreatment. *Academic Pediatrics*, 11, 474–480. http://dx.doi.org/10.1016/j.acap.2011.07.005

Feigelman, S., Dubowitz, H., Lane, W., Prescott, L., Meyer, W., Tracy, J. K., & Kim, J.（2009）. Screening for harsh punishment in a pediatric primary care clinic. *Child Abuse & Neglect: The International Journal*, 33, 269–277. http://dx.doi.org/10.1016/j.chiabu.2008.09.011

Kim, J., Dubowitz, H., Hudson-Martin, E., & Lane, W.（2008）. Comparison of three data collection methods for gathering sensitive and less sensitive information. *Ambulatory Pediatrics*, 8, 255–260. http://dx.doi.org/10.1016/j.ambp.2008.03.033

Lane, W. G., Dubowitz, H., Feigelman, S., Kim, J., Prescott, L., Meyer, W., & Tracy, J. K.（2007）. Screening for parental substance abuse in pediatric primary care. *Ambulatory Pediatrics*, 7, 458–462. http://dx.doi.org/10.1016/j.ambp.2007.07.007

Lane, W. G., Dubowitz, H., Feigelman, S., & Poole, G.（2014）. The effectiveness of food insecurity screening in pediatric primary care. *International Journal of Child Health and Nutrition*, 3, 130–138. http://dx.doi.org/10.6000/1929-4247.2014.03.03.3

Lane, W. G., Dubowitz, H., Frick, K., Semiatin, J. N., & Magder, L. S. (2011, October). The Safe Environment for Every Kid (SEEK) Program: A cost-effective analysis. Paper presented at the 139th Annual Meeting of the American Public Health Association, Washington, DC.

Miller, W. R., & Rollnick, S. (2013). *Motivational interviewing: Helping people change* (3rd ed.). New York, NY: Guilford Press.

Prochaska, J. O., & DiClemente, C. C. (1982). Transtheoretical therapy: Toward a more integrative model of change. *Psychotherapy: Theory, Research & Practice*, 19, 276–288. http://dx.doi.org/10.1037/h0088437

Prochaska, J. O., & DiClemente, C. C. (1983). Stages and processes of self-change of smoking: Toward an integrative model of change. *Journal of Consulting and Clinical Psychology*, 51, 390–395. http://dx.doi.org/10.1037/0022-006X.51.3.390

Prochaska, J. O., DiClemente, C. C., Velicer, W. F., & Rossi, J. S. (1992). Criticisms and concerns of the transtheoretical model in light of recent research. *British Journal of Addiction*, 87, 825–828. http://dx.doi.org/10.1111/j.1360-0443.1992.tb01973.x

Rubin, D., Lane, W., & Ludwig, S. (2001). Child abuse prevention. *Current Opinion in Pediatrics*, 13, 388–401. http://dx.doi.org/10.1097/00008480-200110000-00002

Straus, M. A., Hamby, S. L., Finkelhor, D., Moore, D. W., & Runyan, D. (1998). Identification of child maltreatment with the Parent–Child Conflict Tactics Scales: Development and psychometric data for a national sample of American parents. *Child Abuse & Neglect: The International Journal*, 22, 249–270. http://dx.doi.org/10.1016/S0145-2134 (97) 00174-9

Williams, A. A., & Wright, K. S. (2014). Engaging families through motivational interviewing. *Pediatric Clinics of North America*, 61, 907–921. http://dx.doi.org/10.1016/j.pcl.2014.06.014

ビデオ・インタラクション・プロジェクト

ケイトリン・キャンフィールド、エリン・ロビー、
アラン・L・メンデルソン

概　要

　ビデオインタラクションプロジェクト（VIP：Video Interaction Project）
は、ニューヨーク市立大学医学部およびニューヨーク市立ベルビュー病院
の、小児科医、発達心理学者、幼児期教育の専門家からなる学際的チーム
によって開発された。当初はアラン・L・メンデルソン、ベナール・P・
ドレイヤー、バージニア・フリンが開発を主導し、その後サマンサ・バー
クル・ジョンソン、キャロリン・ケイツ、アドリアーナ・ワイズレーダー、
ケイトリン・キャンフィールドが改良を行った。本介入プログラムは、一
般向けプログラムに該当し、養育者のリスクレベルにかかわらず、一次診
療の場面で出会うすべての親に対し、提供することが可能である。

背景と理論
　各種研究で、低所得家庭の子どもは、中・高所得家庭の子どもに比べて、
就学の準備が整っていないことが、一貫して示されている（Brooks-Gunn
& Duncan, 1997; Duncan, Morris, & Rodrigues, 2011）。またこのような就学準
備におけるギャップは、言語発達の遅れのように早期から明らかになり、
その格差は時間とともに拡大することも判明している（Currie, 2005; Kuh-
feld, Gershoff, & Paschall, 2018; Weisleder & Fernald, 2013）。就学準備の遅れ

ビデオ・インタラクション・プロジェクト（VIP：Video Interaction Project）の開発と評価は、
NIH/NICHD（1R01HD076039001HD074001-04、2R01HD074001-04、2R01HD07400745-09）、
HRSA（HRSA）、NYU/H+H+H CTSI（1UL1R029893）、ニューヨーク市評議会（市長ならびに
Stephen Levin, Antonio Reynoso, Dan Garodnick, Rosie Mendez, and Carlina Rivera）、タイガー
基金, マークス家族財団, ロードベック公益財団, ニューヨーク地域信託, ベルビュー子ども基金、
ニューヨーク市子ども基金の各助成を受けている。

と連関している発達の遅れというのは、長期的な学業成績の低下の予測因子でもあり（Belfield & Levin, 2007; Heckman, 2006; Tamborini, Kim, & Sakamoto, 2015）、これらの格差の拡大を放置することなく、幼児期から積極的に効果的な介入を行う必要があることは、強調される必要がある。小児のプライマリーケアの現場は、広く地域住民をカバーして、コストのかからない予防的介入を幼児期早期から行うことが出来るため、これらの格差に対処するための革新的かつ独自の立場を有することが、近年ますます認識されるようになっている（High et al., 2014; Mendelsohn et al., 2011）。VIPはこのようなプライマリーケアの現場を基軸として、親に養育支援を行うことで、就学準備における格差を是正することを目的としている。

　VIPは、家族の持つストレングスを重視する、関係性を基盤とした、家族を中心とした介入プログラムであり、子どもの健診時の機会を利用し、小児の発達の専門家（大学卒業レベル以上）と対面で交流するものである。本介入プログラムは、0歳から5歳までの子どもを持つ親に提供される。各セッションでは、3～5分間の間、小児の発達の専門家が、親子がおもちゃで遊んだり本を読んだりして過ごす様子を録画し、その後に親と一緒にビデオを見直しながら自己洞察を促し、ストレングスを見出し、それを補強していく。VIPは、（a）ストレングスを強化することで、親の自己効力感を高めて養育ストレスを低減する、（b）体系化された親ガイダンスを用いて、家族の状況やニーズについて話し合い、目標設定の設定を行うことで、計画的な対応を統合して行えるように促進する、（c）親子の遊び／読み聞かせの場面を録画したビデオを見ることにより、自己洞察を深め、親子の相互コミュニケーション能力の向上を支援する、（d）本やおもちゃで過ごす時間を持つことで、親子が良いコミュニケーションを図る資源をより良く知る、（e）子どもの養育を行いうる家族成員とも録画したビデオを供覧することで、それらの家族成員にも積極的に育児に参加してもらうように促す、ことによって、よりポジティブな養育を促進し、親子関係性をより良いものにすることを促進するプログラムである。

本介入プログラムの主な目的

　VIPプログラムの主な目的は、所得に関連した就学準備格差を縮小することにある。VIPは、話す・遊ぶ・読み聞かせをするなどの積極的な育児活動を親に教え、親子の関係性や交流を深めるための、短時間の介入プログラムである（Cates et al., 2018）。

本介入プログラムの具体的な方法

　VIPは個別的もしくは家族レベルでの介入プログラムであり、プログラムの各セッションでは、主たる養育者と子ども、および適切な場合には他の家族成員が、約25〜30分間にわたって、VIPファシリテーターと1対1で面談の場を持つ。VIPファシリテーターは、児童発達学や公衆衛生学、またはその他の関連分野の大学を卒業した学士レベルの専門家が担っている。ファシリテーターになるためには、3日間のトレーニングコースを受講した後に、継続的なスーパービジョンを受け、その後も定期的なミーティングに参加し、セッションのピアレビューを受けるなどのトレーニングが必要とされる。

　VIPは小児科のクリニックで、診察に訪れた際に同時に実施されるように設計されている。VIPは2つのコンポーネントから構成されており、各コンポーネントは複数のセッションからなり、これら2つのコンポーネントは単独で提供することも、同時に提供することも可能である。0〜3歳向けVIPプログラムは、出生から3歳までの間に、1年目に6回、2年目に4回、3年目に4回の、計14回のセッションが行われる。3〜5歳向けVIPプログラムでは、36カ月、48カ月、および60カ月の各健診受診時と、その他にきょうだいの受診の際や、近隣に歯科受診する機会などを利用して、可能な限り3カ月ごとに1回ずつ、9回のセッションが行われる。

　ファシリテーターが用いる資材としては、VIPプログラム用の各種スクリプト、介入チェックリスト、ビデオの録画および再生装置、動画をDVDに焼き付けるためのパソコン、親に手渡しする「親向けガイド」に添付する写真を撮影するためのインスタントカメラ、等が挙げられる。親が受け取るVIP資材には、親子の写真が添付された「親向けガイド」、発

達に適したおもちゃや絵本、親子の様子を撮影した動画のコピーデータが入ったDVDやUSBメモリー、等が挙げられる。

スパンキングや体罰に関連した、本介入プログラムの内容

　VIPプログラムは、スパンキング（手や尻をピシャリと叩く行為）や体罰といった話題を直接的に取り扱うものではなく、子どもの行動・感情・発達を扱う際に、親子の積極的な交流を増やし、親の自己効力感を強化することに焦点化されている。VIPは、ポジティブな交流を増やすことにより、親子関係を強化し、親が子どものニーズに合わせて、より適切な対応を行うことが出来るよう支援をする。

　VIPプログラムの各セッションでは、まず子どもに関して親が気づいたことを話し合い、その後、前回のセッションから今までに、子どもにどのような変化があったのか共有し、関連する発達上のマイルストーンについて、情報提供が行われる。親とファシリテーターは、場合によっては、かんしゃくや「いやいや」や「自分の！」といった発言や、何でも自分でしようとする行動など、親にとってネガティブに捉えられうる子どもの情緒社会的特性や行動特性についても、話し合いを行う。VIPプログラムのファシリテーターは、このような話し合いの際や、読み聞かせや遊びやその他の様々な日常的なやり取りの話の中で、子どもの不適切な行動に繋がっている発達上の特性の中から、良い部分につき着目して強調し、困難な状況に対処する最善の方法を親と共有する。このような話し合いをすることで、(a) 子どもの行動や発達に関してのレッテル張りや、親の過剰な認識を改善し、(b) 親が試みる価値のあるしつけ戦略についての情報を得て、自身の自己効力感を強化し、(c) ストレスの軽減による、親子の相互作用を改善する、などのアウトカムに繋がるのである。

本介入プログラムの実施状況

　これまでにVIPプログラムは、診療所や地域の保健センターを含む、小児のプライマリーケアの現場で、およそ2000の家族に実施されてきた。本介入プログラムは、Head Startプログラム（訳注：0〜5歳の子どものい

る貧困家庭に提供される、小児発達に関するサービスや福祉サービスを提供するプログラム）と結びつけて実施する方向で、調整が続けられている。VIPは0〜5歳の子どものいる家族を対象としており、様々な人種的・民族的背景（ヒスパニック系／ラテン系、黒人／アフリカ系米国人、および白人）を持つ多様性のある数多くの家族が参加している。VIPプログラムは、主に中部大西洋地域（ニューヨーク州ニューヨーク、ペンシルベニア州ピッツバーグ）および中西部（ミシガン州フリント）で実施されている。また、未熟児で出生した子どもや、ダウン症候群の子どもなどの、生物学的に発達上の遅れが生じうるリスクや障害を持つ子どもを対象に、予備的にパイロット研究が実施されている。VIPプログラムは、親族里親宅に実親が同居しているような極めて高リスクの家族に対しても、実施がなされている。

プログラムスタッフのトレーニング効果に関するエビデンス

　VIPプログラムの質を維持するために、VIPプログラム拠点センター（VIP Center of Excellence）が設置され、ファシリテーターに対し、幅広い範囲で継続的にスーパーバイズが行われている。プログラムを実施するファシリテーターは、プログラムの構成要素が正しく運用されているかどうかについて、プログラムの実施を始めた最初の3カ月間は隔週で、次の6カ月間は月1回のペースでスーパーバイズを受け、その後も定期的に評価が行われる。トレーニングの実施状況や、提供されているプログラムの質に関するデータが体系的に収集されているわけではないが、トレーニングの記録やプログラムのモニタリング状況からは、プログラムの3つの主要な構成要素はそれぞれ適切に提供され、ファシリテーターの評価チェックリストや親向けガイドが適切に記入されていることは、常に確認がなされている。

本介入プログラムに対しての、スタッフからの評価に関するエビデンス

　ファシリテーターに行った非公式的なインタビュー調査の結果からは、本プログラムは現場でかなりの賛同を得ていることが窺える。これらのインタビューでは、親の自己効力感を高めたいという願いや、プログラムが

進むにつれて家族の成長が確認されるようになることを誇りに感じている、などのコメントが共通して得られている。VIPプログラムのファシリテーターは、平均して2年以上その職責を発揮しており、プログラムに熱心に取り組んでいることが示唆されている。さらにいうならば、ファシリテーター資格を持たない診療所の職員も、たいていの場合はVIPプログラムを支援しており、資金の確保やプログラム継続のために、惜しまずに協力をしてくれている。

本介入プログラムに対しての、家族からの評価に関するエビデンス

VIPプログラムを受けた親へのインタビュー調査からは、本プログラムが子どもと共に過ごす時間をかけがえのないものと感じさせ、その後に子どもに読み聞かせを行ったり、子どもとの遊びの時間が増加したことが示唆されている。さらに、0～3歳向けVIPプログラムに登録された家族の78%が、利用可能になった時点で3～5歳向けプログラムに移行したい、との回答を行っていた。最近報告された介入者評価ツールに関するパイロット研究では、VIPプログラムに参加した家族の90%がファシリテーターを「極めて熱心」か「熱心」と評価していた（Matalon, 2018）。また別の研究では、健診等にうまくスケジュールを合わせることが出来れば、VIPに参加した親のうち70%が3歳まで、60%が5歳まで、参加を継続していたと報告されている（Canfield et al., 2019; Mendelsohn et al., 2011; Weisleder et al., 2016）。

アウトカム評価に基づく、本介入プログラムの効果のエビデンス

VIPプログラムが厳しいしつけや体罰の使用に、二次的にどのような影響をもたらすかについての分析は、BB（Building Blocks）やcare-as-usual controlなどの、より介入度合いの低いプログラムとVIPを比較した大規模な縦断的ランダム化比較試験の一部として行われている（Canfield et al., 2015）。VIPプログラムではファシリテーターと親との個別ミーティングが定期的に行われるのに対し、BBプログラムでは子どもの発達に関する情報をメールで提供し、子どもの発達の節目の月齢に合わせて親の自己評

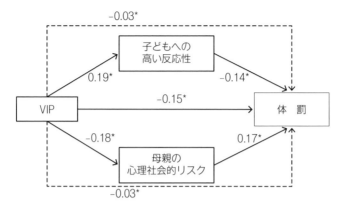

VIP＝Video Interaction Project. ＊=p <.05

図7.1：VIPプログラムが、親の子どもへの反応性を高め、親の心理社会的要因を低減することを介して、体罰を低減させることを示した図。それぞれの媒介要因がどれほどのインパクトを持つかが示されている。

価が行われる。どちらの介入プログラムも、親におもちゃや本が提供される。2005年から2008年にかけて、都市部の大規模公立病院の保育所で実施されたこの、より大規模なランダム化比較試験には、各群225名ずつの計675名の母親がリクルートされ、子どもが小学2年生に達するまで、追跡調査が行われた。そのうち、438名の母親（VIPプログラム参加群：161名、BBプログラム参加群：113名、コントロール群：164名）では、子どもが生後14カ月の時と生後24カ月の時に評価が行われた。母親はこれらの各時点で、自身の抑うつ症状・育児ストレスなどの様々なストレス要因について、ならびに子どもとの相互関係性や、体罰の使用を含むしつけの実際について、「Socolarしつけ尺度（Socolar Discipline Survey）」（Socolar, Savage, Devellis, & Evans, 2004）を用いて、インタビューを受けた。

　なお、この研究に参加した母親の大部分は、米国外で生まれたヒスパニック系の低所得者であった。VIPプログラムを受けた母親では、子どもが生後24カ月時点での過去3カ月間に体罰を使用した頻度が少なく（オッズ比＝0.59）、その効果は長く持続していた（効果量：Cohenのd＝0.24）と報告されている。媒介分析（mediation analysis）では、VIPプログラムが育児行動に影響を及ぼし、母親の幸福感が向上したことで、体罰の

使用を減らすことに繋がっていることが示された。この関係は、子どもの
ニーズに反応性の高い親の増加と、母親の抑うつ状態の減少と育児ストレ
スの減少の両方により、媒介されていた（図7.1参照）。要約すると、VIP
プログラムは親の体罰としつけ法について、直接的に介入を行っているわ
けではないが、VIPプログラムに関する各種研究の成果からは、本プログ
ラムが親のしつけ戦略に何らかの影響をもたらしていることが示唆される。
このことからは、プログラムのアウトカム評価はより広範に行うことが重
要である、ということが出来よう。

各種の情報センターへの本プログラムの登録状況

　VIPプログラムは、「エビデンスに基づく診療」に登録されてはいない
が、小児のプライマリーケアに基づく介入のシステマティック・レビュー
（Howickら、2011）の中で、オックスフォードEBMセンター（Oxford Cen-
tre for Evidence-Based Medicine）のエビデンスレベル分類では、1（最も高
いエビデンス）に分類されている。さらに、VIPは米国小児科学会（AAP）
の「米国における貧困と子どもの健康について」のポリシー・ステートメ
ント（American Academy of Pediatrics Council on Community Pediatrics, 2016）
の中で推奨されるプログラムとして記載されており、米国立子どもの健康
の質研究所（the National Institute for Children's Health Quality）の「プライ
マリーケアの場における幼児（0〜3歳）の社会運動的発達の促進」と題
された要約報告書でも、その有用性が強調されている（2016）。

本介入プログラムの研究における限界点（Limitations）

　VIPはすべての親を対象とした普遍的なプログラムであり、非常にリス
クの高い親や家族のニーズに対処する目的として使用することは意図され
ていない。この問題については、現在、特にリスクの高い家族のために、
VIPとFamily Check-Upという家庭訪問プログラム（Dishon & Stormshak,
2007）を統合した、「スマート・ビギニング・イニシアチブ（the Smart
Beginnings initiative)」という段階的なプログラムを構築中である。また前
述したように、VIPプログラムは体罰そのものを扱ったものではないため、

体罰や厳しいしつけの低減は、VIPの成果研究では主要な結果となっていない点にも、留意する必要がある。

本介入プログラムの将来的な活用案

　VIPプログラムは、ニューヨーク市立ランゴン保健医療センター・ニューヨーク市立医学部・ニューヨーク市立ベルビュー病院に置かれた、VIPプログラム拠点センター（VIP Center of Excellence）を通じて、スケーリングを行いうる各種のプロトコールが開発されている。これらのプロトコールには、事業計画や実施計画に加え、トレーニングやスーパービジョンのカリキュラムや、運用のマニュアルも含まれている。本介入プログラムはニューヨーク市、ペンシルベニア州ピッツバーグ、ミシガン州フリントで実施されている。VIPプログラム拠点センター（VIP Center of Excellence）は、他のプログラムサイトとも協力して、医療現場だけでなく、その他の地域の様々な育児支援拠点で、本介入プログラムを広く普及させることも、目指している。

臨床医は、本介入プログラムをどのように利用することが出来るか

　自身の診療所でVIPを実施することに関心を抱いた臨床医は、VIPプログラム拠点センター（VIP Center of Excellence）と協力し、財政面の助言や実施計画の助言を得ることが出来る。

地域の実務家は、本介入プログラムをどのように利用することが出来るか

　地域の実務家は、その地域で利用可能な場合、VIPプログラムへの紹介を積極的に行うことが推奨される。またVIPのファシリテーター研修は、様々な場面で地域の実務家に提供されており、現在、VIPプログラム拠点センター（VIP Center of Excellence）では、家庭訪問プログラムとのパートナーシップや、幼児教育サービスや、女性相談所や、その他の乳幼児・小児向けの地域コミュニティ・サービスとの連携が模索されている。

政策立案者は、本介入プログラムをどのように利用することが出来るか

　VIPプログラムの研究成果からは、ポジティブな育児を支援し、親子関係性を強化し、育児ストレスを軽減し、体罰の低減を図っていく上で、小児のプライマリーケアの場面の役割は非常に大きいということが示されている。また、読み聞かせや遊びなどのポジティブな子育て活動を促進することが、二次的に体罰の低減に結びついているということも、VIPプログラムの研究成果は示唆している。VIPプログラムやその他の同様のプログラム（例：Reach Out and Read）にかかる費用は比較的低く、将来的な拡張性を考慮した場合、これらのプライマリーケアの場面で提供しうる養育支援プログラムの実施に対する財政支援や、普及促進支援政策が求められよう。さらに、ニューヨーク市議会のファースト・リーダーズ・プログラム（the New York City Council City's First Readers program）のような、VIPと地域のコミュニティ・ベースのプログラムとを結びつける政策や、スマート・ビギニング・イニシアチブ（the Smart Beginnings initiative）のようなVIPと家庭訪問とを結びつける政策も求められている。

本介入プログラムの情報取得先

　VIPプログラムをどのように開始すればいいのか、より知りたい場合にはVIPプロジェクトのウェブサイト（http://www.videointeractionproject.org）を参照するか、アラン・メンデルソン医師のメールアドレス（alan.mendelsohn@nyulangone.org）かアン・シーリー医師のメールアドレスに（Anne.Seery@nyulangone.org）に連絡するとよい。

> **訳者注──本介入プログラムの本邦における実施状況**
> 本邦においては、現時点で本介入プログラムは導入されていない。

参考文献

American Academy of Pediatrics Council on Community Pediatrics. (2016). Poverty and child health in the United States. *Pediatrics*, 137 (4), e20160339.

Belfield, C., & Levin, H. M. (2007). *The price we pay: Economic and social consequences of inadequate education*. Washington, DC: Brookings Institute Press.

Brooks-Gunn, J., & Duncan, G. J. (1997). The effects of poverty on children. *The Future of Children*, 7 (2), 55–71. http://dx.doi.org/10.2307/1602387

Canfield, C. F., Weisleder, A., Cates, C. B., Huberman, H. S., Dreyer, B. P., Legano, L. A., . . . Mendelsohn, A. L. (2015). Primary care parenting intervention effects on the use of physical punishment among low-income parents of toddlers. *Journal of Developmental and Behavioral Pediatrics*, 36, 586–593. http://dx.doi.org/10.1097/DBP.000000 0000000206

Canfield, C. F., Weisleder, A., Cates, C. B., Roby, E., Seery, A., & Mendelsohn, A. (2019). Impacts of parent participation in preventive interventions on program outcomes. Manuscript in preparation.

Cates, C. B., Weisleder, A., Berkule Johnson, S., Seery, A. M., Canfield, C. F., Huberman, H., . . . Mendelsohn, A. L. (2018). Enhancing parent talk, reading, and play in primary care: Sustained impacts of the Video Interaction Project. *The Journal of Pediatrics*, 199, 49–56.e1. http://dx.doi.org/10.1016/j.jpeds.2018.03.002

Currie, J. (2005). Health disparities and gaps in school readiness. *The Future of Children*, 15 (1), 117–138. http://dx.doi.org/10.1353/foc.2005.0002

Dishion, T. J., & Stormshak, E. A. (2007). *Intervening in children's lives: An ecological, family-centered approach to mental health care*. Washington, DC: American Psychological Association. http://dx.doi.org/10.1037/11485-000

Duncan, G. J., Morris, P. A., & Rodrigues, C. (2011). Does money really matter? Estimating impacts of family income on young children's achievement with data from random-assignment experiments. *Developmental Psychology*, 47, 1263–1279. http://dx.doi.org/10.1037/a0023875

Heckman, J. J. (2006). Skill formation and the economics of investing in disadvantaged children. *Science*, 312, 1900–1902. http://dx.doi.org/10.1126/science.1128898

High, P. C., Klass, P., Donoghue, E., Glassy, D., DelConte, B., Earls, M., . . . Council on Early Childhood. (2014). Literacy promotion: An essential component of primary care pediatric practice. *Pediatrics*, 134, 404–409. http://dx.doi.org/10.1542/peds.2014-1384

Howick, J., Chalmers, I., Glasziou, P., Greenhalgh, T., Heneghan, C., Liberati, A., . . . Thornton, H. (2011). *Background document: Explanation of the 2011 Oxford Centre for Evidence-Based Medicine (OCEBM) Levels of Evidence*. Oxford, England: Oxford Centre for Evidence-Based Medicine. Retrieved from https://www.cebm.net/index.

aspx?o=5653

Kuhfeld, M., Gershoff, E., & Paschall, K. (2018). The development of racial/ethnic and socioeconomic achievement gaps during the school years. *Journal of Applied Developmental Psychology*, 57, 62–73. http://dx.doi.org/10.1016/j.appdev.2018.07.001

Matalon, M. (2018). The validity of the Interventionist Perception of Caregiver Engagement measure (IPCES) and predictors of parent engagement in a school readiness primary preventive intervention (Unpublished master's thesis). New York University College of Global Public Health, New York, NY.

Mendelsohn, A. L., Huberman, H. S., Berkule, S. B., Brockmeyer, C. A., Morrow, L. M., & Dreyer, B. P. (2011). Primary care strategies for promoting parent-child interactions and school readiness in at-risk families: The Bellevue Project for Early Language, Literacy, and Education Success. *Archives of Pediatrics & Adolescent Medicine*, 165, 33–41. http://dx.doi.org/10.1001/archpediatrics.2010.254

National Institute for Children's Health Quality. (2016). *Promoting young children's (ages 0–3) socioemotional development in primary care*. Boston, MA: Author.

Socolar, R., Savage, E., Devellis, R. F., & Evans, H. (2004). The discipline survey: A new measure of parental discipline. *Ambulatory Pediatrics*, 4, 166–173. http://dx.doi.org/10.1367/A03-071R1.1

Tamborini, C. R., Kim, C., & Sakamoto, A. (2015). Education and lifetime earnings in the United States. *Demography*, 52, 1383–1407. http://dx.doi.org/10.1007/s13524-015-0407-0

Weisleder, A., Cates, C. B., Dreyer, B. P., Berkule Johnson, S., Huberman, H. S., Seery, A. M., . . . Mendelsohn, A. L. (2016). Promotion of positive parenting and prevention of socioemotional disparities. *Pediatrics*, 137 (2), e20153239. http://dx.doi.org/10.1542/peds.2015-3239

Weisleder, A., & Fernald, A. (2013). Talking to children matters: Early language experience strengthens processing and builds vocabulary. *Psychological Science*, 24, 2143–2152. http://dx.doi.org/10.1177/095679761348814

8 医療従事者向け教育介入プログラム

ゲイル・ホーナー、サリベル・ガルシア・キノン、デボラ・ブレトル、エレン・シオッカ、キャリー・ドネル、キャサリン・ドゥーティ、ブリジェット・マーシャル、クリステン・モリス

概　要

　「医療従事者向け教育介入プログラム」は、オハイオ州クリーブランドにあるレインボー小児病院の臨床小児ナースプラクティショナーであるローレン・マカリリーの開発したプログラムを基にしている。当初のプログラムは、全米小児ナースプラクティショナー協会（NAPNP：the National Association of Pediatric Nurse Practitioners）の児童虐待対応グループ（CMN SIG：Child Maltreatment and Neglect Special Interest Group）のメンバー10名により改訂が行われている。この介入プログラムは、すべての医療従事者を教育するための一般的介入プログラムとして、設計されている。

背景と理論

　米国において、継続的に行われ続けている子どもへの体罰の使用を予防していくためには、体罰に対する親の信念や効果への誤解に対し、変容させていく必要がある。親は子どものしつけ法に関して、医療従事者を含めた専門家の話には耳を傾けると報告されている（Hornor et al., 2015; Taylor, Hamvas, Rice, Newman, & DeJong, 2011）。ただ、体罰の使用が子どもへ多くの悪影響を引き起こしうることが判明しているにもかかわらず、小児医療に従事する医療者のかなりの割合が、親が子どもに体罰を行うことを容認していると報告されている（Hornor et al., 2015; Tirosh, Offer Shechter, Cohen, & Jaffe, 2003）。さらには、小児医療に従事する医療者はこれらの問題に対処するための十分なトレーニングを受けておらず、親との面会中に子どものしつけ法に関する情報の提供を、必ずしも自ら行っているわけではないとも報告されている（Hornor et al., 2015, 2017; Regalado, Sareen,

Inkelas, Wissow, & Halfon, 2004)。本介入プログラムは、小児医療の従事者
が親とより効果的なコミュニケーションを行うことが出来るように、小児
医療従事者に体罰の使用に関する最新の科学的情報を提供するように、設
計されている。このアプローチは、小児医療従事者が体罰の使用を容認す
る割合を減らしていく上で有用であることが、報告されている（Hornor et
al., 2015）。

　本介入プログラムは、Ajzen（2002）による計画的行動理論（TPB：the-
ory of planned behavior ）、ならびにAjzenとFishbein（1973）の理性的行
動理論（TRA：theory of reasoned action）に基づいている。この2つの理
論はともに、（a）本来避けるべき行動に対し、必要なものであると考える
信念の程度、（b）主観的な行動基準に影響を及ぼす、自身の行動規範へ
の信念の程度、（c）自身の行動をコントロール可能であると信じる程度、
の3つが行動の動機づけの基礎であるとしている。これらの理論を理解し
ておくことは、しつけとしての体罰に対する個人の考え方や振る舞いを、
客観的に捉える上で多くの利点を持つ。親が子どもに体罰を振るっている
事例において、TRAに基づくならば、子ども時代に親自身が体罰を受け
てきたことに対してどのような認識を持っているのかというのは、親が体
罰に関しての認識を変えることが出来ない要因として強固なものであるわ
けではない、ということが出来る。実際、多くの親はしつけの一環として
体罰を用いることを、望ましいとは考えていない。TPBは、TRAを拡張
したものであり、行動を実行に移す際の知覚制御機構についても体系づけ
ている。TPBに基づくならば「親が体罰を使用する上で、その他の選択
すべき方法があると感じているのか？」や「体罰によらないしつけ法を有
しているのか？」という点が重要と考えられるのである。

本介入プログラムの主たる目的

　本介入プログラムの主な目的は、小児医療従事者が、体罰に対しての自
らの行動や認識を振り返り、体罰に関する研究について理解を深め、親が
自身の医療機関を受診した際に、学び取ったことをより効果的に伝達する
ことが出来るようになることにある。

介入プログラムの具体的な方法

　本介入プログラムは、1時間の教育セッションであり、オンラインを用いたプレゼン形式で個人向けのセッションとして行うことも出来れば、グループセッションとして行うことも出来る。プログラムを受講する際に、看護師・ソーシャルワーカー・医師のための生涯教育研修単位として使用することも可能である。本介入プログラムの講師は、専門ナースプラクティショナー、看護師、医師、ソーシャルワーカーやその他の医療職が担うこととなっている。必要となる資料は、「子どもの行儀を良くするために医療者が出来ること。体罰によらないしつけとは（What Can We Do to Help Children Behave? Alternatives to Corporal Punishment）」と題した1時間のスライドプレゼンテーション資料、もしくはそれに準ずるオンライン上の標準資料のみである。

スパンキングや体罰に関連した、本介入プログラムの内容

　本介入プログラムでは、効果的なしつけを行う目的、しつけと罰の違い、親への敬意に基づいて行動する子どもと親への恐怖に基づいて行動する子どもとの違いという観点から、子どものしつけについて論じている。また本介入プログラムは、子どもへのしつけと体罰に関する個人の信念、小児期に受けたしつけに対する認知、宗教的信条、さらには所属組織の指針（米国小児科学会の「体罰を行う親への助言に対しての指針」[Sege, Siegel, Child Abuse and Neglect, & Committee on Psychosocial Aspects of Child and Family Health, 2018] や、米国小児ナースプラクティショナー協会の「あらゆる状況下での体罰使用に反対する声明」[2011] など）や実践（病院内でのノーヒット・ゾーン活動など）にも影響を及ぼしうるものである。本介入プログラムのスライドでは、子どもが体罰を経験した後に生じうる潜在的なリスクについての研究の成果についても、概説されている。さらには、体罰によらないしつけ法や、体罰の根絶に向けた世界規模の取り組みについての情報も、スライドにまとめられている。

本介入プログラムの実施状況

　本介入プログラムは、これまでに 882 名の医療従事者が受講している。その内訳は正看護師 10.7%（94 名）、ナースプラクティショナー 11.9%（104 名）、ソーシャルワーカー 7.8%（68 名）、医師 0.6%（5 名）、医療助手および看護助手 1.8%（16 名）、チャイルドライフ・スペシャリスト 0.6%（5 名）、看護学生 24.8%（217 名）、ナースプラクティショナー学生 27.4%（240 名）、その他の医療職 14.2%（126 名）など、と報告されている。また受講者の居住地は北東部 15.5%（137 名）、南東部 13.2%（116 名）、中西部 63.4%（560 名）、南西部 2.2%（19 名）、北西部 2.6%（23 名）、西部 4.2%（37 名）と報告されている。本介入プログラムは、大学や大学院の看護学科、看護学会の学術集会や、多機関合同のカンファレンスやその他の医療従事者向けの卒後教育の場で、活用されている。

アウトカム評価に基づく、本介入プログラムの効果のエビデンス

　本介入プログラムの実施前後には、オハイオ州クリーブランドのレインボー小児病院の小児ナースプラクティショナーであるローレン・マカリリーが自身の勤務する病院でノーヒットゾーン・プロジェクトを行う際に開発した、「体罰の知識・認識に関する調査（The Corporal Punishment Attitude and Knowledge Surveys）」を改変した調査が行われた。改変の際には、全米小児ナースプラクティショナー協会（NAPNP）の児童虐待対応グループ（CMN SIG）から参加したメンバー（全員が子ども虐待の専門家）が検証作業を行い、表面的妥当性を担保した。

　本介入プログラムに参加した 882 名の小児医療従事者がこの調査を受け、Hornor, Bretl, Chapman, Chiocca ら（2015）がその結果をまとめ、報告を行っている。自身も子どもを持つ親である参加者のうち、子どもの主治医としつけについて話し合いを行った経験を持つものは、5 人に 1 人もいなかった（n = 126; 14.4%）。また医療従事者としての卒後教育として、子どものしつけ管理について学んだことのある人物は 2 人に 1 人もいなかった（n = 365; 41.4%）。「スパンキング（手や尻をピシャリと叩く行為）であっても、体罰に該当する」という設問に対して「そう思う」と回答した割合は、

しつけについて学んだ経験の有無により明らかに異なっており、学んだ経験のない参加者の回答割合が15.6％（n = 78）であった一方で、学んだ経験のある参加者の回答割合は22.8％（n = 83）であった、と報告されている（p = 0.008）。

　また本プログラムの受講前後で、スパンキングに関する質問への回答に変化がもたらされるのかについての検討も行われた。「スパンキングは、時と場合によっては必要である」と回答した参加者は受講前は39.88％（n = 351）であったが、受講後にはその割合は28.9％（n = 251）と有意な減少が確認された（p＜0.001）。また「有形力を使用しないしつけの方が、スパンキングよりもより効果的である」と回答した参加者は受講前はおよそ半数程度（52.8％：n = 465）であったが、受講後にはその割合は3分の2以上（67.4％：n = 587）に増加していた（p＜0.001）。また「スパンキングは許されない」と回答した参加者の割合は、受講前は18.4％（n = 162）であったが、受講後には22.6％に増加していた。なお、その他にもこの調査で、体罰の一形態としてのスパンキングに関して、講義の前後で10の設問において、有意な変化が確認されたとも報告されている。また参加者の大多数（77％：n = 679）は、受講後に親や子どもとしつけについて話し合う機会が増えるであろうとの回答を行っていた。とりわけ「本介入プログラムが子どものしつけに関する認識に変化をもたらした」との回答を行った参加者では、親や子どもとしつけについて話し合う機会が増えるであろうと回答した割合が高かった（r = 0.22; p＜0.0001）。

　このHornerらの研究では、スパンキングの有用性についての信念は、参加者が子ども時代にスパンキングを受けていたか否かにより形作られているということも明確にされた。子ども時代にほとんど、もしくは全くスパンキングを受けていなかった参加者は「スパンキングを一度もされたことのない子どもは、甘やかされて育ったということである」という設問に賛同する割合が、明らかに低かった。また、子ども時代に一度もスパンキングを受けたことがない参加者は、「スパンキングは時と場合により必要である」という設問に賛同しない割合が最も高かった一方で、子ども時代にしばしばスパンキングされていた参加者は、この設問に賛同した割合が

最も高かった。何らの有形力も行使しない形のしつけに対して賛同する割合も、子ども時代にスパンキングを受けていたか否かにより異なっており、スパンキングを受けずに育った参加者は、このようなしつけ法はスパンキングよりも効果的である、と回答する割合が明らかに高かった一方で、しばしばスパンキングされて育った参加者は、このようなしつけ方法の効果はスパンキングに比して低いとの回答を行っていた、と報告されている。

本介入プログラムの研究における限界点（Limitations）

　本介入プログラムには、以下のいくつかの限界点が存在している。まずは、受講者の地理的分布には偏りがあり、50％以上が中西部に居住しており、南西部・北西部・西部に居住している受講者は5％未満であった。このような地理的分布の偏りが、統計上のバイアスを生じさせた可能性は否定出来ない。また受講者の4分の3が看護職に偏っており、職業間の比較を行うことは出来なかった。

本介入プログラムの将来的な活用案

臨床医は、本介入プログラムをどのように利用することが出来るか

　本介入プログラムは、親が子どもに体罰を行うことが、子どもにどのような影響を及ぼしうるのかに関しての、最新の研究の概要を医療従事者に提供するものである。プログラムでは、体罰を撤廃するための世界的な取り組みについても言及しており、医療従事者が支配や暴力を伴わないしつけ法について学ぶ機会を提供している。本介入プログラムを受講した医療従事者を対象とした調査では、専門家としての教育期間中に子どものしつけに関する情報・教育を受けたことがあると回答した医療従事者は半数にも満たなかった、と報告されている。医療従事者のトレーニングプログラムには、子どものしつけ法に関しても含める必要がある。子どものしつけに関する質問というのは、親が医療提供者に尋ねてくる最も頻繁な質問の1つであり、小児患者を診る上でそれに対して適切に回答することが出来る技術は極めて重要な位置を占めている。体罰のもたらす極めて深刻な影響や、

体罰に代わる適切なしつけ法についての講習を受けることは、医療従事者にとっても極めて貴重な学びとなるであろう。本介入プログラムを受講した医療従事者は、受講後に子どものしつけについて親とより話し合う傾向が高いと報告されている。このことは、医療従事者に体罰のもたらす転帰についての知識を提供することの重要性を浮き彫りにしているといえよう。

地域の実務家は、本介入プログラムをどのように利用することが出来るか

　本介入プログラムで使用している短期間の教育的講義は、医療従事者やその他の地域住民に、体罰の行使を廃絶するために必要な法的・文化的な変化をもたらすための行動を促進するための教育に用いることが出来る。本プログラムで教えているポジティブな育児法の基本を医療従事者は理解した上で、とりわけ乳児の患者が受診するプライマリーケアの現場で、日常臨床に生かしていくことが望まれる。親にポジティブな育児法の原則を教育し、親の適切なしつけを促すことが出来るようになるために、本書で紹介したその他の複数のプログラムを併用することも可能である。

本介入プログラムの情報取得先

　「子どもの行儀を良くするために医療者が出来ること。体罰によらないしつけとは（What Can We Do to Help Children Behave? Alternatives to Corporal Punishment）」と題された本介入プログラムのスライドは、全米小児ナースプラクティショナー協会（NAPNP）の児童虐待対応グループ（CMN SIG）のウェブサイトを介して入手可能である。またプログラム実施前後の体罰に関する認識調査用紙も、https://www.napnap.org/cmn.のホームページで公開されている。

訳者注──本介入プログラムの本邦における実施状況
本邦においては、現時点で本介入プログラムは導入されていない。

参考文献

Ajzen, I.（2002）. Perceived behavioral control, self-efficacy, locus of control, and the theory of planned behavior. *Journal of Applied Social Psychology*, 32, 665–683. http://dx.doi.org/10.1111/j.1559-1816.2002.tb00236.x

Ajzen, I., & Fishbein, M.（1973）. Attitudinal and normative variables as predictors of specific behaviors. *Journal of Personality and Social Psychology*, 27, 41–57. http://dx.doi.org/10.1037/h0034440

Hornor, G., Bretl, D., Chapman, E., Chiocca, E., Donnell, C., Doughty, K., . . . Quinones, S. G.（2015）. Corporal punishment: Evaluation of an intervention by PNPs. *Journal of Pediatric Health Care*, 29, 526–535. http://dx.doi.org/10.1016/j.pedhc.2015.04.016

Hornor, G., Bretl, D., Chapman, E., Herendeen, P., Mitchel, N., Mulvaney, B., . . . Van-Graafeiland, B.（2017）. Child maltreatment screening and anticipatory guidance: A description of pediatric nurse practitioner practice behaviors. *Journal of Pediatric Health Care*, 31, e35–e44. http://dx.doi.org/10.1016/j.pedhc.2017.05.006

National Association of Pediatric Nurse Practitioners.（2011）. NAPNAP position statement on corporal punishment. *Journal of Pediatric Health Care*, 25（6）, e31–e32. http://dx.doi.org/10.1016/j.pedhc.2011.07.003

Regalado, M., Sareen, H., Inkelas, M., Wissow, L. S., & Halfon, N.（2004）. Parents' discipline of young children: Results from the National Survey of Early Childhood Health. *Pediatrics*, 113（Suppl.）, 1952–1958.

Sege, R. D., Siegel, B. S., Council on Child Abuse and Neglect, & Committee on Psychosocial Aspects of Child and Family Health.（2018）. Effective discipline to raise healthy children. *Pediatrics*, 142（6）, e20183112. http://dx.doi.org/10.1542/peds.2018-3112

Taylor, C. A., Hamvas, L., Rice, J., Newman, D. L., & DeJong, W.（2011）. Perceived social norms, expectations, and attitudes toward corporal punishment among an urban community sample of parents. *Journal of Urban Health*, 88, 254–269. http://dx.doi.org/10.1007/s11524-011-9548-7

Tirosh, E., Offer Shechter, S., Cohen, A., & Jaffe, M.（2003）. Attitudes towards corporal punishment and reporting of abuse. *Child Abuse & Neglect: The International Journal*, 27, 929–937. http://dx.doi.org/10.1016/S0145-2134（03）00140-6

グループセッション
での介入プログラム

ポジティブ・ディシプリン

ジョーン・E・ダラント

概　要

　日常の育児をポジティブなものに、を意味するポジティブ・ディシプリン（PDEP：Positive Discipline in Everyday Parenting）プログラムは、セーブ・ザ・チルドレン・スウェーデンとPDEPプログラム開発チーム（Christine Ateah、Leslie Barker、Ashley Stewart-Tufescu、Jean Tinling）の協力の下、マニトバ大学のジョーン・E・ダラント医師により開発された。PDEPは、すべての親に対しての普遍的介入プログラムとしてデザインされている。

背景と理論

　国連の「子どもに対する暴力に関する世界的報告（the United Nations' World Report on Violence Against Children）」（Pinheiro, 2006）において、子どもに対する体罰が世界的にも高い割合で発生していることが報告されたが、PDEFは、これを受けたスウェーデンからの反応の一環として作成されたものである。国連の報告書は守られる権利や、尊重される権利や、参加する権利などの子どもの権利がしっかりと遵守され、子どもの人格権や育つ権利が保障されるような育児がなされるように、各国に求めている（Durrant, 2017; Durrant & Stewart-Tufescu, 2017）。PDEPはこの要請に応える形で、国際的なNGO（非政府組織）であるセーブ・ザ・チルドレン・スウェーデンと、発達心理学者で大学教員でもあるジョーン・E・ダラント博士とのパートナーシップの下で開発され、現在では、セーブ・ザ・チルドレンの「子ども保護のための全世界的テーマ（Child Protection global theme）」の中核プログラムとなっている。

PDEPは発達理論やその研究成果が、理論的背景となっている。本介入プログラムは、親が自らの役割をコントロールと支配から、リスペクトにあふれる指導と協調的な問題解決志向に変容させることを目的としている。PDEPは、対話式の一連の過程を通じて、親子間の愛着・親と子の自己調節・子どもの神経生物学的／情緒的／認知的発達に関する各種の実証研究の成果を、親が子どもとの日常的な相互作用を処理し、振り返り、応用出来るような形に変換するものである。またPDEPは、帰属的理論・認知発達理論・構成主義的理論・エピジェネティック理論・社会的情報処理理論・神経相関理論・社会学習理論にも基づいたプログラムである（Bandura & Walters, 1963; Bretherton & Mulholland, 1999; Milner, 2000; Montes, de Paúl, & Milner, 2001; Piaget, 1928; Siegel, 2001; Vygotsky, 1978; Weiner, 2010）。

PDEPプログラムによる親の変化は、理論的に3セットの転帰から成ると仮定されている。1つ目は短期的転帰であり、プログラムが展開するにつれて生じると予想される認知的・感情的シフト、すなわち（a）未熟な子どもとしての当たり前の行動を、意図的に行った不適切な行動と見なしてしまう状態の低減、（b）対立葛藤に対する怒りの感情の低減、（c）体罰や恫喝などの身体的・心理的懲戒を是認する認知の低下、が挙げられる。このような転帰は、子どもの発達や、子どもの持つ状況把握能・情動調節能に関する親の知識の向上によりもたらされる、と理論づけられている。2つ目は中期的転帰であり、プログラムの終了までに獲得されると予想される、とりわけ子どもの問題行動に対しての問題解決に際しての、親としての自信としつけ技術が挙げられ、それにより子どもの成長について、ゆとりを持って見守ることが出来るようになる。このような転帰は、子どもの行動にある根本的な背景を同定して理解し、懲罰的でない反応をとることが出来るようになるという、親としての能力的成長によりもたらされる、と理論づけられている。3つ目は長期的転帰であり、親がプログラムを完了した後にも継続して、（a）体罰や恫喝などの身体的・心理的懲戒を行う頻度の低下、および育児ストレスの減少、（b）子どもの行動に対しての感受性豊かな応答や問題解決法の増加、および育児満足度の増加が維持されることが期待される。

本介入プログラムの主な目的

　PDEPの目的は、子どもの行動を変えることではなく、親が子どもの行動を理解して、それに対応する方法を変えることにあり、懲罰から、子どもを尊重した上での問題解決へと、しつけの方向性を転換することにある。プログラムでは、問題が生じた場合に子どもの視点に立って考えるようにサポートを受け、子どもの行動が自分の感情やニーズを伝える子どもならではの手段であることを理解することが出来るように、サポートが行われる。PDEPは、親が子どもを「積極的な学習者」と見なし、指導者として働きかけることが出来るようにするとともに、子どもを罰するのではなく、学習者として学習しやすくするような働きかけが出来るようにし、肯定的な問題解決に積極的にコミット出来るように支援を行う、という包括的な目標を達成するためのプログラムである。

本介入プログラムの具体的な方法

　PDEPは、複数の親からなるグループに対し、週1回計8週間実施されるプログラムである。1回のセッションはおよそ2時間である。プログラム終了後および2週間後にフォローアップのセッションを行うことが強く推奨される。PDEPは、トレーニングを受けたファシリテーターによって実施される。ファシリテーターは通常、地域の公的機関の職員や、学校教員、保育所職員、その他の非営利団体のスタッフが担っており、業務の一環として親にプログラムを提供している。ファシリテーターは、ファシリテーター用マニュアル、プログラム実施の際に必要な各種資料や視覚的教材を使用する必要があるが、これらの資料は、ファシリテーター・トレーニングを受けた際に受け取ることが出来る。また親は参加に際し、親向け読本（Durrant, 2016）とプログラム・エクササイズが入ったバインダーを受け取るが、これらの準備はファシリテーターが行う。

スパンキングや体罰に関連した、本介入プログラムの内容

　体罰や恫喝などの身体的・心理的懲戒の問題に関しては、プログラム全体を通じて、全面的に取り上げられている。PDEPは講義を中心としたプ

ログラムではなく、親が内省し、洞察を深め、大局的な視点を持つことが出来るように、様々な活動や指導の下での議論を行うプログラムである。親が、生じた問題を子どもの視点から捉えることが出来るようになるにつれ、懲罰的な対応は逆効果であり、子どもとの関係性を損ないうるということに気づくようになる。

本介入プログラムの実施状況

　これまでに少なくとも 7097 名以上の養育者が、子どもの年齢を問わず、PDEP プログラムを受講している。養育者には、親だけでなく祖父母、里親やその他の子どもを養育する立場にある人物が含まれる。この 7097 名という数字は、養育者にプログラム前後で行ったアンケート結果を、ファシリテーターが提出した数であり、実際にプログラムを受けた養育者はさらに多いと思われるが、その実数は不明である。

　PDEP プログラムは、様々な文化的・宗教的背景、社会経済的状況、識字レベルの参加者に問題なく提供することが出来ており、英語に加えて、アルバニア語、アラビア語、バハサ語、ベンガリ語、広東語、フランス語、ヒンディ語、日本語、カレン語、クメール語、ルワンダ語、キルンディ語、韓国語、クルンディ語、北京語、モンゴル語、パンジャビ語、ソマリア語、スペイン語、スワヒリ語、タガログ語、タイ語、チグリニャ語、ウルドゥ語、ベトナム語に翻訳され、アルバニア、オーストラリア、バングラデシュ、カナダ、中国、コロンビア、エチオピア、フィジー、パレスチナ自治区、ガンビア、グルジア、グアテマラ、インドネシア、日本、ケニア、コソボ、モンゴル、ネパール、パプアニューギニア、パラグアイ、フィリピン、ソロモン諸島、韓国、スリランカ、タンザニア、ベネズエラなど、世界中の国々で実施されている。本プログラムは、子どもと実際に同居しているか否かにかかわらず、子どもの養育を行いうるすべての大人に適合するように、デザインされている。また本プログラムは、大都市、地方都市、過疎地、先住民コミュニティ、紛争・紛争後の地域、災害後の地域、都市のスラム、売春宿、難民キャンプ、刑務所、など幅広い場所で実施されている。PDEP は、児童相談所などの子ども保護機関により義務付けら

郵便はがき

101 - 8796

537

【 受 取 人 】

東京都千代田区外神田6-9-5

株式会社 明石書店 読者通信係 行

お買い上げ、ありがとうございました。
今後の出版物の参考といたしたく、ご記入、ご投函いただければ幸いに存じます。

ふりがな		年齢	性別
お名前			

ご住所 〒　　　　-

TEL 　　　（　　　） 　　FAX 　　（　　　）

メールアドレス	ご職業（または学校名）

＊図書目録のご希望	＊ジャンル別などのご案内（不定期）のご希望
□ある	□ある：ジャンル（　　　　　　　　　　　）
□ない	□ない

書籍のタイトル

◆本書を何でお知りになりましたか？
　　　□新聞・雑誌の広告……掲載紙誌名[　　　　　　　　　　　　　　　　　　]
　　　□書評・紹介記事……掲載紙誌名[　　　　　　　　　　　　　　　　　　]
　　　□店頭で　　　□知人のすすめ　　　□弊社からの案内　　　□弊社ホームページ
　　　□ネット書店 [　　　　　　　　　] □その他[　　　　　　　　　]
◆本書についてのご意見・ご感想
　　■定　　　　価　　　□安い（満足）　　□ほどほど　　　□高い（不満）
　　■カバーデザイン　　□良い　　　　　　□ふつう　　　　□悪い・ふさわしくない
　　■内　　　　容　　　□良い　　　　　　□ふつう　　　　□期待はずれ
　　■その他お気づきの点、ご質問、ご感想など、ご自由にお書き下さい。

◆本書をお買い上げの書店
　　[　　　　　　　　　市・区・町・村　　　　　　　書店　　　　　　店]
◆今後どのような書籍をお望みですか？
　　今関心をお持ちのテーマ・人・ジャンル、また翻訳希望の本など、何でもお書き下さい。

◆ご購読紙　(1)朝日　(2)読売　(3)毎日　(4)日経　(5)その他[　　　　　新聞]
◆定期ご購読の雑誌 [　　　　　　　　　　　　　　　　　　　　　　　]

ご協力ありがとうございました。
ご意見などを弊社ホームページなどでご紹介させていただくことがあります。　□諾 □否

◆ご 注 文 書◆　このハガキで弊社刊行物をご注文いただけます。
　　□ご指定の書店でお受取り……下欄に書店名と所在地域、わかれば電話番号をご記入下さい。
　　□代金引換郵便にてお受取り…送料＋手数料として300円かかります（表記ご住所宛のみ）。

書名		冊
書名		冊

ご指定の書店・支店名	書店の所在地域	
	都・道　　府・県	市・区　町・村
	書店の電話番号　（　　　）	

れるプログラムとなることを意図して開発されたものではなく、特定の
ターゲットを定めない普遍的な予防プログラムとして開発されたものであ
る。ただカナダなどいくつかの国々には、児童相談所が関与した養育者に
向けたサービスとしても実施されている。

プログラムスタッフのトレーニング効果に関するエビデンス

　親の体罰への認識を変容させることを目的とした本プログラムを成功さ
せるためには、本プログラムのファシリテーター自身が体罰に対する自身
の認識を変えることが重要である。また、ファシリテーターが親にプログ
ラムを届ける十分な準備が出来ている、と感じていることも重要である。
　そのためカナダの３つの州でトレーニングを受けたプログラムファシリ
テーター（n＝430）を対象として、（a）体罰に対する認識の変化ならび
に（b）プログラムを親に届ける自信、の２つの尺度につき、評価研究が
実施されている。この研究の対象者の94％は女性で、51％が20〜40歳
であった。65％が４年以上直接親への支援を行う立場で働いた経験を有し
ており、76％が大学卒業以上の学歴を有していた。各ファシリテーターに
はトレーニングを受ける前後に質問用紙に記入してもらい、そのうち５項
目の体罰に関する質問を、APP（Approval of Physical Punishment）尺度と
定め、スコアリングした。ファシリテーターのAPP尺度のスコアは検査
前後で有意に低下し（p＜0.001）、体罰を是認する態度はトレーニングが
進むにつれ、低下した。トレーニング終了後に、ファシリテーターの
92％が、大人は子どもへ体罰を行うべきではない、とより強く信じるよう
になっていた。またファシリテーターは、トレーニングに参加する前後で、
ファシリテーターとしての自信を評価するように求められた。トレーニン
グ開始前には、「親がしつけに関して困難を感じた場合に、自分はその解
決に役立つことが出来る」と回答したファシリテーターは60％、「自分は
優れたファシリテーターになる上で必要なスキルを持っている」と回答し
たファシリテーターは78％であったが、トレーニング後には、これらの
割合はそれぞれ81％、96％に上昇したと報告されている（Durrant et al.,
2018）。

2017年にも同じくカナダで、ファシリテーター・トレーニングを受けた96名を対象として、オンライン調査が行われている。トレーニング前後に、体罰やその他の懲戒をどの程度許容しているのかが尋ねられ、トレーニング前に体罰を「おおむね」「強く」容認出来ないと回答した者が88％であったが、トレーニング後にはその割合は100％にまで増加した、と報告されている（Durrant et al., 2018）。

本介入プログラムに対しての、スタッフからの評価に関するエビデンス

上述した430名のファシリテーターを対象とした研究（Durrant et al., 2018）では、「PDEPプログラムが親支援を行う上でどのように役立つか」という設問もなされている。ファシリテーターは以下の項目に、「同意する」「強く同意する」と回答していた。親が体罰を行う頻度を減らすことが出来る（82％）、大声での叱責の頻度を減らすことが出来る（81％）、親が子どもの発達を理解する一助となる（93％）、親が子どもの感情を理解する一助となる（88％）、親が怒りの感情をコントロール出来るようになる（79％）、親と子どものコミュニケーションの質が改善する（88％）、親と子どものと関係性がより強くなる（91％）。

「PDEPファシリテータープログラムを受講することで、どのようなことを学んだか」という自由回答式の回答では、以下のような回答が記載されていた。

- 「子どもにどのように対応すれば良いのかを教えることで、親により広い視野を持つことを知らせることが出来るでしょう。また、やさしく共感的で忍耐強い親が、どのように子どもに対応しているのかを伝えることにもなるでしょう」
- 「子どもは親の所有物ではなく、人権を持った権利主体であることを改めて学びました」
- 「私はこのプログラムを大変気に入っています。このプログラムは、私は何をするべきであるのか、家庭や職場で他者とどのように関わっていけば良いのか、などの根幹になっています。新たな

概念を理解することで、親御さんの目に光が宿っていくのをこれ
まで何度も見てきました。また親御さんから、子どもをしつける
方法にPDEPが深い影響を及ぼした、という言葉を何度もお聞き
しています。このような体験を重ねることで、私はこのプログラ
ムを家族に提供し続けることに精力的に取り組む決意を、いつも
新たにしています」

本介入プログラムに対しての、家族からの評価に関するエビデンス

　PDEPプログラムに参加した516名の親を対象として、参加前後に標準
化された質問紙（PPPQ：pre- and postprogram parent questionnaire）を用
いて評価を行った研究の報告が、カナダからなされている。プログラム終
了後、PDEPが子育てに及ぼすと考えられる影響について、いくつかの質
問が行われ、PDEPは体罰の軽減（80％）、怒りの感情のコントロール
（80％）、子どもとのコミュニケーションの改善（90％）、子どもとの関係強
化（95％）、子どもの発達の理解（91％）、子どもの気持ちの理解（90％）
に「おおむね」もしくは「強く」有用となったと回答されていた（Dur-
rant et al., 2018）。

　PDEPプログラムの親への影響に関して、様々な社会経済的状況の国々
で、比較評価を行った研究も存在している。不平等調整人間開発指数
（IHDI）に基づき、13カ国を先進国（n = 201）、中程度国（n = 166）、途上
国（n = 158）に分類した上で検討がなされたが、どの分類のグループで
あっても、ほとんどの親はプログラム全体（98％）や、親向け読本（98％）
や、プログラムのアクティビティー（98％）に、「おおむね」もしくは
「非常に」満足していたと回答されている。またどの分類のグループで
あっても、PDEPプログラムは、体罰の軽減（82％）、子どもの発達の理
解（92％）、子どもとのコミュニケーションの改善（93％）、子どもの感情
の理解（94％）、怒りの感情のコントロール（87％）、子どもとのより強い
関係の構築（96％）に、「おおむね」もしくは「強く」有用となったと、
ほとんどの親が回答していた（Durrant, Plateau, et al., 2017）。

　前述したカナダの研究では、受講後3カ月の時点で回答を行った親は

23名に留まったが、95%の親がPDEPで学んだアプローチを「おおむね」もしくは「強く」、子どもに自信を持って使用していたと報告されている。この23名のうち、81%の親が他者にもPDEPプログラムを受けることを推奨する、と回答していた。推薦した理由の主なものとして、以下のような自由記載がなされている。

- 「PDEPは有用で、効果的で、実用的です」
- 「PDEPは分かりやすく、有用であり、日常の育児に即座に役立てることが出来るプログラムです。このプログラムは良い結果をもたらし、家族全員が非常に前向きで建設的な方法で問題に取り組む助けとなっています」
- 「このプログラムは、親が移民である場合、とりわけ移住先の国が異なるしつけ法・権利・文化の下にある場合には、極めて有用といえます」

アウトカム評価に基づく、本介入プログラムの効果のエビデンス

　PDEPは2007年に開発されて以降、全世界規模で実施されるプログラムへと発展を遂げてきた。親向け読本は2007年に初版が発行され（Durrant, 2007）、付随する親向けの各種プログラムが開発されて、世界中の非常に多様な状況でパイロット的な取り組みが行われてきた。2008年にはファシリテーター・トレーニングが開発され（Durrant, 2008）、同じく世界中の多様な条件下でパイロット的に実施され、低識字率の国や低資源の国に対しても適用出来るようなプログラムも開発されている（Durrant, Plateau, & Barker, 2012）。開発されたこれらのプログラムは、繰り返して実践的な取り組みを進めながら改訂がなされ、世界のあらゆる地域でプログラムを提供するための基盤が形成されていった。2012年に、プログラム開発チームはプログラム実施の一貫性に十分な自信を持って、正式なプログラム実施に移行した。国際的なプログラム評価チームが設置され、ファシリテーターが親に実施するプログラム前後の標準化質問紙（PPPQ）の作成を完了するとともに、中央データセンターを設置し、管理体制を標準化

し、倫理審査を行う体制を、ファシリテーター研修プログラムに組み込んだ。本章執筆時点で、世界中で7000名以上の参加者のデータが登録され、トレーニングを受けたファシリテーターは2000名以上に上っている。研究チームはこれらのデータを基に、RCT（ランダム化比較研究）のデザインや実施に関する妥当性の検証や、変更の必要性について検討を行ってきた。

　PPPQには、体罰に対しての親の認識の変化を評価するためのAPP（Approval of Physical Punishment）尺度の項目が含まれている。この尺度は、すべての国で統一した評価尺度として使用されている。例として、日本に住む77名の親や、カナダのプレーリー州に住む678名の親、カナダ全土の14都市に住む321名の親を対象に統一した尺度での評価が行われたが、いずれも親のAPPスコアは本プログラムの実施により、著明に減少したと報告されている（p＜0.001）（Durrant et al., 2014; Mori, Mochizuki, & Stewart-Tufescu, 2016; Stewart-Tufescu, Ateah, Barker, & Tinling, 2016）。パレスチナのガザ地区、ヨルダン川西岸地区やバングラデシュなどの識字率の低い地域の親に対しては、PPPQの簡略版を用いた評価が行われている。この簡略版では、体罰の受け入れ状況を評価するために、2つの項目（「親が怒りの感情に満ちた状況でない限り、スパンキングは優れたしつけ法である」「親には、子どもに体罰を行うか否かを決定する権利がある」）が用意されている。ガザ地区とヨルダン川西岸地区に住む150名の父親と、バングラデシュの極貧地区に住む母親と父親の計105名を対象にこのPPPQ簡略版を用いた検討では、いずれの地域でもこの2つの項目で有意な低下が確認された（p＜0.001）と報告されている（Durrant, Haj Ahmad, Ahmed, Stewart-Tufescu, & Jones, 2017; Khondkar, Ateah, & Milon, 2016）。

　プログラム参加後のフォローアップ評価では、ほとんどの親が体罰は行うべきではないということに、「おおむね」もしくは「強く」同意するなど、その効果は継続して確認されている（コソボ90％、日本94％、カナダ90％）（Ademi-Shala, Hoxha, & Ateah, 2016; Mori et al., 2016; Stewart-Tufescu et al., 2016）。最近、著者らは、子どもと衝突が生じた状況下での親の行動評価のパイロット研究を開始している。カナダにおける、受講後3カ月の

時点で回答を行った親23名を対象とした研究において、PDEPプログラムに参加する前1年間に体罰を行ったと報告した親は43％であったが、参加後に体罰を行ったと申告した親の割合は19％であった。プログラム参加後に体罰を行ったと報告した親においても、うち67％がプログラムを受ける前よりも体罰を行う頻度は下がった、と回答していた。

本介入プログラムの研究における限界点（Limitations）

　現時点では、PDEPプログラムに関するRCT（ランダム化比較研究）で完了したものはない。ただ、これまでの研究で良好な成績が見出されたのを受け、開発チームとは異なる研究者が、PDEPプログラムのRCT研究をデザインし、介入による親の体罰に対する認識の変化や使用頻度の変化に関する評価を現在進行形で行っている。カナダでは、親をPDEP参加群と、待機リスト中のコントロール群にランダムに割り付け、2021年までの予定でデータ収集を実施中である。インドネシアでは、村ごとにPDEP群とコントロール群に無作為に割り付けたRCTを実施中である（Ruiz-Casares et al., 2019）。

本介入プログラムの将来的な活用案

臨床医は、本介入プログラムをどのように利用することが出来るか

　医師はPDEPアプローチについて正式なトレーニングを受け、親が子どもを尊重してしつけを行う上での助言を行う役割を担うことが出来る。一部の地域では、公衆衛生の専門家および小児科医に対し、親としつけに関し話し合いを行う一助として、PDEPプログラムを簡略化したオリエンテーションが実施されている。

地域の実務家は、本介入プログラムをどのように利用することが出来るか

　地域の実務家は、PDEPプログラムのファシリテーターとしてのトレーニングを受けることで、本プログラムを自らの機関を通じて、親に直接届けることが可能である。プログラムを実施するファシリテーターには、事

前・事後のアンケートデータを中央データセンターに提出することが求められている。データセンターにデータを提供することで、現時点の成果サマリーをフィードバックとして受け取ることが出来る。

政策立案者は、本介入プログラムをどのように利用することが出来るか

　PDEPは、人権に関する国際基準に基づいた、世界各国で使用することが出来る、体罰を撲滅するための有益なプログラムである。本介入プログラムは、国連の子どもの権利条約に則ったイニシアチブを実行する上で使用しうるプログラムでもある。PDEPの中心的な概念は、カナダ・アルバータ州の一般向け啓発教育イニシアチブとして統合され、活用されている。政策立案者は、本介入プログラムを体系的に評価する上で、有効な働きかけを行うことが出来るであろう。

本介入プログラムの情報取得先

　PDEPに関するウェブサイト（http://www.positivedisciplineeveryday.com）では、プログラムとファシリテーター・トレーニングの詳細につき、説明がなされている。このページから、無料で親向け読本をダウンロードすることが出来る。プログラムで使用するその他の教材は、公式のファシリテーター・トレーニングを受講すると入手することが出来るようになる。養育者はファシリテーターを通じて、各地の機関に申し込むことで、プログラムを受講することが出来る。

　PDEPのトレーニングにおいては、プログラムの統一性を保ち、ファシリテーターのプログラム遵守性を維持し、あらゆる地域や国で均霑化したプログラムの提供を可能にするため、階層的な職制を導入している。PDEPプログラムのファシリテーターは、地域において家族支援を提供する機関の職員であることが求められ、(a) マスタートレーナーと認定カントリー・トレーナーから、4日間にわたるトレーニングを受け、(b) 最初の2回のプログラム実施の際に指導を受け、認定されることでPDEPプログラムを独立して実施することが可能となる。ファシリテーターは、個人

としての営利活動としてプログラムを実施するのではなく、組織内の職務の一部として行うという遵守事項を守らなくてはいけない。

　ファシリテーターとしての経験を積むことで、認定カントリー・トレーナーになる推薦を受けることも出来る。認定カントリー・トレーナーを目指す場合、マスタートレーナーと共に新たなファシリテーター・トレーニングの機会を持って研修を行い、独立して行う最初の２回のファシリテーター・トレーニングの実施の際にマスタートレーナーの指導を受ける。それが終了した時点で、認定カントリー・トレーナーとしての資格が得られ、その後は独立してファシリテーター・トレーニングを行うことが可能となる。

　プログラム資料は、アラビア語、バハサ語、ベンガル語、フランス語、日本語、韓国語、モンゴル語、スペイン語、タイ語、ベトナム語では全訳がなされ、提供されている。

　Positive Discipline in Everyday Life（日々のポジティブ・ディシプリン）という非営利団体が立ち上がっており、PDEPの提供、ファシリテーター・トレーニング、プログラム開発、データ処理を行っている（メールアドレス：posdiseveryday@gmail.com）。Positive Discipline in Everyday Lifeは、2006年からPDEPの開発支援を行い世界的な展開を行っているセーブ・ザ・チルドレン・スウェーデンの正式なパートナーである。PDEPに関するより詳細な情報は、Positive Discipline in Everyday Lifeのホームページ（http://www.positivedisciplineeveryday.com）から入手可能である。

訳者注──本介入プログラムの本邦における実施状況

　本邦では、一般社団法人ポジティブ・ディシプリンコミュニティ（https://www.pdepc.com/）が、PDEPの実施と普及を行っている。

参考文献

Ademi-Shala, R., Hoxha, L., & Ateah, C. (2016, August). Delivering Kosovo's first parenting program: Challenges, strategies and outcomes. Paper presented at the conference of the International Society for Prevention of Child Abuse and Neglect, Calgary, Alberta, Canada.

Bandura, A., & Walters, R. H. (1963). *Social learning and personality development.* New York, NY: Holt, Rinehart, & Winston.

Bretherton, I., & Mulholland, K. A. (1999). Internal working models in attachment relationships: A construct revisited. In J. Cassidy & P. R. Shaver (Eds.), *Handbook of attachment theory, research and clinical applications* (pp. 89–114). New York, NY: Guilford Press.

Durrant, J. E. (2007). *Positive discipline: What it is and how to do it.* Bangkok, Thailand: Save the Children Sweden, Southeast Asia and Pacific Region.

Durrant, J. E. (2008). *Positive discipline: What it is and how to do it. A manual for facilitators, educators and trainers.* Bangkok, Thailand: Save the Children Sweden, Southeast Asia and Pacific Region.

Durrant, J. E. (2016). *Positive discipline in everyday parenting* (4th ed.). Stockholm, Sweden: Save the Children Sweden.

Durrant, J. E. (2017). The global movement to end all corporal punishment of children. In G. Lenzer (Ed.), *Ending violence against children: Making human rights real* (pp. 64–85). New York, NY: Routledge. http://dx.doi.org/10.4324/9781351248433-4

Durrant, J. E., Barker, L., Jones, A. D., Cavers, V., Shanks, T., & Roloff, L. (2018, June). Preventing punitive violence against children: A three-province evaluation of a primary prevention program. Final report to the Prairie Action Foundation. Winnipeg, Manitoba: Mosaic Newcomer Family Resource Network, Saskatchewan Prevention Institute, & Alberta Home Visitation Network Association.

Durrant, J. E., Haj Ahmad, M., Ahmed, A., Stewart-Tufescu, A., & Jones, A. (2017, March). "If I take one thing from this program, it is how I give love to my children": Engaging fathers in Positive Discipline in Everyday Parenting. Paper presented at the Canadian National Fatherhood Conference, Winnipeg, Manitoba, Canada.

Durrant, J. E., Plateau, D. P., Ateah, C., Holden, G., Barker, L., Stewart-Tufescu, A., . . . Ahmed, R. (2017). Parents' views of the relevance of a violence prevention program in high, medium, and low human development contexts. *International Journal of Behavioral Development, 41,* 523–531. http://dx.doi.org/10.1177/0165025416687415

Durrant, J. E., Plateau, D. P., Ateah, C., Stewart-Tufescu, A., Jones, A., Ly, G., . . . Tapanya, S. (2014). Preventing punitive violence: Preliminary data on the Positive Discipline in Everyday Parenting (PDEP) program. *Canadian Journal of Community Mental Health, 33* (2), 109–125. http://dx.doi.org/10.7870/cjcmh-2014-018

Durrant, J. E., Plateau, D. P., & Barker, L. (2012). *Positive Discipline: What it is and how to do it. A manual for parent program facilitators.* Stockholm, Sweden: Save the Children Sweden.

Durrant, J. E., & Stewart-Tufescu, A. (2017). What is 'discipline' in the age of children's rights? *International Journal of Children's Rights,* 25, 359–379. http://dx.doi.org/10.1163/15718182-02502007

Khondkar, L., Ateah, C., & Milon, F. I. (2016, August). Implementing 'Positive Discipline in Everyday Parenting' among ethnic minorities, urban slums, and brothel areas of Bangladesh. Paper presented at the Conference of the International Society for Prevention of Child Abuse and Neglect, Calgary, Alberta, Canada.

Milner, J. S. (2000). Social information processing and child physical abuse: Theory and research. In D. J. Hansen (Ed.), Nebraska symposium on motivation: Vol. 46. *Motivation and child physical maltreatment* (pp. 39–84). Lincoln: University of Nebraska Press.

Montes, M. P., de Paúl, J., & Milner, J. S. (2001). Evaluations, attributions, affect, and disciplinary choices in mothers at high and low risk for child physical abuse. *Child Abuse & Neglect: The International Journal,* 25, 1015–1036. http://dx.doi.org/10.1016/S0145-2134 (01) 00254-X

Mori, I., Mochizuki, R., & Stewart-Tufescu, A. (2016, August). Transforming parents' beliefs about physical punishment through 'Positive Discipline in Everyday Parenting' in Japan. Paper presented at the Conference of the International Society for Prevention of Child Abuse and Neglect, Calgary, Alberta, Canada.

Piaget, J. (1928). *The child's conception of the world.* London, England: Routledge and Kegan Paul.

Pinheiro, S. P. (2006). *World report on violence against children.* New York, NY: United Nations.

Ruiz-Casares, M., Lilley, S., Thombs, B. D., Platt, R. W., Scott, S., Isdijoso, W., . . . Mayo, N. (2019). Protocol for a cluster randomised controlled trial evaluating a parenting with home visitation programme to prevent physical and emotional abuse of children in Indonesia: The Families First Programme. *BMJ Open,* 9, e021751. http://dx.doi.org/10.1136/bmjopen-2018-021751

Siegel, D. J. (2001). Toward an interpersonal neurobiology of the developing mind: Attachment relationships, "mindsight," and neural integration. *Infant Mental Health Journal,* 22, 67–94. http://dx.doi.org/10.1002/1097-0355 (200101/04) 22:1<67::AID-IMHJ3>3.0.CO;2-G

Stewart-Tufescu, A., Ateah, C., Barker, L., & Tinling, J. (2016, August). Shifting attitudes toward physical punishment in a multicultural context: The case of Canada. Paper presented at the Conference of the International Society for Prevention of

Child Abuse and Neglect, Calgary, Alberta, Canada.

Vygotsky, L. S. (1978). *Mind in society: The development of higher psychological processes*. London, England: Harvard University Press.

Weiner, B. (2010). The development of an attribution-based theory of motivation: A history of ideas. *Educational Psychologist*, 45, 28–36. http://dx.doi.org/10.1080/00461 520903433596

10 ACT健やか子育て講座

ミシェル・ノックス、モルガン・ダインズ

概　略

　ACT健やか子育て講座（ACT：Adult and Children Together Against Violence: Raising Safe Kids Program）は、米国心理学会の暴力防止部局のジュリア・ダ・シルバの主導の下、開発された。ACTプログラムは、背景やリスクレベルにかかわらず、すべての家族に対し利用可能な一般的予防プログラムとして設計されている。

背景と理論

　ACTプログラムは、「幼少期に基本的な社会的・情緒的スキルを学ぶことが出来ることは、発達において極めて重要であり、その後の人生に長期的なプラスの影響を及ぼす」ということを示す各種研究に基づいて開発されている（Goodman, Joshi, Nasi, & Tyler, 2015; Hawkins, Kosterman, Catalano, Hill, & Abott, 2005）。マルトリートメント（虐待／ネグレクト）のような小児期逆境的体験（ACE）への曝露は、子どもの健康や福祉に有害で永続的な結果をもたらしうる、ということは様々な研究から判明している（Anda et al., 2006; Corso, Edwards, Fang, & Mercy, 2008; Taylor, Lerner, Sage, Lehman, & Seeman, 2004）。親などの養育者は、子どもの教育・モデリング・監護・権利擁護において、極めて重要な役割を果たすことは論を俟たない（Kaminski, Valle, Filene, & Boyles, 2008; Piquero et al., 2016）。

　「若年者の暴力問題に密接に繋がっている攻撃的で暴力的な行動は、しばしば幼児期に学習される」という社会学習理論（Bandura, 1978）に基づき、親は幼児期の暴力やその他の要因への曝露を最大限に低減しうる極めて重要な立場にあることをACTは重要視している。ACTは、親に適応的

な行動のモデルを教え、子どもが模倣しうる暴力やその他の不適応行動に発展する行為に曝露されることを防ぐための方法を教えている（Knox, Burkhart, & Howe, 2011）。例えばACTプログラムの、ある双方向性のセッションでは、「子どもは周囲の人々の行動を観察し模倣することから学ぶ」ということを親に改めて考えてもらう。その上で親に、「子どもはスパンキング（手や尻をピシャリと叩く行為）などの体罰を受けた時に、どのようなことを学ぶと思うか」などと尋ねていく。ファシリテーターは、暴力がモデリングされてしまうことで、子どもの攻撃性というのは高まってしまいうるとする親の回答を引き出し、強調する。さらに、親は怒りの感情に対し効果的に取り扱う方法を学び、対人間の衝突を解決する方法についても学んでいく。ファシリテーターは、子どもの発達段階に応じた適切な方法で、親がモデリングを通じて、これらのスキルを子どもに首尾良く教えることが出来るように、支援を行う。同様に、メディアによる暴力表現から子どもを守るためのルールを親が作る支援も、行っていく。

　ACTは親の行動変化を支援するために、動機づけ面接（MI）の技法（Miller & Rose, 2009）も利用している。MIは、親が自分の子どもに何を望むのかに気づき、そのためにとるべきだと考える親の行動に気づくことを支援するものである。このMIの戦略を応用し、ACTでは親が育児スタイルを変えようとする際に示す抵抗や、両価的感情に対処し、ポジティブな方法でしつけを行う方法を学ぶ手助けをしている。

　ACTはAinsworthの愛着理論（1978）に基づき、親の養育行動を促進させるための働きかけとして、親が受容的に養育を行う重要性を強調するとともに、親自身が子ども時代にどのような養育を受けたのかを振り返る手助けをし、その上で自身の子どもの養育環境を整える手助けを行っている。参加者にはそれだけではなく、ACTで学んだしつけ法を用いることで、子どもにより良い影響が表れることを示す論拠として、脳発達に関する脳科学の知見についても情報提供が行われている。

本介入プログラムの主たる目的

　ACTプログラムは、子どもへの虐待、地域社会における暴力、若者間

の暴力に繋がる「暴力のサイクル」を終結させることを目的として、開発された。この戦略と同様の情報は、米国疾病管理予防センター（CDC）の若年者間暴力予防の最善の実践（Best Practices of Youth Violence Prevention）からも発信されている（Thornton et al., 2002）。暴力というのは、主に後天的な行動様式と見なされており、その一部は大人の攻撃的で高圧的な行動が子どもにモデリングされたものであるとされている。暴力のサイクルは、子どもを暴力にさらすことによってもたらされると理解されており、暴力の被害を受けた子どもは暴力的な行為を行う可能性が高まり、思春期以降には暴力的な人物となり、親になり暴力的で高圧的なしつけ法を用いるようになるなどの結果を招く。そのためACTプログラムは、親と子の双方を対象に、アンガーマネジメントと社会的問題の解決スキルに着目し、暴力に頼らない態度と信念を促進することに、焦点を当てている。米国疾病対策予防センター（CDC）から発出された提言では、「しつけ技術のトレーニング・子どもの発達を理解するための教育・子どもが暴力に親和性を持つようになるリスクを低減させるための教育・親子間のコミュニケーションがより効果的になるような活動を含む、親や家族を中心とした包括的な介入を行う」ことを求めている。（Thornton et al., 2002）。これらの提言に沿うように、ACTプログラムでは、モデリングとロールプレイを組み合わせた効果的なカリキュラムを取り入れている。各セッションでは、ロールプレイや、アートやその他の参加者が自身の考えや感情を表現しやすい双方向性のセッションを重視しており、提供された情報から効果的に学び、その学びを維持し、活用することが出来るような資材を豊富に取り入れている。

　ACTプログラムの主な目的は、親がポジティブな育児行動をとることを学び取り、子どもが有害な経験から守られ、子どもにとって安全で愛護的な親子関係性を構築することにある。ACTは親が子どもの発達・暴力がもたらす負の影響・大人のアンガーマネジメント法・子どもの怒りへの管理方法・社会的問題の解決法・ポジティブなしつけ法・メディアの暴力表現のもたらす悪影響などを効果的に学ぶことが出来るように、動機づけ面接の手法や、対話型集団心理教育の手法など、多くの実証済みの戦略を

用いている（Silva, 2011）。またACTは親が、子どもの望ましい行動を強化する方法、年齢や発達に応じた対応、一貫性のある制限の設定方法などの、非暴力的なしつけ法を利用出来るように支援を行う（Silva, 2011）。ACTでは、体罰という問題に直接的に取り組み、親にその潜在的な悪影響について知らせ、効果的で暴力を用いないしつけ法を親自身が取り入れることを支援している。ACTは、家族向けのサービスを提供している地域社会に根ざした組織との協力関係の下、親の参加を募っている。ACTプログラムを提供する専門家は、少人数グループでの話し合いを促進する方法や、ロールプレイなどの、成人が学習を行う上で効果的な方法論について、トレーニングを受けている。本プログラムでは、参加者がプログラム中に批評的な態度をとることがないように、トレーニングを受けたファシリテーターが常に気を配っている。

本介入プログラムの具体的な方法

　ACTプログラムは、1回当たり約1.5～2時間から成る9つのセッションで構成される、グループベースの一般向けプログラムである。ACTプログラムのファシリテーターは、最低限度、大学を卒業した学士資格を有する専門家であることが望まれ、ソーシャルワーカー・看護師・幼児教育者・心理学者・教師・カウンセラーなどが適職者として担うことが多い。ACTプログラムは完全にマニュアル化されており、英語の他、スペイン語、ギリシャ語、ポルトガル語、日本語、クロアチア語、マンダリン、ルーマニア語でも入手可能である（Silva, 2011）。ファシリテーター研修は、ACTマスタートレーナーが実施する2日間のワークショップの形で提供されている。ファシリテーター・マニュアルでは、セッションごとに詳細な手順の説明がなされている。トレーニングを受けたファシリテーターは、必要となるすべての資料を含んだファシリテーターキットを受け取ることが出来る。

スパンキングや体罰に関連した、本介入プログラムの内容

　ACTでは参加者に、しつけと懲罰とを区別する方法を教えている。ま

た参加者は、自分の育児スタイルがどのようなものであるのかを自覚出来るように、サポートを受ける。さらに、子育てのスタイルとそれが子どもに及ぼす結果について学んだ後、参加者は、自分が子ども時代に受けた親からの育児法について振り返り、自分自身の理想的な子育てスタイルについて考え、話し合いを行う。そして参加者は、なぜ親は体罰という手段を用いるのかについて、掘り下げて考えていく。その後に参加者は、体罰は有害な影響をもたらすという各種の研究の成果について学ぶ。ファシリテーターは参加者に対し、「子どもがこうなってほしい」と願っている状況に、体罰がどのような影響を及ぼすのかについて話し合うように、促す。またファシリテーターは、フラストレーションや怒りに基づいて行う行動と、より冷静かつ合理的に子どもの行動に対し行う行動との違いを参加者がより深く理解出来るように、促していく。それにより親は、自分自身の怒りの感情をより認識し、その感情に対してより建設的に対応するためのスキルを学んでいく。このプログラム全体を通じて、ファシリテーターは、子どもの不適応的な行動を、意図的・操作的・報復的な行動ではなく、誤った行動として客観的に捉えるべきものである、と親が理解するように支援していく。ACTは、子どもの誤った行動に対し、親が非暴力的に対応することが子どもにとってのモデルとなることを強調し、そうなることが出来るように支援を行っている。親は、セッションとセッションの間に、自身が問題と感じた子どもの行動を特定すること、そしてその行動に対して自身がどのようにしつけや懲戒を行ったのかを、課題として特定するように求められる。親は、子どもが望ましい行動を行った際にすぐに褒めること、そして頻繁に褒めることで、子どものそのような行動を強化することを、学んでいく。参加者は、「リミット設定」「タイムアウト」「気をそらす」「選択肢の提示」「自然な論理的帰結（natural and logical consequence）の使用（訳注：子どもが冬場に靴下を履かない時に「履きなさい！」と叱るのではなく、寒い思いを体験させる、おもちゃを片付けなかったら翌日そのおもちゃで遊べなくする、など）」などの非暴力的な、ポジティブなしつけ法を学んでいく。

本介入プログラムの実施状況

　ACTプログラムは、0～8歳の子どもを持つ親を対象に、全米各地で実施されており、米国外でも世界14カ国で実施されている。現在までに、アフリカ系米国人、アジア系米国人、先住米国人、ラテン系米国人など、様々な文化／民族的背景の約1万7000の家庭が、本介入プログラムを受けている。ACTプログラムは英語のみならず、スペイン語、ギリシャ語、ポルトガル語、日本語、クロアチア語、ボスニア語、マンダリン、ルーマニア語で実施がなされている。米国では、児童相談所が親や里親に対しACTの受講を義務付けている地域も、複数存在している。

本介入プログラムに対しての、家族からの評価に関するエビデンス

　ブラジルで行われた、拘置所に収監された女性を対象として実施されたACTプログラムでは、参加者全員がこのプログラムとこのプログラムを提供したチームを、優れたものであると評価していた（Howe et al., 2017）。日本で実施されたある質的研究では、本介入プログラムに参加した91％の親がこのプログラムを他の人に勧めると回答し、70％の親が育児の改善に繋がる技術を学ぶことが出来たと回答した、と報告されている。親の回答は動画撮影されていたが、そこでは本介入プログラムにより、「声を荒らげたりスパンキングを行うといった行動を減らすことが出来た」「家族がより幸せになり、子どもとのコミュニケーションを深めることが出来た」など、本プログラムを受けたことで育児行動を変容させることが出来たと評価する言葉が語られている。またファシリテーターの活動に対し、親から強い感謝の意が表明されている（Nishizawa, 2014）。

アウトカム評価に基づく、本介入プログラムの効果のエビデンス

　ACTプログラムに対するいくつかの研究成果からは、本介入プログラムが「体罰の低減」「ポジティブな養育やしつけ法の促進」「親の感情調節能力の向上」「子どもの問題行動やいじめの低減」など、広く有効に作用することがエビデンスとして提示されている。(Knox & Burkhart, 2014; Knox, Burkhart, & Cromly, 2013; Knox, Burkhart, & Hunter, 2011; Porter &

Howe, 2008; Portwood, Lambert, Abrams, & Nelson, 2011)。

　ACTプログラムに関しての成果に関する初めての研究報告は、児童福祉サービスと子育て支援センターからリクルートされた18名の親を対象としたものであった。参加者は自発的に参加したものもいれば、受講を義務付けられて参加したものもいたが、受講する前と受講3カ月後に、効果の評価が行われた。なおコントロール群は設定されていなかった。スパンキングに関しての不適応的な信念については、独自に設定されたACTスケール（the ACT Against Violence Parents Raising Safe Kids Scale）を用いて評価され、本プログラムの受講により有意に減少することが確認された。体罰の頻度に関しては、フンボルト州立大学育児サーベイ（the Humboldt State University Parenting Survey）という指標を用いて測定され、本プログラムの受講により有意（効果量中等度）に減少し、参加したすべての親がプログラム終了後3カ月の時点で、体罰の使用を中止していたと報告された（Porter & Howe, 2008）

　ACTに関する2番目の報告は、プログラムへの参加希望者と、児童精神保健機関・コミュニティセンター・一般訴訟裁判所から参加を義務付けられた参加者の、計92人を対象として実施された米国の研究報告である。この研究では、最初の50人を介入群（プログラムを受講する群）とし、次の42人をコントロール群（プログラム受講前の待機群）に振り分けがなされた。両群の親に、どれくらいの頻度で子どもにスパンキングを行うのかと、どのくらいの頻度で子どもを物で叩くのかを回答してもらったが、ACTを受講した親では、この両方の行為とも明らかに減少した（効果量小－中等度）、と報告されている（Knox, Burkhart, & Hunter, 2011）。

　Knoxらは2014年にも別の研究成果を報告している。この研究は、全米7か所のコミュニティセンターで実施され、9歳以下の子どもを持つ親60名が任意で参加し、参加の前後で効果判定が行われた（コントロール群は設定されていない）。その結果、Foxらの親行動チェックリスト（1994）を用いた判定で、ネガティブなしつけ行動は明らかに減少し、親子間葛藤スケール（Straus & Hamby, 1997; Straus, Hamby, Finkelhor, Moore, & Runyan, 1998）を用いた判定では、厳しい養育態度が有意に減少した、と報告され

ている。またこの研究では、プログラム参加前に厳しい養育態度であると
判定された家庭の子どもでは、子どもの問題行動がより強固であった、と
も報告されている（Knox & Burkhart, 2014）。

　ACTプログラムの成果に関してはいくつかのRCT（ランダム化比較研
究）が行われている。最初に報告されたRCTは、米国の7か所の児童相
談所と親プログラム施設から、自発的に研究参加を希望した162名の介入
群と109名のコントロール群がリクルートされた。介入前・介入直後およ
び介入3カ月後に要約版親行動リスト（Fox, 1994）を用いた評価が行われ
たが、介入直後と介入3カ月の追跡時に、激しい言葉による叱責や体罰の
使用は減少し、効果的な育児行動の増加が確認された（効果量：中程度）、
と報告されている。質的データの解析では、親がしつけ法を身に着ける上
で、介入が効果的であったことも示されている（Portwood et al., 2011）。

　2つ目のRCTはKnoxらによる多施設共同研究であり、この研究では米
国内の複数の地域の保健センターから、英語もしくはスペイン語を話すこ
との出来る84名の自発的参加者がリクルートされた。介入前・介入直後
および介入3カ月後の評価では、コントロール群に比して介入群では、非
暴力的なしつけ法の利用が明らかに増加するとともに、体罰の使用の減少
が確認された、と報告されている（Knox et al., 2013）。

　3つ目のRCTは、ある保健センターと2つの学校から、自発的に参加
した母親40名の介入群と、参加待機リストに登録された母親41名を対象
として行われた研究である。この研究ではコントロール群に比して介入群
では、スパンキング、平手打ち、罵声を浴びせるなどの行動が減り、怒り
を制御し冷静に対応する「感情および行動の調節」のスコアが著明に上昇
したと報告されており、さらにこれらの改善効果は、介入3〜4カ月後の
追跡調査時にも維持されていたとも報告されている（Altafim & Linhares,
2019）。

　日本から報告されたある質的研究では、プログラム参加前に体罰を用い
ていたと報告していた親の80％が、プログラム終了までに体罰の頻度を
減少させた、と報告されている（Nishizawa, 2014）。

各種の情報センターへの本プログラムの登録状況

ACTは以下の情報センターに登録されている。

- カリフォルニア州立児童福祉エビデンス情報センター（California Evidence-Based Clearinghouse for Child Welfare）：ACTは「研究で有効であるとのエビデンスが存在する」との評価を受けている（これはエビデンスレベルとして、3番目に高いものである）。

  http://www.cebc4cw.org/program/safe-environment-for-every-kid-seek-model/detailed

- カナダ公衆衛生局、最善の実践ポータルセンター（Canadian Best Practices Portal, Public Health Agency of Canada）：ACTは「研究で有効であるとのエビデンスが存在する」と評価されている。

  http://cbpp-pcpe.phac-aspc.gc.ca

- ペンシルベニア州および米国防総省、軍属家庭対応部局向け情報センター（Clearinghouse for Military Family Readiness, Penn State and the U.S. Department of Defense）：ACTは「不明瞭〜有効」と評価されている。

  https://lion.militaryfamilies.psu.edu/about-us

- WHO：子ども虐待防止プログラムの実施に向けて——専門家の提　言（Implementing Child Maltreatment Prevention Programmes: What the Experts Say, World Health Organization）：プログラム例としてACTがリストアップされている。プログラムのエビデンス評価は行われていない。

  http://www.euro.who.int/__data/assets/pdf_file/0009/289602/Maltreatment_web.pdf?ua=1

- 米国疾病対策予防センター：子どもの虐待／ネグレクト防止のための方針／基準策定のためのエビデンス集、および各種プログラム活動（Preventing Child Abuse and Neglect: A Technical Package for Policy, Norm, and Programmatic Activities, Centers for Disease Control and Prevention）：ACTは「しつけ法と家族関係性にアプ

ローチする方法」に分類されている。エビデンス評価は行われていない。

https://www.cdc.gov/violenceprevention/pdf/can-prevention-technical-package.pdf

- **ピュー慈善信託：結果第一の情報センター・データベース** (Results First Clearinghouse Database, Pew Charitable Trusts)： ACTは「2番目にエビデンスレベルの高いプログラム」との指定を受けている。

https://www.pewtrusts.org/pt/research-and-analysis/data-visualizations/2015/results-first-clearinghouse-database

本介入プログラムの研究における限界点 （Limitations）

　ACTプログラムに関する研究には、いくつかの限界点があり、それに言及することには意義がある。第一に、ACTプログラムの効果の追跡評価は、現時点では最大3～4カ月後までしか行われていない。本介入プログラムの効果が持続的なものであるかを明確化し、そのような効果を経時的な曲線として明示化するためには、長期的な追跡調査が必要である。第2に、本介入プログラムによってもたらされる効果が、かかる費用を上回っていることを明確にするためには、費用対効果分析が必要であろう。第3に、現時点ではACTプログラムのモデレーター分析や、メディエーター分析は行われていない。そのために、ACTプログラムから誰が最も恩恵を受けるか、そしてどのような状況下で最も恩恵を受けるかは、まだエビデンスとして明確に示せてはいない。これらの分析を行うことは、本介入プログラムの普及に直接的に役立つとともに、社会に虐待予防プログラムがほとんど提供出来ていない現状において、プログラムの実施者が本介入プログラムを最も生産的な方法で活用することを可能とするであろう。

本介入プログラムの将来的な活用案

臨床医は、本介入プログラムをどのように利用することが出来るか

ACT ファシリテーターとしてトレーニングを受けた臨床医やその他の専門家は、患者を対象としたグループプログラムの形で、本介入プログラムを実施可能である。どのようなリスクレベルの家族であれ、ACT プログラムに参加することは有用となる。本介入プログラムは、通常、9 週間にわたり週 1 回、計 9 回のセッションとして実施される。

地域の実務家は、本介入プログラムをどのように利用することが出来るか

ACT ファシリテーターとしてトレーニングを受けた地域の実務家は、0～8 歳までの子どもを持つ親だけでなく、このプログラムへの参加を希望するあらゆる親に、このプログラムを実施することが出来る。トレーニングを受けたファシリテーターは、社会福祉サービスの場、医療機関や精神保健機関、ヘッドスタートセンター（貧困対策センター）、少年矯正施設、子どもの権利擁護センター、軍施設、住宅団地、保育所、学校、シェルター、地域のコミュニティセンター、宗教施設など、様々な場面や場所でプログラムを提供することが可能である。セッションを展開するタイミングは、例えばシェルターで短期間過ごす親が対象であればより頻繁に行うといった形で、ニーズに基づいて調整することも出来る。

政策立案者は、本介入プログラムをどのように利用することが出来るか

政策立案者は、子どもが虐待／ネグレクトを受けることを防止し、家庭内で適切な養育を受ける環境を広げ、地域における暴力の頻度を減らし、家族のレジリエンシー（困難に打ち勝つ力）を強化し、子どもが健全に育つことを担保する効果的な戦略として、本介入プログラムの普及を支持・支援することが出来る。

本介入プログラムの情報取得先

　2日間のファシリテーター・トレーニングが、各種の資料代を含め、250ドルから380ドルの費用で受講することが可能である。この研修のプログラム内容や受講方法についての詳細は、ACTのウェブサイト（http://www.apa.org/act）から確認することが出来る。ACTに関する、その他の情報に関しては、http://www.apa.org/act/resources/index.aspx を確認されたい。さらに詳細を知りたい場合には、米国心理学会の暴力防止部局のジュリア・シルバ宛に連絡をするとよい（jsilva@apa.org）。

訳者注——本介入プログラムの本邦における実施状況

　本邦では、NPO法人日米心理研究所（http://www.jupinpo.org/act/）が、ACTの実施と普及を行っている。

　問い合わせ先：http://www.jupinpo.org/inquiry/

参考文献

Ainsworth, M. D. S. (1978). The Bowlby-Ainsworth attachment theory. *Behavioral and Brain Sciences*, 1, 436–438. http://dx.doi.org/10.1017/S0140525X00075828

Altafim, E. R. P., & Linhares, M. B. M. (2019). Preventive intervention for strengthening effective parenting practices: A randomized controlled trial. *Journal of Applied Developmental Psychology*, 62, 160–172. http://dx.doi.org/10.1016/j.appdev.2019.03.003

Anda, R. F., Felitti, V. J., Bremner, J. D., Walker, J. D., Whitfield, C., Perry, B. D., . . . Giles, W. H. (2006). The enduring effects of abuse and related adverse experiences of childhood. *European Archives of Psychiatry and Clinical Neuroscience*, 256, 174–186. http://dx.doi.org/10.1007/s00406-005-0624-4

Bandura, A. (1978). Social learning theory of aggression. *Journal of Communication*, 28, 12–29. http://dx.doi.org/10.1111/j.1460-2466.1978.tb01621.x

Corso, P. S., Edwards, V. J., Fang, X., & Mercy, J. A. (2008). Health-related quality of life among adults who experienced maltreatment during childhood. *American Journal of Public Health*, 98, 1094–1100. http://dx.doi.org/10.2105/AJPH.2007.119826

Fox, R. A. (1994). Parent behavior checklist. Austin, TX: ProEd.

Goodman, A., Joshi, H., Nasim, B., & Tyler, C. (2015). *Social and emotional skills in childhood and their long-term effects on adult life.* London, England: Institute of Education.

Hawkins, J. D., Kosterman, R., Catalano, R. F., Hill, K. G., & Abbott, R. D. (2005). Promoting positive adult functioning through social development intervention in childhood: Long-term effects from the Seattle Social Development Project. *Archives of Pediatrics and Adolescent Medicine,* 159 (1), 25–31. http://dx.doi.org/10.1001/archpedi.159.1.25

Howe, T. R., Knox, M., Altafim, E. R. P., Linhares, M. B. M., Nishizawa, N., Fu, T. J., . . . Pereira, A. I. (2017). International child abuse prevention: Insights from ACT Raising Safe Kids. *Child and Adolescent Mental Health,* 22, 194–200. http://dx.doi.org/10.1111/camh.12238

Kaminski, J. W., Valle, L. A., Filene, J. H., & Boyles, C. L. (2008). A meta-analytic review of components associated with parent training program effectiveness. *Journal of Abnormal Child Psychology,* 36, 567–589. http://dx.doi.org/10.1007/s10802-007-9201-9

Knox, M., & Burkhart, K. (2014). A multi-site study of the ACT Raising Safe Kids Program: Predictors of outcomes and attrition. *Children and Youth Services Review,* 39, 20–24. http://dx.doi.org/10.1016/j.childyouth.2014.01.006

Knox, M., Burkhart, K., & Cromly, A. (2013). Supporting positive parenting in community health centers: The ACT Raising Safe Kids Program. *Journal of Community Psychology,* 41, 395–407. http://dx.doi.org/10.1002/jcop.21543

Knox, M., Burkhart, K., & Howe, T. (2011). Effects of the ACT Raising Safe Kids parenting program on children's externalizing problems. *Family Relations,* 60, 491–503. http://dx.doi.org/10.1111/j.1741-3729.2011.00662.x

Knox, M., Burkhart, K., & Hunter, K. E. (2011). ACT Against Violence Parents Raising Safe Kids Program: Effects on maltreatment-related parenting behaviors and beliefs. *Journal of Family Issues,* 32, 55–74. http://dx.doi.org/10.1177/0192513X10370112

Miller, W. R., & Rose, G. S. (2009). Toward a theory of motivational interviewing. *American Psychologist,* 64, 527–537. http://dx.doi.org/10.1037/a0016830

Nishizawa, N. (2014). Adults and Children Together Against Violence Japanese translation project: Results from the second pilot program in Japan. Unpublished manuscript.

Piquero, A. R., Jennings, W. G., Diamond, B., Farrington, D. P., Tremblay, R. E., Welsh, B. C., & Gonzalez, J. M. R. (2016). A meta-analysis update on the effects of early family/parent training programs on antisocial behavior and delinquency. *Journal of Experimental Criminology,* 12, 229–248. http://dx.doi.org/10.1007/s11292-016-9256-0

Porter, B. E., & Howe, T. R. (2008). Pilot evaluation of the ACT Parents Raising Safe

Kids violence prevention program. *Journal of Child & Adolescent Trauma*, 1, 193–206. http://dx.doi.org/10.1080/19361520802279158

Portwood, S. G., Lambert, R. G., Abrams, L. P., & Nelson, E. B. (2011). An evaluation of the Adults and Children Together (ACT) Against Violence Parents Raising Safe Kids program. *The Journal of Primary Prevention*, 32, 147–160. http://dx.doi.org/10.1007/s10935-011-0249-5

Silva, J. (2011). *ACT facilitator manual: ACT Raising Safe Kids Program*. Washington, DC: American Psychological Association.

Straus, M. A., & Hamby, S. L. (1997). Measuring physical and psychological maltreatment of children with the Conflict Tactics Scales. In G. Kaufman Kantor & J. L. Jasinski (Eds.), *Out of the darkness: Contemporary perspectives on family violence* (pp. 119–135). Thousand Oaks, CA: Sage. http://dx.doi.org/10.4135/9781483328058.n1

Straus, M. A., Hamby, S. L., Finkelhor, D., Moore, D. W., & Runyan, D. (1998). Identification of child maltreatment with the Parent-Child Conflict Tactics Scales: Development and psychometric data for a national sample of American parents. *Child Abuse & Neglect: The International Journal*, 22, 249–270. http://dx.doi.org/10.1016/S0145-2134 (97) 00174-9

Taylor, S. E., Lerner, J. S., Sage, R. M., Lehman, B. J., & Seeman, T. E. (2004). Early environment, emotions, responses to stress, and health. *Journal of Personality*, 72, 1365–1394. http://dx.doi.org/10.1111/j.1467-6494.2004.00300.x

Thornton, T. N., Craft, C. A., Dahlberg, L. L., Lynch, B. S., & Baer, K. (2002). *Best practices of youth violence prevention: A sourcebook for community action* (Rev. ed.). Atlanta, GA: Centers for Disease Control and Prevention, National Center for Injury Pre vention and Control. Retrieved from https://www.cdc.gov/violenceprevention/communicationresources/pub

シカゴ親プログラム

スーザン・M・ブライテンシュタイン、デボラ・グロス、
アミー・F・ベッテンコート

概　要

　シカゴ親プログラム（CPP: the Chicago Parent Program）は、看護学博士（DNS）・登録看護師（RN）・米国看護学会フェロー（FAAN）であるジョンズホプキンス大学看護学部のデボラ・グロスと、ラッシュ大学看護学部のクリスティン・ガーベイ（RN）とウェレネタ・ジュリオン（看護学術博士［PhD］・RN・FAAN）によって開発された。またCPPをタブレット端末に適応させた「ezParent」が、オハイオ州立大学看護学部のスーザン・ブライテンシュタイン（PhD・RN・FAAN）との協力の下、開発されている。CPPとezParentは、すべての親を対象とした一般的プログラムとして使用出来るが、厳しい育児を行うリスクのある親を対象とした選択的プログラムとして使用することも出来る。

背景と理論

　地域や診療所ベースで、育児方法や子どもの問題行動を改善するために、親を中心に据えて支援を行うことの有用性については、高いエビデンスが複数存在している（Comer, Chow, Chan, Cooper-Vince, & Wilson, 2013; Epstein, Fonnesbeck, Potter, Rizzone, & McPheeters, 2015; Furlong et al., 2012）。ただし育児スキルを向上させ親の自信を強化するためのプログラムの成果のほとんどは、中流階級で教育水準の高い白人の親を対象に検証されたものである（Forehand & Kotchick, 2016; Gross, Garvey, Julion, & Fogg, 2007）。そのため既存のプログラムは、教育機会や資源の限られた貧困層の家族や、有色人種の家族においては、効果が限定的である可能性がある。CPPは、低所得のコミュニティで幼小児を育てている人種的・民族的に多様な家族

のニーズに対応するため、そのような家庭の親との協働の下、デザインされたものである。

　CPPは、良きにしろ悪しきにしろ親というのは子どもの行動の強力なモデルであり、子どもに多大な影響を与えているという、社会学習理論（Bandura, 1997）と威圧過程モデル（the coercive process model：子どもの望ましくない行動の発達起源を、家庭における威圧的な行動が負の強化によって学習されていく過程にあるとする理論）（Patterson, 1982）に基づいたプログラムである。さらにCPPは、「幼小児には安定した、反応性に富む、愛護的な親が必要である」という点を強調した愛着理論（Bowlby, 1982）の概念も取り込んでいる。CPPに参加した親は、社会学習理論に沿った手法として、しばしば生じる養育上の様々な状況を模した模擬ケースを見て批評したり、グループセッションの際にロールプレイを行いながらスキルを学んだり、自宅で標準化された実習課題を行うことを通じて、養育に関しての学習を深めていく。また愛着理論に沿うように、CPPは親が自身の育児の価値観と目標を明確にする機会を提供し、子どもの成長と学びを支援するための、前向きで一貫性のある、反応性に富んだ愛護的な環境を作り出す戦略を適用する機会を提供している。

　CPPの根底にある前提は、"親は子どもの良い所を伸ばし、挑発的な行動の制御を行い、成長と発達を促すことが出来る"というものである。CPPとは、親が子どもを育てる上での目標を明確にすることを支援し、その目標を達成するために様々な戦略をどのように適用するべきかを学ぶのを助けるプログラムである。

本介入プログラムの主たる目的

　CPPは2〜5歳の子どもを持つ親向けにデザインされている。この時期の子どもは、急速に情緒的・行動的変化を遂げる時期であり、子どもの行動がある程度固定しそれ以降に変化させていくことが親にとって難しくなる時期でもある（Briggs-Gowan, Carter, Bosson- Heenan, Guyer, & Horwitz, 2006; Campbell, 2006; Humphries & Keenan, 2006）。CPPの主な目的は、（a）親が育児における価値観や目標をより明確にする、（b）親の育児方法に

一貫性を持たせる、(c) 親としての自信を強める、(d) 体罰や厳しい養育態度をポジティブなしつけ法に変えていく、(e) 子どもとの交流の質と量を改善する、(f) 子どもの社会的・情緒的発達を促進する、(g) 子どもの不適応的行動等の問題行動を減少させる、ことにある。

　CPPをオンライン上で利用出来るようにしたタブレット版のezParentは、カード、ソロモン、カニンガムによる系統的な手法 (2011) を用いて開発されており、CPPの理論的根拠や主要な目的との一貫性が維持されている。ezParentの開発の際には、CPPの中心的な構成要素を特定し、プログラムを提供する体制を整備し、グループセッションとしてCPPを提供した場合との相違点について評価し、矛盾点の修正を図り、完全な形で提供出来る体制を整えたが、この過程には親・CPPの開発者・マルチメディアの専門家という主要なステークホルダーが当初から関わり合いながら開発を行った (Breitenstein, Shane, Julion, & Gross, 2015)。ezParentプログラムは6つのモジュールから構成されているが、模擬ケースの動画提示、ロールプレイなどの各種のアクティビティー、しつけ法の教授などを含め、グループ単位で行うCPPと全く同様の構成要素から成り立っている。

本介入プログラムの具体的な方法

　CPPは、週1回2時間の11回のセッションと、11回目のセッション終了後4〜6週間後に行う12回目のセッションで構成される計12回のプログラムである。11回目のセッションは、1〜10回のセッションの資料をレビューするまとめのセッションであり、12回目のセッションはブースターセッション（再確認し強化するセッション）である (Gross et al., 2007)。CPPは、トレーニングを受けた2人のファシリテーター（グループリーダーと称される）が率いる、最大15名の親で構成されるグループ単位で実施される。CPPグループを実施する際には、グループのファシリテートを行うためのCPPグループリーダーマニュアル、親向け資料、各セッション用の動画資料とそれを再生するためのTVモニター／プロジェクター・DVD再生機／パソコン、12〜20名程度が輪になれる広さの会議

室、ディスカッションの際の発言を記録していくホワイトボード／黒板／模造紙、食事や飲み物、託児所が必要となる。

　ezParentは6つの自己管理モジュールから構成されており、各モジュールは修了にかかる時間が1時間を超えないように開発されている。実際パイロット研究で親が各モジュールを修了するのにかかる時間は、平均して1つのモジュール当たり平均37.2分と報告されている（Breitenstein, Brager, Ocampo, & Fogg, 2017）。ezParentはAndroidのOSを用いており、親はスマホやタブレットを介して、アプリケーションを利用する。現時点ではiOS版のアプリは提供されていない。ezParentをダウンロードする際にはWi-Fi接続が必要となるが、一旦デバイスにダウンロードすれば、Wi-Fi環境下でなくともこのプログラムにアクセスすることが可能となる。現在、親にタブレット端末を貸与してezParentを使用する研究が進められており、費用対効果に関しての分析が行われている（Breitenstein, Schoeny, Risser, & Johnson, 2016）。

スパンキングや体罰に関連した、本介入プログラムの内容

　CPPの内容は、親がスパンキングやその他の体罰に頼ることを直接的・間接的に減らすこととなる、ポジティブで効果的なしつけ法を身に着ける上で有用となる。親にポジティブなしつけ法を教えそれを適用するように指導することで、体罰の使用を減らすことを目指している他の体罰防止プログラムと同様の効果を、CPPは有している（Gershoff, Lee, & Durrant, 2017; Kaminski, Valle, Filene, & Boyle, 2008）。

　CPPの開発の際には、民族的マイノリティーの低所得者層のグループに適応しうるプログラムとなるように、12名のアフリカ系・ラテン系の低所得者層の親を招聘して諮問が行われた（Gross et al., 2009）。招聘した親からは、彼／彼女らの価値観・ライフスタイル・文化と適合したプログラムを構築する上での、貴重な意見を得ることとなった（Gross et al., 2007）。親たちは、「プログラムがスパンキングなどの体罰の使用に強硬に反対する姿勢を示した場合、親は体罰を使用していることを隠すようになり、プログラムに拒否的な対応を示すことになるであろう」との助言を行

い、その代わりに「親の考えや価値観を尊重しつつ、体罰に代わりうる複数のしつけ法を示してくれることが、実際の育児行動を改善し、体罰を減らす上で重要である」との助言を追加した。このような助言が示しているように、トレーニングを受けたグループリーダーがファシリテートしながら行うCPPにおけるディスカッションや、ezParentを利用しながら受けるアクティビティーというのは、それぞれの親にとって意味があると考えるしつけ法を選択・修正・使用する上で不可欠なものであるが、そのような過程を経て自分たちの価値観や目標にあったしつけ法を見出していくのは親自身である。つまりは、親が新たなしつけ法を試してみて、効果的であるという実感を得た場合に初めて、その新しい方法が体罰の代替法として活用されるようになり、そのような過程を経て時間をかけて体罰というのは減っていくのである。

　子どもの望ましくない行動を制御するためにCPPで教えているガイダンスは、「効果的なしつけのための8つのキーポイント」として示されている（Gross et al., 2007）。これらのキーポイントも、諮問のために招聘した親グループとの協働の下で開発されたものであり、親の採用しているしつけ法がどうあれ、親が子育てをする上で心に留めておく必要のある事項を端的に表しており、子どもを教え導くしつけと、子どもを罰し懲戒する体罰との違いについて明確にする上で、有用となっている。キーポイントを例示するならば、「しつけは、子どもの特定の問題行動に結びつけて、行われるべきである（子どもは"自分が間違ったことをした"と認識し、"変わらなくては"と考える必要がある）」「しつけは、予測可能（親の機嫌如何によって行われたり行われなかったりするのではなく、子どもが問題行動を起こした際には常に同じ対応を行う）である必要がある」などである。"効果的なしつけのための8つのキーポイント"が伝えたい主なメッセージは、「これらの養育態度を貫くことによって、親は安全で愛情に満ちた方法で、期待する行動や家族の価値観を子どもに教えることが出来る」ということにある。

本介入プログラムの実施状況

　2008年以降、研究として参加した人物も含めると、米国の9つの州とカナダの居住者を中心として、700名を超える人物がCPPファシリテーター（グループリーダー）研修を修了している。また、正確な数は不明であるが、研究として参加した親を含め、7000名を超える親がCPPを受講したと推察されている。また2015年以降、235名の親が研究の一環として、ezParentアプリによる介入を受けている。

　CPPは、都市部に住む低所得層のアフリカ系・ラテン系米国人の親のニーズを満たすために開発され、現時点では主に米国の中西部・北東部・中大西洋地域で運用されている。CPPとezParentは、アフリカ系米国人、ラテン系米国人、白人、アジア人、および混血の家族を含む、文化的・社会経済的に多様な集団に対し、活用されてきた。イリノイ州、メリーランド州、ワシントンDCでは、児童相談所の親向けトレーニングプログラムとして、CPPが活用されている。

　CPPは、地域の公的機関、メンタルヘルスクリニック、ヘッドスタート（低所得者層の3～4歳の子どもを対象とした支援プログラム）、アーリーヘッドスタート（低所得者層の胎児期から3歳までの子どもを対象とした支援プログラム）、小学校、プレKプログラム（4～5歳の未就園児向けの無料教育サービス）などで、広く実施されている。また小児科のクリニックやその他の地域の公的機関が、ezParentプログラムの紹介を行っており、紹介を受けた親は、それを気に入れば自分たちのペースでプログラムを修了まで活用している。

プログラムスタッフのトレーニング効果に関するエビデンス

　グループリーダー向け研修であれ、地域の親を対象とした場合であれ、CPPのグループセッションの際には必ず、トレーニングを受けた2名の人物からファシリテーションを受けることとなる。現在までに、研究目的で実施した場合を除いても、グループリーダー研修に参加した人数は600名を超えている。グループリーダー研修は2日間の研修であるが、それぞれの日の終わりには、受講者自身が研修の自己評価を記載する。それによ

るならば、99％の参加者が「CPPの戦略や原則を理解出来た」、100％が「グループリーダーの役割を理解出来た」、99.7％が「プログラムの構成要素の違いを理解出来た」、98.9％が「グループをリードする方法につき理解出来た」、99.6％が「グループセッションという状況で効率的にロールプレイを行う方法を理解した」、94.7％が「CPPのグループリーダーとして、グループセッションをうまくリードすることが出来るであろうと感じている」と回答していた。

本介入プログラムに対しての、スタッフからの評価に関するエビデンス

　我々は2015年に、2006年から2015年の間にCPPを率いたグループリーダーを対象に、自記式アンケート調査を実施した。登録されているグループリーダー433名中69名（約16％）から回答が得られたが、回答者のうち63％が少なくとも1回以上、地域で親向けにCPPを実施しており、CPPを実施した回答者の97％が満足感を感じていた（56％が“満足”、41％が“非常に満足”と回答）。またCPPの考え方は12回のセッションからなるCPPグループセッションに活用するだけでなく、専門職として親対応を行う際（75％）、同僚とやり取りをする際（23％）、プライベートで友人に助言をする際（34％）、自身の子育ての際（30％）など、様々な機会で有用となっていると回答されている。自由回答の箇所でも肯定的な回答が得られており、例えばある回答者は「このプログラムは、積極的な育児スキルを親に提供する上で、非常に有用となっています。模擬ケースのビデオ動画は親の積極的な議論への参加に結びついており、子どもが問題行動をした時に親として何が出来るのかのブレインストーミングに繋がっています」と記載していた。また別の回答者は「このプログラムは、親にとっても我々グループリーダーにとっても、自身と家族のための新しい考え方を身に着け、しつけ法を修正していく機会になっています」と回答していた。

本介入プログラムに対しての、家族からの評価に関するエビデンス

　2002年から2018年の間に、シカゴとボルチモアの保育所・学校・精神科外来に通う子どもを持つ低所得者層のアフリカ系・ラテン系米国人家族

表11.1　シカゴ親プログラムに対する親の満足度

満足度に関する変数※	Gross et al., 2007 (N = 135) シカゴ	Breitenstein et al., 2012 (N = 267) シカゴ	Bettencourt et al., 2018 (N = 288) ボルチモア	Gross et al., 2018 (N = 79) ボルチモア
満足/非常に満足	NR	100%	99.7%	100%
子どもの行動は以前に比し、良くなった/非常に良くなった	96%	NR	94.8%	78.3%
育児をする際に、より/かなり自信が持てるようになった	NR	NR	94.8%	NR
このプログラムを他の親に薦める/強く薦める	100%	100%	NR	100%

注：NR＝データなし
※　親の自己報告による

を対象に、CPPの効果を評価する4つの研究が実施されている。プログラムの終了時に評価が行われており、いずれの研究でも親たちは高い満足度を示していた（表11.1参照）。具体的には、親の過半数（78%～96%）が、CPPによるグループセッションを受けたことで、子どもの行動が"良くなった"もしくは"非常に良くなった"と回答していた（Bettencourt, Gross, & Breitenstein, 2018; Gross, Belcher, Budhathoki, Ofonedu, & Uveges, 2018; Gross et al., 2007）。またCPP介入群の95%の親が、自宅での子どもの行動に対応する上で、より自信を持って対応することが出来るようになった、と回答していた。また介入群の親の100%が、CPPに"満足している"または"非常に満足している"と回答し、他の親にこのプログラムを"推奨する"または"強く推奨する"と回答していた（Bettencourt et al., 2018; Breitenstein et al., 2012; Gross et al., 2018）。

アウトカム評価に基づく、本介入プログラムの効果のエビデンス

　2002年から2011年にかけ、シカゴの保育施設を対象に、2つのRCT研究が実施され、計504名のプログラム受講者からのデータを用いたCPPの効果検証が行われている（Breitenstein et al., 2012）。2つのRCT研究ともに、保育施設で特定の条件の下で研究参加者がリクルートされ、研究参加者はCPP介入群と、対照群のいずれかに無作為に割り付けがなされ、介入開始時、介入開始3カ月後、介入開始6カ月後、介入開始1年後の追

跡時に、親からの自己報告に基づく状況調査と、親と子どもの行動に関する直接的な観察評価が実施された。また可能な場合には、各データ収集時点で、保育士の観察に基づく保育施設での子どもの行動に関しての評価も行われた。

　2つのRCT研究に参加した親の94%（504名／538名）がアフリカ系またはラテン系の米国人で、データ解析はこの504名のみを対象にして行われた。なお内訳は、アフリカ系の親が57.7%、ラテン系の親が42.3%であった。参加した親の90%は母親で、未婚の親が74%を占めていた。参加した親の平均年齢は30.9歳（SD = 7.53歳）であった。子どもの54%が男児で、子どもの平均年齢は2.81歳（SD = 0.73歳）であった。参加した親の60%が年収2万ドル未満、31%が年収2万～4万ドルであった。

　反復測定多変量分散分析の結果、介入群では全体的な治療改善効果が確認された（Breitenstein et al., 2012）。具体的には、対照群と比較して、介入群の親は自己効力感（p < 0.01）、体罰の使用の減少（p < 0.01）、一貫したしつけ（p < 0.05）の項目において、いずれも改善が確認された。介入前と比較して介入後の改善効果は明らかで（p < 0.05）、そのことは短期間の介入で親が褒め育てを受容しているということを示していると考えられた（Breitenstein et al., 2012）。また介入群では、アイバーグ子どもの行動評価尺度（ECBI: the Eyberg Child Behavior Inventory）による評価において、Problem Scale（子どもの問題行動に対する親のストレス度）に変化はなかった一方で、Intensity Scale（子どもの問題行動の頻度）で有意な減少（p < 0.05）が確認されている。また介入後1年の時点で、養育者－教育者間報告式行動チェックリスト（the Caregiver–Teacher Report Form）を用いた保育士による子どもの評価では、外在化障害としての問題行動（p < 0.01）も内在化障害としての問題行動（p < 0.05）も減少していた。

　また我々は、シカゴに住む幼小児を持つ、主に未婚の低所得のマイノリティー（アフリカ系かラテン系）の親を対象として、ezParentの効果に関する小規模（n = 79）のRCT研究を実施している。その結果、介入群の親では対照群の親に比し、育児上の寛容度が有意に改善していた。さらに、育児上の寛容度、体罰の使用頻度、子育ての温かさ、体罰の使用、育児の

一貫性、子育て上のストレス度、子どもの行動問題の強さのそれぞれにつき、介入群における改善の群間効果の程度について検討を行ったところ、ezParentの介入6カ月の時点の改善効果の程度は、CPPでグループセッションを行った場合とほぼ同等の、「軽度から中程度」と判断された（Breitenstein, Fogg, et al., 2016）。

　これらの結果をまとめると、CPPの内容について理解した親は、効果的で支持的なしつけ法を利用する頻度が増え体罰の使用が減る、ということが出来る。このような結果は、「親が新しいしつけ法や育児方針を適用することで、親の自己効力感が改善し、それがさらにその継続的な適用を促進する」ということを示唆し、社会学習理論と整合性があることを示している。親がプログラムで学んだしつけ法を使用することで、育児の自信を深め育児の一貫性は増すこととなり、子どもからポジティブな反応が返ってくるようになり、それによって子どもの不適応的な行動に対し、親が大声を上げたり体罰を行うなどの否定的な対応をしてしまう頻度が下がり、そのことがまた子どもの社会的・情緒的発達を促し、親子関係を強化することに繋がっていくのである。

各種の情報センターへの本プログラムの登録状況

　CPPは以下の情報センターに登録されている。

- カリフォルニア州児童福祉情報センター（CEBC：California Evidence-Based Clearinghouse for Child Welfare）：CPPは2番目に高いエビデンスレベル「研究で有効であるとのエビデンスが存在する」と評価されている。
  http://www.cebc4cw.org/program/chicago-parent-program
- 軍属家庭対応部局向け情報センター（Clearinghouse for Military Family Readiness）：CPPは2番目に高いエビデンスレベル「効果の期待出来るプログラム（promising）」と評価されている。
  https://lion.militaryfamilies.psu.edu/programs/chicago-parent-program-cpp

- ピュー慈善信託：結果第一の情報センター・データベース
  （Results First Clearinghouse Database, Pew Charitable Trusts）：
  CPPは、メンタルヘルスを促進するプログラムとして「最もエ
  ビデンスレベルの高いプログラム」との指定を受けている。
  https://www.pewtrusts.org/pt/research-and-analysis/data-
  visualizations/2015/results-first-clearinghouse-database

本介入プログラムの研究における限界点（Limitations）

　CPPは、2〜5歳の子どもを持つ親のニーズに対応するために開発され
たものであり、現時点では、2歳未満の子どもを持つ親に対しての妥当性
については検討されていない。現在、各年齢ごとのCPPの有用性評価に
関してのパイロット研究が、進行中である。

本介入プログラムの将来的な活用案

臨床医と地域の実務家は、本介入プログラムをどのように利用することが出来るか

　CPPは、12セッションからなるグループベースの介入プログラムとし
て開発された。公立の保育所、学校、メンタルヘルスクリニックで実施さ
れた複数のRCT研究や介入研究の結果からは、単独の親介入プログラム
としてその有効性が証明されている。CPPの研究チームは、医療現場や
地域のその他の場でその利用を拡大する方法を模索しており、ezParent
を介してプライマリーケアの現場でCPPを普及する方法を検証している。
ezParentを家庭訪問プログラムに組み入れる取り組みも、現在進行中で
ある。将来的には、幼小児を持つ家庭への包括的支援法の一環として、他
のエビデンスに基づくプログラム（教員向けの子どもの行動管理トレーニン
グ、子ども向けのソーシャルスキルトレーニングのグループセッション）と組
み合わせてCPPを実施した場合の効果研究などを行っていくことが望ま
れる。

　正式に検証がなされた状況ではないが、家族と1対1で仕事をしている

様々な専門家／実務家が利用出来るように、CPPを修正した様々な選択肢も用意されている。例えば精神保健の臨床医は、親に体罰に代替するしつけ法を指導する前に、CPPで使用している模擬ケースのビデオ動画や、ディスカッションの際に頻用する質問、ロールプレイなどを、家族療法の際に導入やモデルとして用いることが出来る。さらにCPPで取り扱っている概念は、幼小児を対象とした保育園／幼稚園や託児施設などの職種が、より効果的に子どもに対応することが出来るようにするための、入職時トレーニング計画に組み込むことも出来るであろう。

政策立案者は、本介入プログラムをどのように利用することが出来るか

　多くの州では、エビデンスのある親介入プログラムを実施した際に、メディケイドを通して払い戻しが出来るようにするための取り組みが進められている。政策立案者は、CPPについても同様の取り組みを進め、また幼小児に対して行う既存の支援システム（プレKプログラム、ヘッドスタートなど）に組み入れることが推奨される。

本介入プログラムの情報取得先

　CPPに使用する教材やezParentアプリの購入に関しての情報や、CPPのファシリテーター（グループリーダー）研修への参加に関する情報は、http://www.chicagoparentprogram.orgにアクセスするか、CPP info@chicagoparentprogram.orgにメールをすることで、確認することが出来る。グループリーダー研修に参加する際には、CPPのプログラム教材を購入する必要がある。CPPの各セッションで使用するビデオの購入費用は699ドル、グループリーダー・マニュアルの購入費用は100ドル、各セッションで使用する親向けの配付資料の購入費用は1セッション当たり20ドルである（グループリーダー研修を受けることで、親向け配付資料を使用することが出来るようになる）。各資料は英語版とスペイン語版が用意されている。

　CPPのグループリーダーになるためには、高校卒業以上の学歴、優れた対人スキル、家庭支援にかかる職務経験が必要となる。メンタルヘルス

に関する教育歴や勤務実績を有することが望まれるが、必須ではない。
CPPグループリーダー研修は、1日8時間の計2日間研修である。現在、
グループリーダー研修はシカゴとボルチモアで実施されており、参加者は
どちらに参加するかを選ぶことが出来る。グループリーダー研修は、研修
の実施を任されている2名の認定グループリーダーにより運用されている。
研修の際には、CPPの背景にある理論の概説・グループセッションを通
じて求められるセッションの導入法・ロールプレイの実施方法・議論を促
進する手法などの中核的なファシリテーションのための指導が行われ、模
擬グループに対しての実践トレーニングを行った後に事後評価を受け、到
達目標を80％以上達成することで、修了証が得られる。

　CPPグループリーダーは、さらに認定グループリーダーになることも
出来る。認定を希望する場合には、CPP事務局に申し込みを行い、グ
ループリーダーとしてファシリテーションを行う様子を見てもらい、グ
ループをリードするスキルの専門的フィードバックを受け、書面によりそ
の不可欠なスキルを有していることを証明してもらう必要がある。認定を
受けるためには、グループリーダーは、少なくとも2回、CPPのグルー
プセッションのファシリテーション時に、認定基準を満たしているのかを、
少なくとも3名の評価者からそれぞれ評価を受けなければならない。評価
者はそのためのトレーニングを受けた人物で、それぞれが独立して、忠実
度チェックリスト（Fidelity Checklist）を用いて評価を行う（Breitenstein
et al., 2010）。現在までに、30名のグループリーダーがその認定を受け、認
定グループリーダーとなっている。ezParentプログラムを利活用し、親
への支援を行うことに関心がある個人に向け、半日研修も提供されている。
この半日研修では、CPPの基盤となっている理論やプログラムの中核と
なっている戦略について、そしてezParentプログラムがどのように役に
立つのかにつき、概要を説明している。CPPに関するさらなる情報は、
開発者のデボラ・グロス（debgross@jhu.edu、もしくはCPPinfo@chicago-
parentprogram.org）にメールで詳細を尋ねることで得られる。CPPの資材
の購入やezParentに関する追加情報に関しては、スーザン・ブライテン
シュタイン（Breitenstein.5@ osu.edu、もしくはCPPinfo@chicagoparentpro-

gram.org）にメールするとよい。

訳者注──本介入プログラムの本邦における実施状況

本邦においては、現時点で本介入プログラムは導入されていない。

参考文献

Bandura, A. (1997). *Self-efficacy: The exercise of control.* New York, NY: W. H. Freeman/Times Books/Henry Holt.

Bettencourt, A. F., Gross, D., & Breitenstein, S. (2018). Evaluating implementation fidelity of a school-based parenting program for low-income families. *The Journal of School Nursing.* Advance online publication. http://dx.doi.org/10.1177/1059840518786995

Bowlby, J. (1982). *Attachment and loss: Vol. 1. Attachment* (2nd ed.). New York, NY: Basic Books.

Breitenstein, S. M., Brager, J., Ocampo, E. V., & Fogg, L. (2017). Engagement and adherence with ezParent, an mHealth parent-training program promoting child well-being. *Child Maltreatment, 22,* 295–304. http://dx.doi.org/10.1177/1077559517725402

Breitenstein, S. M., Fogg, L., Garvey, C., Hill, C., Resnick, B., & Gross, D. (2010). Measuring implementation fidelity in a community-based parenting intervention. *Nursing Research, 59,* 158–165. http://dx.doi.org/10.1097/NNR.0b013e3181dbb2e2

Breitenstein, S. M., Fogg, L., Ocampo, E. V., Acosta, D. I., & Gross, D. (2016). Parent use and efficacy of a self-administered, tablet-based parent training intervention: A randomized controlled trial. *JMIR mHealth and uHealth,* 4 (2), e36. http://dx.doi.org/10.2196/mhealth.5202

Breitenstein, S. M., Gross, D., Fogg, L., Ridge, A., Garvey, C., Julion, W., & Tucker, S. (2012). The Chicago Parent Program: Comparing 1-year outcomes for African American and Latino parents of young children. *Research in Nursing & Health, 35,* 475–489. http://dx.doi.org/10.1002/nur.21489

Breitenstein, S. M., Schoeny, M., Risser, H., & Johnson, T. (2016). A study protocol testing the implementation, efficacy, and cost effectiveness of the ezParent program in pediatric primary care. *Contemporary Clinical Trials, 50,* 229–237. http://dx.doi.org/10.1016/j.cct.2016.08.017

Breitenstein, S. M., Shane, J., Julion, W., & Gross, D. (2015). Developing the eCPP: Adapting an evidence-based parent training program for digital delivery in primary care settings. *Worldviews on Evidence-Based Nursing*, 12 (1), 31–40. http://dx.doi. org/10.1111/wvn.12074

Briggs-Gowan, M. J., Carter, A. S., Bosson-Heenan, J., Guyer, A. E., & Horwitz, S. M. (2006). Are infant-toddler social-emotional and behavioral problems transient? *Journal of the American Academy of Child & Adolescent Psychiatry*, 45, 849–858. http:// dx.doi.org/10.1097/01.chi.0000220849.48650.59

Campbell, S. B. (2006). *Behavior problems in preschool children: Clinical and developmental issues* (2nd ed.). New York, NY: Guilford Press.

Card, J. J., Solomon, J., & Cunningham, S. D. (2011). How to adapt effective programs for use in new contexts. *Health Promotion Practice*, 12 (1), 25–35. http://dx.doi.org/ 10.1177/1524839909348592

Comer, J. S., Chow, C., Chan, P. T., Cooper-Vince, C., & Wilson, L. A. S. (2013). Psychosocial treatment efficacy for disruptive behavior problems in very young children: A meta-analytic examination. *Journal of the American Academy of Child & Adolescent Psychiatry*, 52 (1), 26–36. http://dx.doi.org/10.1016/j.jaac.2012.10.001

Epstein, R. A., Fonnesbeck, C., Potter, S., Rizzone, K. H., & McPheeters, M. (2015). Psychosocial interventions for child disruptive behaviors: A meta-analysis. *Pediatrics*, 136, 947–960. http://dx.doi.org/10.1542/peds.2015-2577

Forehand, R., & Kotchick, B. A. (2016). Cultural diversity: A wake-up call for parent training—republished article. *Behavior Therapy*, 47, 981–992. http://dx.doi.org/ 10.1016/j.beth.2016.11.010

Furlong, M., McGilloway, S., Bywater, T., Hutchings, J., Smith, S. M., & Donnelly, M. (2012, February 15). Behavioural and cognitive-behavioural group-based parenting programmes for early-onset conduct problems in children aged 3 to 12 years. *Cochrane Database of Systematic Reviews*, 2012 (2), CD008225. http://dx.doi.org/ 10.1002/14651858.CD008225.pub2

Gershoff, E. T., Lee, S. J., & Durrant, J. E. (2017). Promising intervention strategies to reduce parents' use of physical punishment. *Child Abuse & Neglect: The International Journal*, 71, 9–23. http://dx.doi.org/10.1016/j.chiabu.2017.01.017

Gross, D., Belcher, H. M. E., Budhathoki, C., Ofonedu, M. E., & Uveges, M. K. (2018). Does parent training format affect treatment engagement? A randomized study of families at social risk. *Journal of Child and Family Studies*, 27, 1579–1593. http:// dx.doi.org/10.1007/s10826-017-0984-1

Gross, D., Garvey, C., Julion, W., & Fogg, L. (2007). Preventive parent training with low-income ethnic minority parents of preschoolers. In J. M. Briesmeister & C. E. Schaefer (Eds.), *Handbook of parent training: Helping parents prevent and solve problem behaviors* (3rd ed., pp. 5–24). New York, NY: John Wiley & Sons.

Gross, D., Garvey, C., Julion, W., Fogg, L., Tucker, S., & Mokros, H. (2009). Efficacy of the Chicago parent program with low-income African American and Latino parents of young children. *Prevention Science*, 10 (1), 54–65. http://dx.doi.org/10.1007/s11121-008-0116-7

Humphries, M. L., & Keenan, K. E. (2006). Theoretical, developmental & cultural orientations of school-based prevention programs for preschoolers. *Clinical Child and Family Psychology Review*, 9, 135–148. http://dx.doi.org/10.1007/s10567-006-0005-1

Kaminski, J. W., Valle, L. A., Filene, J. H., & Boyle, C. L. (2008). A meta-analytic review of components associated with parent training program effectiveness. *Journal of Abnormal Child Psychology*, 36, 567–589. http://dx.doi.org/10.1007/s10802-007-9201-9

Patterson, G. R. (1982). *Coercive family process*. Eugene, OR: Castalia.

12 母親エンパワーメント・プログラム

アンドリュー・グロガン=カイラー、キャスリン・H・ハウエル、
マリア・M・ガラノ、サンドラ・A・グラハム・バーマン

概　要

　母親エンパワーメント・プログラム（MEP：Moms' Empowerment Program）は、ミシガン大学のサンドラ・A・グラハム・バーマン博士により開発された、親密パートナー間暴力（IPV：intimate partner violence）を経験した女性を対象とした、10のセッションよりなる短期間の介入・支援プログラムである。

背景と理論

　IPVとは「親密なパートナー間で、一方が身体的暴行・性的暴行・ストーカー行為・心理的攻撃を行ったり、重大な危害・さらには殺されるのではないかという恐怖を抱かせる行為を行うもの」と定義される（Breiding, Basile, Smith, Black, & Mahendra, 2015）。米国では数百万人の女性が、IPVの被害体験を有している。具体的には、少なくとも3人に1人の女性が生涯に少なくとも一度はIPVの被害を経験し、毎年およそ700万人の女性がIPVの被害を受けていると報告されている（Black et al., 2011）。IPVの被害者になる割合は、人種的・民族的な差異があるとも報告されており、混血女性の54％、黒人女性の44％、ヒスパニック系女性の37％が生涯に一度はIPVの被害を受けていると報告されているのに対し、白人女性のその頻度は35％であったと報告されている（Black et al., 2011）。

　IPV被害の及ぼす影響というのは極めて多岐にわたり、またその被害は

母親エンパワーメント・プログラムの開発と評価は、米国疾病予防対策センター（CDC）とミシガン州ブルー・クロス・アンド・ブルー・シールド財団からの助成金を得て実施されている。

一般的に、介入がなされない場合には止むことはない。例えば、IPVの被害経験を持つ女性では、抑うつ、不安、心的外傷性ストレス、心的外傷後ストレス障害（PTSD）を呈する割合が高く、身体的な健康障害リスクも高いことが判明している（Bonomi et al., 2006; Clark, Grogan-Kaylor, Galano, Stein, & Graham-Bermann, 2018; Lagdon, Armour, & Stringer, 2014）。研究者らは、IPVの被害者は自尊心が低く、全体的に強い困難を抱えており、社会的支援へ救いを求めない傾向があり、そのことがさらなる被害の呼び水となっているとの指摘を行っている（Beeble, Bybee, Sullivan, & Adams, 2009; Bonomi et al., 2006）。またIPVの被害女性は、気分の落ち込み・激しい疲労・悲しみ・絶望感を抱きやすく、健常女性に比して、大うつ病の発生率は2〜3倍高いことも判明している（Beydoun, Beydoun, Kaufman, Lo, & Zonderman, 2012）。

　外傷性ストレス徴候は、IPVの被害女性において広範に認められる。実際、PTSDを呈するIPVの被害女性の割合は33〜85％と報告されているが、実質的にはすべての被害女性に何らかのトラウマ症状が確認される（Graham-Bermann & Miller, 2013; Mignone, Papagni, Mahadeo, Klostermann, & Jones, 2017）。悪夢や、フラッシュバックなどの侵入的思考、過度の警戒、否定的な気分や認知、被害に関連する感情や場所の回避などのトラウマ症状によって、日常生活がままならなくなることもある（American Psychiatric Association, 2013）。IPVの被害体験のある女性が直面する身体的健康問題としては、性的暴行に関連した婦人科的問題だけでなく、全体的に健康状態が低く、様々な慢性疾患を抱える割合も高くなってしまう点も挙げられる（Dillon, Hussain, Loxton, & Rahman, 2013）。IPV被害などの慢性的で高度なストレスへの曝露は、免疫機能の低下と関連しており、そのことにより喘息、関節炎、高血圧の発症頻度も高くなる、との研究成果も複数存在している（Wang et al., 2017）。女性がIPVの被害体験を有することで心身の健康問題に付随する経済的損失だけでなく、就労が困難になる影響の経済的損失が発生する。これらにより米国では年間約80億ドルの損失が生じているとも試算されている（Centers for Disease Control and Prevention, 2003; Max, Rice, Finkelstein, Bardwell, & Leadbetter, 2004）。

　IPVの被害体験による負の影響は、暴力の渦中に子育てをしている女性においても顕著であり（Ahlfs-Dunn & Huth-Bocks, 2016）、母親が効果的に育児をする能力や努力をする力を奪ってしまう（Levendosky & Graham-Bermann, 2001）。また両親間の暴力にさらされた子どもの約40％は、不安、抑うつ、行為障害、非行などの幅広い適応上の問題を抱えると報告されており、IPVのストレス下での子育てをさらに困難なものとしてしまう（Graham-Bermann, Gruber, Howell, & Girz, 2009; Grogan-Kaylor et al., 2019）。IPVの問題を抱える母親に対しては、安全への懸念を払拭し、適切な地域リソースに繋げ、財政的な支援を行うことが極めて重要であるが、一般的には、IPVの被害体験のある母親においては、子育てを行っている際に直面する課題に対して、最も支援ニーズが高い。

　母親エンパワーメント・プログラム（MEP）は、変化のプロセスと変化した結果の両方に焦点を当てた「エンパワーメント・モデル（Cattaneo & Goodman, 2015）」を基盤としている。MEPは、社会的支援および物理的支援、対処技術の伝達、育児に関する知識の向上を目的としている。また介入全体を通してエンパワーメントの要素が強調されている（Graham-Bermann, 2018）。心理教育や、問題解決・紛争解決のスキル指導、女性の目標の明確化とその達成を支援することで、MEPに参加した母親はより希望や自信を持つことが出来るようになる。そして目標に向けた進捗状況を見つめ、他のグループメンバーからの支援とフィードバックを受けながら、自身の変化を認識し共有することによって、母親たちは出来るようになったことを評価し、振り返ることが出来るようになる。MEPでは参加した母親をいかにエンパワーメントするのかだけではなく、母親のメンタルヘルスの改善も目標としている。具体的には、MEPに参加した母親は、自身の生活上の問題について同定し、IPVが自分自身や子どもにどのような影響を与えているのかを言語化して説明し、様々な支援を得るための計画を立案し、生活上のストレス要因に対処する計画を立案するように、促される。育児に関連するMEPの各要素は、母親が新たな養育スキルやしつけ法を学んだり、これまで行っていたしつけ法をより良いものとすることで、子どもの心理社会的問題や行動上の問題により良く対処し、問題を

低減させるように設計されている。養育がうまくいくようになることで子どもの不適応的な問題行動は減っていき、母親の幸福度は増し自己効力感が高まる、というようにその効果は相加的に生じるものである（Miller, Howell, & Graham-Bermann, 2014）。

本介入プログラムの主たる目的

MEPは、IPVの被害を受けている母親同士が、IPVが自分自身や子どもに与える影響について話し合うことを通じてそれを理解し、養育の問題について向き合うことを支援するようにデザインされている（Graham-Bermann, 2011）。プログラムの目的は、母親が暴力にさらされる機会を減らし、精神的な健康を取り戻し、子どもの不適応的な問題を軽減するために母親の育児実践を改善することにある。

本介入プログラムの具体的な方法

MEPはグループベースの介入法であり、1回約1時間の計10回のセッションで構成されている。グループのファシリテーターは、プログラムを実施するための研修を受けた、組織に属する専門職か心理学部や社会福祉学部の卒業資格を有する人物が担う。必要な資料としては、トレーニングDVDとトレーニングマニュアルがある。後者のマニュアルには、安全計画の立案について、IPVの定義、子どものしつけ法、ストレスの軽減の仕方、地域のリソースに関する情報、などが含まれている。

スパンキングや体罰に関連した、本介入プログラムの内容

MEPのセッションは大きく3つに分けられ、（a）母親の育児への恐れや懸念について、（b）母親が育った元家族での育児について、（c）現在の子どもの行動に関する管理について、という観点からそれぞれ養育の問題に取り組むよう、デザインされている。一般的に、MEPに参加する母親は、子どもに対して多くの恐れを表明し、子どもの行動を効果的に管理することに多くの困難感を抱いている。それゆえ、子どものしつけ法や体罰の使用については、MEPを行う際には常に議論を行う必要がある。こ

の話題は、とりわけ母親自身が育った元家族について語り合うセッションにおいて活発に議論され、参加した母親の多くが子ども時代に自身が体罰を経験したことを語りだし、共有されることとなり、その後のセッションでは、子どものしつけにつき議論になった際には、体罰の話題を直接的に取り上げやすくなる。

　グループに参加する母親は、特権剥奪（おもちゃやゲームを取り上げる）・余分な雑用を与える・タイムアウトさせる・大声で叱る・スパンキングする、など様々なしつけ方法を用いてきており、体罰の話題に関しても様々な反応を示す。参加した母親の、体罰の話題に対する反応は様々であり、「スパンキングは子どもの問題行動を管理する効果的なしつけ法である」との信念を表明し、実際にまず初めに行うしつけ法としているとの見解を述べる母親もいる。このような母親は、子どもの問題行動を律するための他のしつけ法について、全く知らないと述べることが多い。スパンキングを「最後の手段として使用すべき」と考えていたり、「本当に悪い行動に対応するために使用すべき」との見解を述べる母親もいる。例えば、ある母親は「12歳の子どもが万引きで逮捕された際に、子どもにスパンキングを行った」と述べている。また参加した母親の中には、「体罰を行えば抑制を失って子どもを傷つけてしまうのではないか」と考えたり、「既にIPVという暴力にさらされている子どもに、さらに積極的に暴力を加えたくはない」と考えて、あらゆる形態の暴力を使わないと決めているとの見解を述べる母親もいる。母親が体罰にどのような認識を示したとしても、グループセッションでは必ず「体罰は効果的なしつけ法ではないことは、様々な研究で一致して示されている」というエビデンスが提示される。MEPに参加した母親は、たいていの場合にはこのような心理教育に対してオープンに耳を傾け、「タイムアウト」や「建設的な話し合い」などの別のしつけ法を積極的に学び、実践しようとする。

本介入プログラムの実施状況

　MEPは、子どもとともにシェルターに避難してきた母親を対象に、ミシガン州のカトリック・ソーシャルサービス、地域コミュニティセンター、

メンタルヘルスクリニックなどで実施されており、カナダのオンタリオ州ウィンザーでは、児童相談所のサービスの一環として提供されている。MEPは現時点で、アラスカ州、スウェーデン、オーストラリア、カナダなど様々な州や国々の、のべ2000世帯以上にサービスが提供されている。これまでの参加者は、3歳から13歳までの子どもを持つ母親が対象となっているが、本介入プログラムは、とりわけ学齢期の子どもを持つ母親に適している。MEPは英語とスペイン語で提供されており、アフリカ系、混血、白人、ラテン系、米国先住民、アラスカ系、スウェーデン人など、様々な文化・人種的背景を持つ家族に使用されている。

本プログラムの社会実装過程の評価を通じた、実施可能性に関するエビデンス

　本介入プログラムの効果に関するRCT研究では、MEPに参加することで有益であったと思われることに関し、母親に自由回答形式での質問も行われている。最も一般的な回答は、「グループ内の他の母親から支援を得られたこと」というものであったが、グループのファシリテーターからの支援やグループで行った議論も、有益であると評価されていた。特に育児に関する問題につき、グループのファシリテーターと相談出来ることの利点が頻繁に言及されており、母親たちは、グループのファシリテーターが助けになり、知識も豊富であると感じていた。また多くの母親たちが、このプログラムの大きな利点として、「育児に自信がついたこと」と回答していた。

アウトカム評価に基づく、本介入プログラムの効果のエビデンス

　MEPが母親の体罰使用を減少させることは、研究によって示されている。2016年に実施された研究で、Grogan-Kaylorら（2019）は、MEPを実施した母親の体罰使用の頻度について、介入前、10セッション終了直後、介入終了後6〜8カ月の3ポイントで評価を行っている。その結果、対照群では体罰使用の頻度に変わりはなかったものの、介入群では10回の介入直後に体罰使用の頻度は減少しており、その効果は介入6〜8カ月後の

追跡調査時にも維持されていた。

　MEPを実施することが、より幅広い積極的な育児実践を促進するか否かの初めての研究は、IPVの被害歴を持ち学齢期の子どものいる、多様な民族グループの母親181名を対象に実施された。この研究では、母親を介入群と対照群の2群に分けて評価が行われた（Graham-Bermann & Miller-Graff, 2015）。研究参加者の育児状況とメンタルヘルスの状況は、介入前、介入直後、介入8カ月後の3ポイントで、標準化された尺度を用いて評価された。介入群においては、時間とともにポジティブなしつけ法を行う比率が高まり、抑うつ症状の改善も確認されていた。一方で、対照群では、養育状況が経時的に悪化していた点は、注目に値する。

　Howellら（2015）による、MEPに関する2つ目の研究では、直近に重度のIPV被害を受けていた、就学前の子どもを持つ母親120名を対象に評価が行われた。対象者のうち半数はMEP介入を受ける介入群にランダムに割り付けられ、残りの半数はMEP受講の待機リストに載り対照群に割り付けられた。介入群の母親には、MEP開始時と終了直後に面接調査が行われ、その育児能力が対照群と比較された。母親の年齢、子どもの年齢・性別、IPVの重症度、メンタルヘルスの状態、ベースラインの育児能力の調整を行った後にも、MEP介入群に割り付けられたことは、親の育児スコア改善の明らかな予測因子であり、MEPを受けることで育児スコアは明らかに上昇していた。これらの研究は、IPVを経験した母親へのMEP介入が、彼女たちの育児の一貫性を改善し、ポジティブなしつけ方法の増加をもたらし、育児への関与を促進し、継続した監護が出来るようになる、等の育児の実践行動を強化する上で有効に働くことを示している。

各種の情報センターへの本プログラムの登録状況

　MEPは以下の情報センターに登録されている。

- カリフォルニア州児童福祉情報センター（California Evidence-Based Clearinghouse for Child Welfare）：MEPは「研究で有効であるとのエビデンスが存在する」と評価されている。

http://www.cebc4cw.org/program/kids-club-moms-empower
ment

- **ピュー慈善信託：結果第一の情報センター・データベース**
（Results First Clearinghouse Database, Pew Charitable Trusts）：
MEPは「2番目にエビデンスレベルの高いプログラム」との指
定を受けている。
https://www.pewtrusts.org/pt/research-and-analysis/data-
visualizations/2015/results-first-clearinghouse-database

本介入プログラムの研究における限界点（Limitations）

　MEPの研究は、主に母親からの自己報告によって収集されたデータを
基にしており、社会的に望まれる回答をしようとした影響が混じっている
可能性は否定出来ない。

本介入プログラムの将来的な活用案

臨床医は、本介入プログラムをどのように利用することが出来るか

　MEPは、IPVの被害にさらされている母親が直面している多くの問題
に焦点を当て、そのような状況下における体罰の使用に繋がる多くの要因
を浮き彫りにするものである。IPVの被害下にある母親と子どものしつけ
法を変えていこうと協働する際には、母親自身の生育歴や子ども時代に受
けていたしつけ法に臨床医が着目することは、極めて重要である。MEP
のグループセッションに参加した母親からしばしば語られるように、その
ような母親たちが体罰に頼ってしまうのは、自身が子ども時代にしつけら
れた経験によりそれが当たり前になってしまっている結果である可能性が
ある。またIPVの被害体験を持つ母親は、うつ病、PTSDやその他のメン
タルヘルス上の問題に苦しんでいることが多いことを、臨床医が認識して
おくことも重要である。子どもの攻撃的な言動や子どもの暴力などの行動
が、母親のPTSD症状のトリガーとなっている場合、母親は子どもに対し
て効果的に関わりたいと思いつつも、自分自身に沸き起こる圧倒的な感情

を制御しなくてはならない状況にある。このような激しい感情は、結果として子どもに大声を出したり、体罰を行うなどの行動に繋がってしまいうる。したがって、虐待や暴力を受けてきた母親と協働する際には、そのような被害体験を持たない母親と協働する時よりも、しつけの一環としての「自身の情動を調節する方法」についてより多くの時間を費やさなければならないであろう。

地域の実務家は、本介入プログラムをどのように利用することが出来るか

　本介入プログラムは、暴力にさらされ続けた母親への支援を行いながら、子どもに対しポジティブなしつけ法を伝えていくために、地域で活用することが出来るであろう。育児に対する知識や、暴力によらないしつけ法の情報を共有することは、とりわけ重要である。本介入プログラムは、介入方法についてのトレーニングを受け、プログラムの実施に関してのスーパーバイズを受けた経験を有する地域のファシリテーターの手で、各地域で実施されるようにデザインされている。地域の実務家は、本介入プログラムを、地域で既に実践されている、IPVの被害女性に提供されている各種サービスに組み込む形で提供することも出来る。例えば、被害女性が女性シェルターで過ごしている間の支援の一環として、MEPを提供することも可能であろう。

政策立案者は、本介入プログラムをどのように利用することが出来るか

　MEPは、IPVの被害体験を持つ母親を対象としたエビデンスに基づく介入プログラムであり、そのような母親の育児行動を改善するとともに、IPVにより引き起こされた母親自身のメンタルヘルス上の諸問題を低減するプログラムである。MEPは様々な地域で提供しうる短期間の介入プログラムであり、暴力の被害者である母親と子どもを支援する方法として費用対効果の高い方法でもある。政策立案者は、このIPVと体罰という2つの重大な公衆衛生上の問題に並行してアプローチすることが可能な本介入プログラムを、女性シェルターや被害女性支援団体で広く実施出来るように対策を講じるべきであろう。

本介入プログラムの情報取得先

　MEPに関する情報は、http://grahambermann.simplesite.comから入手可能である。プログラムを実施するためには、グループリーダーになるための対面研修が必要である。

　現在、プログラム開発者から認定を受けたトレーナーは、米国とスウェーデンに数名存在している。トレーニングの受講に関する情報など、より詳しい情報に関しては、プログラム開発者のサンドラ・A・グラハム・バーマン医師に問い合わせるとよい（sandragb@umich.edu）。

訳者注──本介入プログラムの本邦における実施状況

　本邦においては、現時点で本介入プログラムは導入されていないが、NPO法人RRP（Respectful Relationship Program）研究会（https://www.rrpken.jp/index.html）が、DV被害者を対象とした「母と子のコンカレントグループプログラム（同時並行プログラム）を実施している。なお同団体は、DV加害者向けのプログラムも実施している。

問い合わせ先：https://www.rrpken.jp/contact/

参考文献

Ahlfs-Dunn, S. M., & Huth-Bocks, A. C. (2016). Intimate partner violence involving children and the parenting role: Associations with maternal outcomes. *Journal of Family Violence*, 31, 387–399. http://dx.doi.org/10.1007/s10896-015-9791-x

American Psychiatric Association. (2013). *Diagnostic and statistical manual of mental disorders* (5th ed.). Washington, DC: Author.

Beeble, M. L., Bybee, D., Sullivan, C. M., & Adams, A. E. (2009). Main, mediating, and moderating effects of social support on the well-being of survivors of intimate partner violence across 2 years. *Journal of Consulting and Clinical Psychology*, 77, 718–729. http://dx.doi.org/10.1037/a0016140 Beydoun, H. A.,

Beydoun, M. A., Kaufman, J. S., Lo, B., & Zonderman, A. B. (2012). Intimate partner violence against adult women and its association with major depressive disorder, depressive symptoms and postpartum depression: A systematic review and meta-analysis. *Social Science & Medicine*, 75, 959–975. http://dx.doi.org/10.1016/j.socscimed.2012.04.025

Black, M. C., Basile, K. C., Breiding, M. J., Smith, S. G., Walters, M. L., Merrick, M. T., . . . Stevens, M. R. (2011). *The National Intimate Partner and Sexual Violence Survey (NISVS): 2010 Summary Report*. Atlanta, GA: National Center for Injury Prevention and Control, Centers for Disease Control and Prevention.

Bonomi, A. E., Thompson, R. S., Anderson, M., Reid, R. J., Carrell, D., Dimer, J. A., & Rivara, F. P. (2006). Intimate partner violence and women's physical, mental, and social functioning. *American Journal of Preventive Medicine*, 30, 458–466. http://dx.doi.org/10.1016/j.amepre.2006.01.015

Breiding, M. J., Basile, K. C., Smith, S. G., Black, M. C., & Mahendra, R. R. (2015). *Intimate partner violence surveillance: Uniform definitions and recommended data elements, Version 2.0*. Atlanta, GA: National Center for Injury Prevention and Control, Centers for Disease Control and Prevention.

Cattaneo, L. B., & Goodman, L. A. (2015). What is empowerment anyway? A model for domestic violence practice, research, and evaluation. *Psychology of Violence*, 5 (1), 84–94. http://dx.doi.org/10.1037/a0035137

Centers for Disease Control and Prevention. (2003). *Costs of intimate partner violence against women in the United States*. Atlanta, GA: National Center for Injury Prevention and Control.

Clark, H. M., Grogan-Kaylor, A. C., Galano, M. M., Stein, S. F., & Graham-Bermann, S. A. (2018). Moms' empowerment program participation associated with improved physical health among Latinas experiencing intimate partner violence. *Revista Panamericana de Salud Pública/Pan American Journal of Public Health*, 42, e39. http://dx.doi.org/10.26633/RPSP.2018.39

Dillon, G., Hussain, R., Loxton, D., & Rahman, S. (2013). Mental and physical health and intimate partner violence against women: A review of the literature. *International Journal of Family Medicine*, 2013, 313909. http://dx.doi.org/10.1155/2013/313909

Graham-Bermann, S. A. (2011). *The Moms' Empowerment Program: A training manual*. Ann Arbor: Department of Psychology, University of Michigan.

Graham-Bermann, S. A. (Ed.). (2018). *Cultural considerations in intervention with women and children exposed to intimate partner violence*. Hauppauge, NY: Nova Science.

Graham-Bermann, S. A., Gruber, G., Howell, K. H., & Girz, L. (2009). Factors discriminating among profiles of resilience and psychopathology in children exposed to intimate partner violence (IPV). *Child Abuse & Neglect: The International Journal*, 33, 648–660. http://dx.doi.org/10.1016/j.chiabu.2009.01.002

Graham-Bermann, S. A., & Miller, L. E. (2013). Intervention to reduce traumatic stress following intimate partner violence: An efficacy trial of the Moms' Empowerment Program (MEP). *Psychodynamic Psychiatry*, 41, 329–349. http://dx.doi.org/10.1521/pdps.2013.41.2.329

Graham-Bermann, S. A., & Miller-Graff, L. (2015). Community-based intervention for women exposed to intimate partner violence: A randomized control trial. *Journal of Family Psychology*, 29, 537–547. http://dx.doi.org/10.1037/fam0000091

Grogan-Kaylor, A. C., Galano, M., Howell, K. H., Miller-Graff, L. E., & Graham- Bermann, S. A. (2019). Reductions in parental use of corporal punishment on pre-school children following participation in the Moms' Empowerment Program. *Journal of Interpersonal Violence*, 34, 1563–1582. http://dx.doi.org/10.1177/0886260516651627

Howell, K. H., Miller, L. E., Lilly, M. M., Burlaka, V., Grogan-Kaylor, A. C., & Graham-Bermann, S. A. (2015). Strengthening positive parenting through intervention: Evaluating the Moms' Empowerment Program for women experiencing intimate partner violence. *Journal of Interpersonal Violence*, 30, 232–252. http://dx.doi.org/10.1177/0886260514533155

Lagdon, S., Armour, C., & Stringer, M. (2014). Adult experience of mental health outcomes as a result of intimate partner violence victimisation: A systematic review. *European Journal of Psychotraumatology*, 5 (1), 24794. http://dx.doi.org/10.3402/ejpt.v5.24794

Levendosky, A. A., & Graham-Bermann, S. A. (2001). Parenting in battered women: The effects of domestic violence on women and children. *Journal of Family Violence*, 16, 171–192. http://dx.doi.org/10.1023/A:1011111003373

Max, W., Rice, D. P., Finkelstein, E., Bardwell, R. A., & Leadbetter, S. (2004). The economic toll of intimate partner violence against women in the United States. *Violence and Victims*, 19, 259–272. http://dx.doi.org/10.1891/vivi.19.3.259.65767

Mignone, T., Papagni, E., Mahadeo, M., Klostermann, K., & Jones, R. A. (2017). PTSD and intimate partner violence: Clinical considerations and treatment options. *Journal of Addiction Medicine and Therapeutic Science*, 3 (1), 001–006. http://dx.doi.org/10.17352/2455-3484.000018

Miller, L. E., Howell, K. H., & Graham-Bermann, S. A. (2014). The effect of an evidence-based intervention on women's exposure to intimate partner violence. *American Journal of Orthopsychiatry*, 84, 321–328. http://dx.doi.org/10.1037/h0099840

Wang, L., Chernov, C., Nolan, V., Perlman, S., Relyea, G., Mzayek, F., & Gwynn, C. (2017). Predictors of high allostatic load in New York City residents, NYC HANES 2013-14. *Annals of Epidemiology*, 27, 510. http://dx.doi.org/10.1016/j.annepidem.2017.07.077

IV

多層レベルの
介入プログラム、
ならびに一般向け
介入プログラム

13 トリプルP

ロナルド・J・プリンツ

概　要

　トリプルP——ポジティブ育児プログラム（Positive Parenting Program）は、クイーンズランド大学のマシュー・R・サンダース博士によって、何十年にもかけて開発されたものである。トリプルPは、一般向け介入プログラムとしても、選択的介入プログラムとしても活用出来る、予防的介入プログラムである。トリプルPのシステムは、すべての親に適用可能な一般向け介入プログラムとして設計されているが、システム内にはよりターゲットを絞ったプログラムも存在しており、例えばステップ・ストーンズ・トリプルPは、発達障害を有する子どもを持つ親向けの選択的介入プログラムである。またトリプルPの介入プログラムは5つの段階に分かれているが、より集中的なレベル4やレベル5の介入は、特定の問題行動を有する子どもを持つ親向けに提供されることが多い。

背景と理論

　トリプルPは、育児支援・家族支援のための多面的・多層的なプログラムである（Sanders, 2008, 2012）。包括的なトリプルPプログラムのすべてを展開することが、地域社会全体に広くその効果を波及させる上で最適なアプローチであり、そのような形で展開している行政区域も存在している。ただしシステム全体ではなく、トリプルPのいくつかの特定のプログラム

本章の著者は、米国疾病予防センター（CDC）および米国立衛生研究所（NIH）から、トリプルPを含む家族向け支援プログラムの開発資金提供を受けている。なお筆者は、トリプルPインターナショナルのコンサルタントを務めている。トリプルPインターナショナルは、クイーンズランド大学の合弁事業体で、トリプルPの普及事業を担っている。

のみを実施していくことも可能である。トリプルPには複数のプログラム
レベルがあり、配信フォーマットも複数存在しており、特定の問題に特化
したバリエーション・プログラムも存在している。具体的には、トリプル
Pにはメディアキャンペーンも含めた地域全体への啓発活動であるレベル
１から、特定の家族に深く介入するレベル５まで、５つの強度のプログラ
ムが存在している。トリプルPは複数の配信フォーマットがあるのも特徴
であり、複数の選択肢の中から柔軟に家族に提供することが可能である。
特定の問題に特化したバリエーション・プログラムとしては、

- 離婚など、父親と母親との別離の問題を抱えた家族に向けた、
  ファミリー・トランジション・トリプルP
- 子どもの肥満の問題を抱えた家族に向けた、ライフスタイル・
  トリプルP
- 虐待・ネグレクトの問題を抱えた、もしくはそのリスクのある
  家族のための、パスウェイ・トリプルP
- 発達障害を有する子どもの親に向けた、ステップ・ストーン
  ズ・トリプルP

等がある。

　トリプルPのすべてのプログラムは同じ理論的枠組みを共有しており、
特定のしつけ技術や育児戦略を共通のプールから導出し、共通の原則に基
づきポジティブな育児を推奨するものである。
　トリプルPは、子どもの最適な発達を促すためにポジティブな育児を促
進することに重点を置いている。トリプルPで見出された介入戦略は、
1970年代に新たに勃興した、より広い視野での介入手法に根ざしたもの
である。ちょうどその頃は、精神医学の治療の概念というのが、精神分析
に基づくものから、より広く社会的環境の影響にも重きを置く、という新
たなパラダイムに転換し始めた時期であった。家族環境が子どもに与える
影響というのは成人に比してより明らかであることも一因となり、子ども
の精神医学分野は成人に比べ、より早くこの変化を経験することとなった。

このようなアプローチに変換することとなった背景にあるのは、「子ども
の人生を改善しうる社会的・環境的な状況に、親というのは最も影響を与
えうる立場にある」という信条であった（Kazdin, 2008; Patterson, 1976;
Wahler, 1969）。それゆえトリプルPは当初、行動分析の原則を取り入れた
「家庭における親へのコーチングモデル」として提供されたが、その後、
一般的な経験則に基づく認知・行動・感情の変化の原則と、研究成果に基
づく自己調節理論・愛着理論・家族システム論・公衆衛生学的戦略を統合
した、多理論統合モデルに発展していった（Sanders & Prinz, 2018）。

　トリプルPなどの育児支援プログラムが、一般レベルの啓発教育に力を
注いでいることにはいくつかの理論的根拠がある。多くの親は、子どもが
発達途上の各時点で直面することとなる、様々な難しい養育上の課題に対
処する上で、確信を持てず、自信のない状況にあるとされている。子育て
の困難さの度合いというのはスペクトラムを形成しているが、その辺縁に
ある「虐待に発展している可能性のある家庭」は、公表されている児童相
談所への通告相談件数よりも、はるかに多いことは明らかである（Theo-
dore et al., 2005）。育児支援の方策として、ポピュレーション・アプローチ
を採用することは、特定の親を高リスク群として親対応を行うことで生じ
る偏見を和らげうる。またポピュレーション・アプローチを行うことで、
より広範に支援の手が届くようになり、子ども虐待の予防だけでなく、小
学校入学時の適応促進、子どもの社会的・情緒的・行動的な問題行動の発
生予防、思春期以降の非行・薬物乱用・不登校の予防といった、様々な問
題にまで改善をもたらしうる。

　トリプルPは、ポジティブな育児を推進する上で、（a）子どもにとって
安全で、愛情にあふれた、健康的な環境を担保すること、（b）前向きな
学習環境を持つこと、（c）アサーティブ（他者を尊重しながら、言うべきこ
とを明確に伝えること）で、一貫性があり、非暴力的なしつけ方法を用い
ること、（d）子どもに対し、そして自分自身に対し抱く期待を、現実的な
なものとすること、（e）しつけをする親自身が、セルフケアを行うこと、
という5つの基本原則を打ち出している。これらの基本原則はそれぞれの
重要性に若干の差異はあるものの、子どもが生きていく上での社会性や精

神性を身に着け、健全に発達していくことを親が願うのであれば、すべて
が重要となるものである。

　親は育児上の課題解決のための実践的で具体的な方法を求めているが、
トリプルPは短期間でそれが得られるようにデザインされている。ただ親
の中には、より広範な形での育児支援を求めている人もいるかもしれない。
いずれにせよ、トリプルPは親と一緒に目標を設定しながら、親が育児方
法を選択する手助けを行い、親自身が自己決定をする過程を支援しつつ、
親が自身で助けを求めることが出来るように促すものであり、長期にわた
り専門家のサポートに過度に依存してしまうことを避けることも意識され
ている（Sanders & Mazzuchelli, 2013）。このような変化を促すために、ト
リプルPでは、「モデリング」「セルフモニタリング」「肯定的自己評価」
「コーチングとフィードバック」などの技法を使用し、状況により様々に
活用出来るよう、幅広い育児スキルについて情報を提供し、親の感じてい
る育児における悩みというのは誰もが悩んでいることであると認識しても
らう「ノーマライゼーション」の手法も活用している（Sanders & Maz-
zuchelli, 2018）。

本介入プログラムの主たる目的

　トリプルPの主な目的は、大きく2つのレベルでの改善を目指すものと
いうことが出来る。1つは、家族レベルでの改善を目指すものであり、も
う1つは公衆衛生学見地から一般レベルでの改善を目指すものである。も
ちろん家族レベルの介入を広げることも、一般レベルでの改善に寄与する
こととなる。

　家族レベルの介入の際のトリプルPの主な目的は、（a）子どもがより健
康で、適応的な形で成長することが出来るような養育環境を、親が作り強
化していく過程を支援すること、（b）親が子どもとの温かく、かつ相互
疎通性に富む関係性を構築し、維持する過程を支援すること、（c）親が子
どもの最適な発達を促進するために必要な知識・スキル・自信を獲得する
支援を行うこと、にある。これらの目的は、前述したポジティブな育児を
促進する5つの基本原則に基づいたものでもある。

　公衆衛生学上の一般レベルでの改善を目指す際のトリプルPの主な目的は、SandersとPrinzが2018年に明示しているが、以下のとおりである（Sanders & Prinz, 2018, p. 34）。

1. 効果が証明されている、文化的に適切な育児支援プログラムを修了した親の数を増やすことで、思春期前の子どもや思春期の子どもに対応する際に求められる知識やスキルを身に着けた、自信を持って子育てすることが出来る親の数を増やす
2. 健全な社会性・精神性を身に着け、勉学に積極的に取り組む小児・思春期の子どもの数を増やす
3. 深刻な社会的、情緒的、行動的な問題を抱えた小児・思春期の子どもの数を減らす
4. 親から虐待やネグレクトを受ける、もしくは受けるリスクを抱えている小児・思春期の子どもの数を減らす

本介入プログラムの具体的な方法

　トリプルPは、一般集団の親すべてに適応が可能なようにデザインされているが、よりターゲットを絞ったプログラムも複数用意されている。トリプルPは多層性のシステムであり、レベルという用語を用いて、それを表現しているが、親への介入の度合いに応じて5つのレベルのプログラムが用意されている。レベル1はメディアを活用したコミュニケーション戦略であり、レベル2はセミナー形式の親へ短時間の助言を行うプログラムで、レベル3になると子どもの特定の問題に対して親支援を行うプログラムとなる。レベル4になるとより広範な問題について系統的に扱うプログラムとなり、レベル5になると特定の家族に向けた集中的な介入プログラムとなる。トリプルPの提供者には、児童福祉司、心理士、カウンセラー、プライマリーケアの医療者（看護師、医師、臨床アシスタント）、養護教諭、保健師、保育士などが多いが、この限りではなく幅広い専門家が担うことが出来る。

　トリプルPの提供時間は、レベルやどのような形式で提供するかによっ

て様々である。一般的に、レベル２や３の提供時間は短く、レベル４や５の提供時間は長くなる。例えば、育児セミナーの形式で提供されるレベル２のトリプルＰは計１回、２時間のプログラムであり、プライマリーケアで提供されるレベル２の簡易版トリプルＰは１回30分、計１〜２回のコンサルテーションプログラムである。レベル３の標準版トリプルＰでは１回30分のコンサルテーションが計４回実施され、レベル４になると３カ月に及ぶ計10回のセッションとして提供される。強化版のレベル５のトリプルＰでは４カ月に及ぶ計14回のセッションが提供される。なおこれらの提供時間には、提供者の裁量によって行われるフォローアップ・セッションの時間は含まれない。

　トリプルＰの提供体制には、様々な方法が存在している。対面で提供する形としては、個々の親（もしくは両親）との短時間の相談援助、10〜14回のセッションから成る個々の親（もしくは両親）への介入プログラム、大勢（８〜100名程度）の親を対象とした大規模セミナー、特定の話題に関する複数の親とのグループディスカッション、８〜10人程度の親（もしくは両親）との２カ月以上に及ぶグループ介入セッション、等がある。ただしトリプルＰには、適切にカスタマイズがなされたウェブ上のプラットフォームから提供されるオンライン版も存在している。トリプルＰの自己啓発のためのワークブックも、販売されている。また、メディアを活用したコミュニケーション戦略として、トリプルＰのレベル１として、エビデンスに基づく育児情報の啓発活動も広く実施されている。

　トリプルＰを行う上で、提供レベル・提供様式・バリエーションに応じた各種配付資料が用意されている。例えば、レベル２とレベル３として行う短時間の相談援助の際の配付資料として、子どもの発達時期別（乳児・幼児初期、未就学児、小学校低学年、ティーンエイジャー）の様々な問題につきまとめたチップシートと呼ばれる情報誌が用意されている。これらのチップシートを活用する際には、プログラム提供者の裁量で、対応する親の関心や懸案に応じて、重要なポイントを強調した説明が行われる。レベル４とレベル５としてトリプルＰを実施する際には、個別に実施する場合にもグループセッションとして実施する場合にも、それぞれ親向けのワー

クブックが配付され、活用される。

　トリプルPを提供するためのトレーニングを受けたプログラム提供者には、個々のプログラムごとに編纂されたマニュアルとビデオ教材が用意され、グループセッションとして提供するためのプレゼンテーション・スライドも用意されている。またプログラム提供者は、オンライン上に構築された「トリプルP提供者ネットワーク」を介して追加の資料を入手することが出来、サポートを受けることも出来る。レベル1のメディアを介したコミュニケーション戦略を実施している地域や機関は、各地域の実情に合わせて改変可能なオンライン上のツールである「Stay Positive」を利用することが出来る。

スパンキングやその他の体罰に関連した、本介入プログラムの内容

　親が様々な状況や理由から、スパンキングやその他の体罰を行ってしまう事態というのは、どのような家庭においても生じうるものである。トリプルPによる介入というのがどういうものなのかを理解してもらうために、ここではより一般的な3つの状況を例示し、概説を行う。1つ目は、親が責任ある育児を行う上で、体罰というしつけは不可欠なものであると考えている場合である。2つ目は、親が気づいていながらも、子どもを従わせようとして言動がエスカレートしていく悪循環に陥っており、声を荒らげたり手を出してしまう懲罰的な状況が起こりやすくなってしまっている場合である。3つ目は、親が置かれた環境下での特定の出来事や子どもの振る舞いというものが、親によっては感情を制御出来る範囲を逸脱してしまうため、そのフラストレーションが子どもに向かってしまうという場合である。

　1つ目の、「責任ある育児には体罰が必要である」という考え方は、体罰を使わなくとも親が目的を達成することを助けるために、体罰に代替する様々なしつけ法を紹介することで対処することは可能である。アサーティブ（他者を尊重しながら、言うべきことを明確に伝えること）なしつけの原則は、子どもが自身の行動に対して責任を負うことを学び、自制心を発達させ、他者のニーズを斟酌することを学ぶことにある。トリプルPでは、

親が育児に一貫性を持ち、子どもの問題行動に迅速かつ明確に対応し、子どもが受け入れられる方法でどのように行動すべきであるのかを示すのに役立つ、一連の行動変容の過程についても説明している。具体的には、状況に応じた基本的ルールを選択し提示すること、有向性議論や選択的無視を活用すること、論理に裏打ちされた明確で冷静な年齢相応の指示を与えること、クワイエットタイムやタイムアウトを使うこと、良い行動を認めた時にそれを強化すること、などのしつけ法について学んでいく。このように、親が子どもの問題行動に対処したり予防するための、より包括的で効果的なレパートリーを獲得出来るように支援することで、親の体罰への依存度を減らすことが出来るのである。親が威圧的でないしつけ法を良く知り、それを使えるようになることで、育児上で感じるストレスは低減し、スパンキングなどの手段を用いないでも、育児上の満足度が高まるようになる。

　2つ目の、威圧的な関係性の悪循環に関しては、1つ目に言及したポジティブなしつけ法を伝えることに加えて、子どもの問題行動の原因について、育児実践上有用な概念を親に伝えることで対処が可能である。強く叱責する、体罰を加える、等のネガティブなしつけというのは、子どもの問題行動を即座に止めるためには有効に働くかもしれないが、それゆえに親がそのようなしつけに頼りがちとなってしまう。しかしながら、その結果、逆説的に子どもの将来の問題行動の増加をもたらしてしまう。この「ネガティブ育児の罠」について、親が学ぶことはとりわけ重要である。このような一般的な罠につき理解し、より有効なしつけ法のレパートリーを親が身に着けることで、親はしばしば陥りがちなネガティブ育児の悪循環から脱却することが出来るようになる。

　3つ目の、いわゆる親の感情的対応としての子どもへの暴力に関しても、トリプルPでは折に触れ話題にしている（Pickering & Sanders, 2016）。トリプルPの介入戦略の1つには、有用とはならない親の認知を変え、以下のステップバイステップで親が怒りの感情をより効果的に制御出来るようになることも、挙げられる。

1. ネガティブな厳しいしつけ法が子どもに及ぼす影響を理解し、自身が子どもに行っているネガティブな行為の原因となっている要因を特定していく方法を学ぶ。

2. 怒りをエスカレートさせネガティブなしつけに至ることを避けるため、親が抱く不合理な考え方（例：「2歳のあの子は、私の気を引くためにわざとミルクをこぼしたのね」）を同定し、それに疑義を挟み、議論するとともに、そのような考え方をより刺激性の少ない合理的な考え方（「あの子が、手を滑らせてミルクをこぼしてしまったわ」）に置き換えていく。

3. 子育ての場面で生じる自分自身の怒りの感情について、より良く理解するようにする。

4. 親へのコーチングを続けることで、親は役には立たない考え方に気づき、これまでに暴言・暴力に繋がっていた状況が生じた際に、怒りを制御し、より建設的な考え方が出来るようになるとともに、学んだポジティブなしつけ法を用いて、子どもの問題行動に対処することが出来るようになる。

　適切に実施がなされた場合、トリプルPは「体罰をしてはならない」と、親にモラルを押し付けたり、親を辱めたりするようなものにはならず、むしろ親とプログラム提供者とが協働して問題の解決を図り、満足度が高く副作用の全くない効果的なしつけ法を獲得し強化するものとなる。親が体罰やその他の威圧的なしつけ行為に頼らなくて済むようになる手助けをするトリプルPの取り組みは、（a）子どもの行動や、それに対する親の反応の原因につき、より良く理解すること、（b）特定の出来事に続いて生じる、それぞれの家族特有の親子間の力動について、個別に評価を行うこと、（c）体罰やその他の威圧的なしつけよりも、より効果的で有害性の低い代替戦略について学ぶこと、（d）子どもの発達を促そうとして親が行っている努力を認め支援すること、が基盤となっている。

本介入プログラムの実施状況

　現在までにトリプルPは世界28カ国で展開されており、米国内でも30を超える州で、様々な程度で提供されている。過去20年間でトリプルPの介入を受けた親（レベル1のメディア啓発を除く、レベル2〜5の介入を受けた親）の数は正確には把握されていないが、200万人を超えていると推察されている。またトリプルPのサービスを受けた家族は、様々な人種・民族・出身国（含、米国先住民、カナダ、オーストラリア、ニュージーランド）・社会経済層（含、低・中所得層）、地域（都市部、都市部近郊、地方）に広く及んでいる。また参加家族には、血縁家族だけではなく、ステップファミリーや里親家族も含まれ、両親だけではなく子どもの養育に関わる祖父母や他の親族も幅広くトリプルPのサービスを受けている。また参加家族の子どもの年齢も、乳幼児から10代まで幅広い。

本プログラムの社会実装過程の評価を通じた、実施可能性に関するエビデンス

　トリプルPを提供する立場の専門家を育成するトレーニングがうまくいっていることを示す研究報告は、いくつか存在している。2012年から2016年にトリプルPの提供者になるための専門家研修は2961回行われ、5万名以上の実務家が受講しているが、それらの受講者に対し、親に対処する相談スキルの自己評価や、自己満足度に関しての調査を行った結果が、2018年に報告されている（Ralph & Dittman, 2018）。その結果、トリプルPの様々なレベル・提供様式・バリエーションを通し、研修を受けた実務家は、研修終了時においてもその後のフォローアップ調査時においても、自記式の親相談スキルチェックリスト（PCSC：Parent Consultation Skills Checklist）での評価において、親の相談を受けた際の対応の妥当性への自信が向上しており、対応スキルが向上していると判断された。また参加者の研修満足度は高く、7点満点の評価における平均満足度は6.5であった。

アウトカム評価に基づく、本介入プログラムの効果のエビデンス

　トリプルPの効果に関しては、何十年にもわたって数多くの研究が行わ

れ、現在でもエビデンスは増え続けており、2018年春の時点では、151の RCT研究を含め、計298もの研究が実施されている。これらの研究のほとんどは、リスクを有する親に向けて実施されたトリプルPの特定プログラムの成果や構成要素について検討を加えたものであるが、いくつかの研究ではトリプルPが一般集団に及ぼす影響につき、検討を行っている。またトリプルPに関するアウトカム研究のほとんどは、育児の実践にどのような影響を及ぼしたのかにつき評価を行っているものであるが、いくつかの研究では、それに加えて親の適応能力や子どもの行動の変化についても検討を行っている。2014年にはトリプルPに関するメタアナリシス研究が実施され、公表されていない研究も含め、101の研究をまとめ、様々な観点からアウトカムについて要約されている。このメタアナリシス研究では威圧的なしつけの減少を含む育児実践の改善の効果量は、Cohenのdで0.47であり、親の満足度や自己効力感の改善効果量は、0.52であったと報告されている（Sanders, Kirby, Tellegen, & Day, 2014）。

　一般集団を対象としたトリプルPの効果に関するRCT研究では、子ども虐待・ネグレクトの有病率に関する3つの指標で、それぞれ改善が確認されたと報告されている（Prinz, 2017; Prinz, Sanders, Shapiro, Whitaker, & Lutzker, 2009, 2016）。この3つの指標のうち、「子ども虐待・ネグレクトの発生率」と「病院で治療を要する虐待による損傷の発生率」の2つは、体罰や威圧的なしつけを予防するプログラムの実施との直接的な関係性が確認されている。このRCT研究では、これまでにトリプルPが導入されたことのない、サウスカロライナ州の中規模の18の郡を対象に、郡ごとに無作為に割り付けが行われた。トリプルPの導入群に割り付けられた9か所の郡では、複数のサービス機関に属する600名以上の実務家に対し、トリプルPのシステムのうちそれぞれの専門性に応じた研修が実施された。児童相談所の記録、里親支援部門の記録、病院の診療録から、介入開始前5年分の記録が体系的に分析され、そのデータが基礎データとして用いられたが、対照群とトリプルP導入群の間にはベースラインには特に差異は確認されなかった。トリプルPの導入を開始して2.5年後の調査で、導入群の郡では、身体的虐待を含む子ども虐待の発生頻度、病院で治療を要し

た虐待による損傷の発生頻度、子どもが社会的養護下に置かれる頻度は明らかに減少した。

費用対効果分析

　ワシントン州公共政策研究所（the Washington State Institute for Public Policy）は、2018年にトリプルPのコストベネフィットの評価を行い、親1人当たり152ドルの費用がかかるものの、投資1ドル当たり将来的に3.36ドルのコスト削減がもたらされると試算している。また個別家族に提供されるトリプルPのレベル4介入は、1世帯当たりおよそ992ドルの費用がかかるが、投資1ドル当たり将来的に9.29ドルのコスト削減がもたらされると試算している。

各種の情報センターへの本プログラムの登録状況

　トリプルPは、米国内の複数の情報センターに、エビデンスのあるプログラムとして登録されている。以下にそれらの情報センターを提示する。

- **若者の健全発達のための青写真**（Blueprints for Healthy Youth Development）：トリプルPは、「効果の期待出来る（promising）」プログラムとして登録されている。
  http://blueprintsprograms.com
- **カリフォルニア州児童福祉情報センター**（California Evidence-Based Clearinghouse for Child Welfare）：トリプルPシステム全体は、「研究によるエビデンスが存在する」と位置づけられており、特にトリプルPのレベル4プログラムは、「研究により十分なエビデンスが存在している」と位置づけられている。
  http://www.cebc4cw.org
- **カナダ公衆衛生局、最善の実践ポータルセンター**（Canadian Best Practices Portal, Public Health Agency of Canada）：トリプルPは「最善の実践プログラム」と評価されている。
  http://cbpp-pcpe.phac-aspc.gc.ca

- ペンシルベニア州および米国防総省、軍属家庭対応部局向け情報センター（Clearinghouse for Military Family Readiness, Penn State and the U.S. Department of Defense）：トリプルPは「効果が期待出来る」に位置づけられている。

  https://lion.militaryfamilies.psu.edu/about-us

- エビデンスに基づく予防・介入支援センター（EPIS Center［Evidence-Based Prevention and Intervention Support Center］：ペンシルベニア州におけるプログラム導入の承認を行っているセンターであり、家族向けの予防介入プログラムをリストアップし、そのエビデンスについて厳密な評価を行っている）：トリプルPは本書で紹介した介入プログラムのうち、唯一EPISセンターに登録されたプログラムである。

  http://www.episcenter.psu.edu/ebp

- WHO：子ども虐待防止プログラムの実施に向けて――専門家の提言（Implementing Child Maltreatment Prevention Programmes: What the Experts Say, World Health Organization）：プログラム例としてトリプルPがリストアップされている。プログラムのエビデンス評価は行われていない。

  http://www.euro.who.int/__data/assets/pdf_file/0009/289602/Maltreatment_web.pdf?ua=1

- ピュー慈善信託：結果第一の情報センター・データベース（Results First Clearinghouse Database, Pew Charitable Trusts）：トリプルPは「最もエビデンスレベルの高いプログラム」との指定を受けている。

  https://www.pewtrusts.org/pt/research-and-analysis/data-visualizations/2015/results-first-clearinghouse-database

本介入プログラムの研究における限界点（Limitations）

　トリプルPが親や子どもに与える影響というのは、実際のプログラム実施の際の質に大きく左右される。この観察事実は、すべての介入プログラ

ムのエビデンスを評価する際に考慮する必要があるが、包括的なプログラムであるトリプルPに関しては、その影響はより複雑に寄与することとなる。一般集団レベルにプラスの効果をもたらすためには、トリプルPを実施する際には、(a) 組織としてプログラムを導入する十分な準備を行い、組織で行いうる状況にあるのかどうかについて的確な初期評価を行い、(b) 主要な目的を共有し、どのプログラムを導入し、どの部門の誰がリーダーシップを発揮するのか、誰が地域との渉外を担当するのか、誰がトレーニングのマネージメントをするのかを明確にし、(c) プログラムを提供する人物に対し、それを維持発展出来るように、組織としての支援体制を明確にし、(d) 体系的なトレーニング体制と認証評価体制を整備し、(e) 実施の際の質の担保を図るために最大の努力を行う必要がある(Prinz, 2019)。組織や地域がこれらのニーズをほぼ満たすことが出来るにもかかわらず、目的の達成に至らない場合、トリプルPを受講した親の数自体が少ないためと考えられる。このような場合には、地域でのトリプルPの導入の規模をより大きくするように尽力することが不可欠である。

本介入プログラムの将来的な活用案

臨床医や地域の実務家は、本介入プログラムをどのように利用することが出来るか

　トリプルPの提供を行いうる臨床医の多くは、既に何らかのサービスを提供する責任を負っている立場にあることが多い。トリプルPは、そのようなサービスに追加して導入することが可能である。例えば、親が薬物問題を抱えている家族の治療を行っているカウンセラーは、トリプルPを利用して、育児支援を提供することも出来るであろう。同様に、幼稚園・保育園の保育士や、診療所の医療者なども、自分たちの活動にトリプルPを加えることが出来るであろう。一般的にいえば、子どもや家族と接する立場のあらゆる専門職は、普段提供している一連のサービスにトリプルPを統合することが可能である。

政策立案者は、本介入プログラムをどのように利用することが出来るか

　トリプルPは、幅広く大規模に活用出来るようにデザインされている。それゆえに、政策立案者が複数のサービス提供部門を結びつけて、複数の到達目標を同時に達成しようとする場合、トリプルPの導入はとりわけ有効となりうる（Prinz, 2019）。トリプルPのような包括的なシステムを導入することで、地域や組織のリーダーは、虐待防止ならこのプログラム、子どもの問題行動にはこのプログラム、ストレスの高い親への対応にはこのプログラムというような、複数のプログラムを別々に導入することを避けることが出来る。トリプルPは、組織や機関が縦割り的な対応をするのではなく、地域でより横断的な連携体制の下で対応を行うことを望む場合には、より良い政策提言となりうるプログラムである。

本介入プログラムの情報取得先

　専門家向けトレーニングやプログラムの実施情報は、トリプルPアメリカに電子メール（contact.us@triplep.net）や電話（803-451-2278）で問い合わせることで入手することが出来るが、HP（http://www.triplep.net）から情報を入することも出来る。トリプルPの内容、理論的基盤、プログラムのバリエーション、社会実装の進展の歴史、研究成果の詳細につきより深く学びたい読者は、2017年12月にオックスフォード大学出版部から出版されたマシュー・R・サンダース、トレバー・G・マズチェッリ編著の『ポジティブ育児の持つ力──トリプルPシステムを活用した子どもと親と地域の生活の改革（The Power of Positive Parenting: Transforming the Lives of Children, Parents, and Community using the Triple P System）』を参照されたい。またトリプルPに関する700以上の研究論文や概説論文を包括的に収集したオンライン・データベース（https://pfsc-evidence.psy.uq.edu.au）でも、その詳細を確認することが出来る。

訳者注──本介入プログラムの本邦における実施状況

本邦では、NPO法人トリプルPジャパン（http://triplep-japan.org/）が、トリプルPの実施と普及を行っている。

問い合わせ先：office@triplep-japan.org

参考文献

Kazdin, A. E. (2008). *Parent management training: Treatment for oppositional, aggressive and antisocial behavior in children and adolescents*. New York, NY: Oxford University Press. http://dx.doi.org/10.1093/med:psych/9780195386004.001.0001

Patterson, G. R. (1976). The aggressive child: Victim and architect of a coercive system. In L. A. Hammerlynck, L. C. Handy, & E. J. Mash (Eds.), *Behavior modification and families: Theory and research* (Vol. 1, pp. 267–316). New York, NY: Brunner/Mazel.

Pickering, J. A., & Sanders, M. R. (2016). Reducing child maltreatment by making parenting programs available to all parents: A case example using the Triple P—Positive Parenting Program. *Trauma, Violence, & Abuse*, 17, 398–407. http://dx.doi.org/10.1177/1524838016658876

Prinz, R. J. (2017). Assessing child maltreatment prevention via administrative data systems: A case example of reproducibility. *Child Abuse & Neglect: The International Journal*, 64, 13–18. http://dx.doi.org/10.1016/j.chiabu.2016.12.005

Prinz, R. J. (2019). A population approach to parenting support and prevention: The Triple P system. *The Future of Children*, 29 (1), 123–143.

Prinz, R. J., Sanders, M. R., Shapiro, C. J., Whitaker, D. J., & Lutzker, J. R. (2009). Population-based prevention of child maltreatment: The U.S. Triple P system population trial. *Prevention Science*, 10, 1–12. http://dx.doi.org/10.1007/s11121-009-0123-3

Prinz, R. J., Sanders, M. R., Shapiro, C. J., Whitaker, D. J., & Lutzker, J. R. (2016). Addendum to "Population-based prevention of child maltreatment: The U.S. Triple P system population trial." *Prevention Science*, 17, 410–416. http://dx.doi.org/10.1007/s11121-016-0631-x

Ralph, A., & Dittman, C. K. (2018). Training a workforce to implement evidence-based parenting programs. In M. R. Sanders & T. G. Mazzucchelli (Eds.), *The power of positive parenting: Transforming the lives of children, parents, and communities using the Triple P system* (pp. 371–382). New York, NY: Oxford University Press.

Sanders, M. R. (2008). Triple P-Positive Parenting Program as a public health approach to strengthening parenting. *Journal of Family Psychology*, 22, 506–517. http://dx.doi.org/10.1037/0893-3200.22.3.506

Sanders, M. R. (2012). Development, evaluation, and multinational dissemination of the Triple P-Positive Parenting Program. *Annual Review of Clinical Psychology*, 8, 345–379. http://dx.doi.org/10.1146/annurev-clinpsy-032511-143104

Sanders, M. R., Kirby, J. N., Tellegen, C. L., & Day, J. J. (2014). The Triple P-Positive Parenting Program: A systematic review and meta-analysis of a multi-level system of parenting support. *Clinical Psychology Review*, 34, 337–357. http://dx.doi.org/10.1016/j.cpr.2014.04.003

Sanders, M. R., & Mazzucchelli, T. G. (2013). The promotion of self-regulation through parenting interventions. *Clinical Child and Family Psychology Review*, 16, 1–17. http://dx.doi.org/10.1007/s10567-013-0129-z

Sanders, M. R., & Mazzucchelli, T. G. (2018). Core principles and techniques of positive parenting. In M. R. Sanders & T. G. Mazzucchelli (Eds.), *The power of positive parenting: Transforming the lives of children, parents, and communities using the Triple P system* (pp. 63–78). New York, NY: Oxford University Press.

Sanders, M. R., & Prinz, R. J. (2018). Emergence of a population approach to evidence-based parenting support. In M. R. Sanders & T. G. Mazzucchelli (Eds.), *The power of positive parenting: Transforming the lives of children, parents, and communities using the Triple P system* (pp. 32–62). New York, NY: Oxford University Press.

Theodore, A. D., Chang, J. J., Runyan, D. K., Hunter, W. M., Bangdiwala, S. I., & Agans, R. (2005). Epidemiologic features of the physical and sexual maltreatment of children in the Carolinas. *Pediatrics*, 115, e331–e337. http://dx.doi.org/10.1542/peds.2004-1033

Wahler, R. G. (1969). Oppositional children: A quest for parental reinforcement control. *Journal of Applied Behavior Analysis*, 2, 159–170. http://dx.doi.org/10.1901/jaba.1969.2-159

Washington State Institute for Public Policy. (2018, December). *Benefit-cost report.* Olympia, WA: Author.

ノーヒット・ゾーン

エリザベス・T・ガースホフ

概　要

　ノーヒット・ゾーン（NHZ：No Hit Zone）は、オハイオ州クリーブランドにあるレインボー小児病院のロリータ・マクダビッド医師により開発された。当初は、病院内における一般的介入プログラムとして開発されたものであったが、現在では病院以外の様々な場面向けのプログラムが作成されている。

背景と理論

　ここ数十年で医療の世界では、体罰による子どもへの潜在的なリスクについての懸念が、ますます高まっている。複数の大規模研究により、親が体罰を用いることが、子どもの攻撃性や、行動上の問題や精神医学上の問題を増加させ、学業成績を低下させることが、一貫して示されている（Gershoff & Grogan-Kaylor, 2016）。親が体罰を用いることは、子どもへの身体的虐待のリスクを高めることも明確化している（Lee, Grogan-Kaylor, & Berger, 2014）。また体罰の悪影響は、身体的虐待と同様の有害事象を生じさせることも判明している（Afifi et al., 2017; Gershoff & Grogan-Kaylor, 2016）。

　このような研究結果が蓄積されるにつれ、小児科医が体罰に対応するべきであるとの機運が高まり、米国小児科学会の「子どもと家族の健康の心理社会的側面に関する委員会」（1998年）、米国小児科学会（2014年）、カナダ小児科学会（Durrant, Ensom, & Coalition on Children and Youth, 2004年）、米国小児ナースプラクティショナー協会（2011年）、米国小児思春期精神医学会（2012年）からそれぞれ、体罰に対する提言が発出されている。これらの提言ではそれぞれ「体罰は子どもに有害であり、親はそれを使用

することを避けるべきであり、会員各位は親に体罰の有害性を啓発し、体罰を用いないしつけ法について教育する責務を負っている」と明記されている。多くの親は子どものしつけの問題について医療者から助言を得たいと感じており、また医療者の行った助言は高い信頼性を持って親に受け入れられることが判明しており、医療者は体罰の撲滅に向けた啓発を行う上で、理想的な啓発者になりうるということが出来る（Taylor, Moeller, Hamvas, & Rice, 2013）。

　親が子どもを叩くという現象は極めて一般的な事象であり、医療現場という環境は、体罰を行う親に介入を行ったり、体罰に関しての啓発を行う上で極めて重要な環境ということが出来る。米国中西部の２つの医療センターの行った研究では、医師の約半数と看護師の約４分の１が、過去１年間に自施設内で親が子どもを叩いているのを目撃していた、と報告されている（Font et al., 2016）。そのような行為を目撃した際に、どのような対応を行ったのかという調査に対しては、親と直接的に対応する立場の職員の場合、約３分の２の職員が親と話し合ったり、警備職員を呼ぶといった対応を行っていたものの、受付係や用務員など、親と直接関わる立場にない職員の場合には、３分の１強の職員しかそのような対応を行っていなかった、とも報告されている（Font et al., 2016）。

　以上まとめると、医療スタッフが体罰の問題に対応する必要性があることは明らかであり、医療スタッフは、親が子どもの体罰を目撃した際になぜ、そしてどのように、対応を行うべきかのトレーニングを行う必要があるということが出来よう。ノーヒット・ゾーン（NHZ）はまさにそのような目的で開発されたものである。NHZは病院組織全体で、親から子どもへの体罰を含めたあらゆる態様の暴力行為は認められないということを明確に示した指針である。

　NHZは、バイスタンダー（目撃者）は懸念すべき行動に気づく立場にあり、「介入を行うべき状況である」と解釈し、「介入すべきである立場にある」と感じ、効果的に介入する方法を知っておく必要があるという、DarleyとLataneによるバイスタンダー理論（1968）をその理論的根拠としている。そのためNHZではスタッフが、親が子どもに体罰を行ってい

る、もしくは体罰を行おうとしている場面を認識するためのトレーニング
を行い、また、なぜその行動を懸念する必要があるのかや、なぜ介入する
必要があるのかや、どのように介入すべきなのかについて、トレーニング
を行うことが重要となる。

　NHZの指針は、オハイオ州クリーブランドにあるレインボー小児病院
のロリータ・マクダビッド医師により、世界で初めて導入された。その後
2012年にケンタッキー州レキシントンにある、コサイア小児病院を前身
とするノートン小児病院がNHZプログラムを採用し、実施のための資料
を他施設に提供することで、NHZの考え方は大きく広がりを見せること
となった。同施設でNHZの導入を主導したエリン・フレイジャー医師と
ケリー・ドーク医師の2人の小児科医が、NHZを施設に導入した経緯に
ついて医学論文で公表したことで、小児医療者の間でさらにNHZへの注
目が集まることとなった（Frazier, Liu, & Dauk, 2014）。その後、ウィスコ
ンシン州ラクロスにあるガンダーセン健康システム内の、「効果的なしつ
け法センター（The Center for Effective Discipline）」が2014年にNHZを導
入し、その後にNHZの導入に必要な各種資料の普及の中心的役割を担う
ようになった。

　2019年8月現在、全米の15の病院／医療機関がNHZの指針を取り入
れている（表14.1参照）が、近年では、病院のみに留まらず、メンタルク
リニックや発達支援センター、市町村官庁やその他の施設においても
NHZの導入がなされるようになっている（表14.2参照）。

本介入プログラムの主たる目的

　NHZを導入する第一の目的は、親から子どもへの体罰を止め、予防し
ていくことによって、子ども・家族・その施設で働くスタッフ・その施設
を利用する利用者にとっての、安全で健康的な環境を創出することにある
（Frazier et al., 2014）。また、親が体罰に依存することを防止し、暴力によ
らないしつけ方法を身に着けることを促進することも、目的としている。

本介入プログラムの具体的な方法

　NHZの導入は、まずもって施設として「いかなる種類の暴力も容認しない」という指針を明確化し、施設職員に対し、子どもへの体罰を含め、他者に対して暴力を行っている、もしくはまさに行おうとしている個人への介入を行う職責を担っていることを明示し、そのような行為の頻度や程度を低減させるために、病院は啓発を行う責任があることを明示することから始まる。次に、すべてのスタッフに対し、オンラインもしくは講演形式での教育を通しNHZの理論的根拠を説明し、「他者への暴力を目撃したり、他者が暴力を振るわれそうになっているのを目撃した場合には、職員は介入を行う必要がある」という新たな指針に基づく施設職員の責任につき、概説を行う。職員向けのトレーニングには、職員が様々な状況においてどのような介入を行うべきかを明確にするための、模擬事例のシナリオが含まれているのが一般的である。次に、施設として打ち出したNHZという方針を、施設内にポスター掲示し、パンフレットを配布することで、すべての訪問者に伝える。職員向けの研修は、体罰の持つ有害性に関する研究成果につき精通し、NHZの概念を理解しその活動に労力を使うことを厭わない人物であれば、誰が行ってもよい。

スパンキングや体罰に関連した、本介入プログラムの内容

　NHZは４つの主要な構成要素から成っており、それぞれに体罰に関する情報が含まれている。第一の構成要素は、スライドプレゼンテーション形式によるスタッフトレーニングである。このスライドには、体罰がもたらす子どもへの有害性、体罰が暴力に該当するという概念、組織が体罰を含めたあらゆる暴力を容認しないという決定を下すことの意味、職員が体罰に介入する責務を有しているという責任性についての内容が含まれている。第二の構成要素は、組織のいたる所にNHZのポスターを掲示することである。このポスターは、職員と訪問者の双方にNHZについて告知をするためのものであり、施設が安全な環境をすべての人に届けるために、体罰を含むすべての暴力を許容しない旨の内容が明記されている。第三の構成要素は、親向けのパンフレットの配布である。このパンフレットには、

体罰がもたらす子どもへの有害性が要約して記載されており、体罰以外の
しつけ法に関する情報についても記載されている。第四の構成要素は、子
どもに体罰を加えてしまった親や、まさに体罰を行おうとしている親への、
職員による直接的な介入である。職員はNHZにつき説明（「どうしまし
た？　当院はノーヒット・ゾーンであり、あらゆる暴力を禁止しているんです
よ」など）し、可能であれば体罰に関しての啓発を行うことが求められる。
ただ実際には、まずは親自身を落ち着かせ、そのような状況を解消するこ
とに焦点を当てる必要があるであろう。

本介入プログラムの実施状況

　現時点では、NHZは米国の中西部・南東部・北東部を中心に導入され
ている。NHZは病院（表14.1参照）で開始された介入プログラムではある
が、その取り組みは市町村官庁、公立図書館、精神保健施設にも広がって
おり、現時点で少なくとも1つの教会でも開始されている（表14.2参照）。
NHZの指針に基づいて介入を受けた家族の数は、その普遍的な性質を考
えると、正確に把握することは出来ないが、米国内の小児病院は平均して
年間22万9814件の入院・外来・救急外来患者を受け入れており（Chil-
dren's Hospital Association, 2018）、米国各地の病院やその他の施設でおそら
く数十万の家族がこれまでに介入を受けているものと思われる。なお
NHZ指針による介入は、すべての文化圏の、すべての年齢の子どもの親
と家族を対象としている。

本プログラムの社会実装過程の評価を通じた、導入可能性に関する
エビデンス

　現時点では、ガンダーセン・健康システム（Gundersen Health System：
ウィスコンシン州ラクロスに拠点を置く包括的な非営利医療団体）によって実
施されたNHZプログラムのみが、社会実装過程の評価を受けている（Ger-
shoff et al., 2018）。この評価は、NHZの導入前後に、スタッフと親を対象
とした匿名調査を行うという形で実施された。それゆえプログラム導入に
伴う個々人の変化については評価不可能であった。導入前の匿名調査では、

表14.1　ノーヒット・ゾーンの指針を打ち出している病院／医療機関一覧

開始年	施設名	所在地	ウェブサイト
2005	レインボー小児病院	オハイオ州クリーブランド	現在は活動休止中
2012	ノートン小児病院	ケンタッキー州ルイビル	HPはないが、Frazierらの論文 (2014) で活動が報告されている
2014	ガンダーセン医療センター	ウィスコンシン州ラクロス	http://www.gundersenhealth.org/health-wellness/publications/gundersen-magazine/spring-2017/positive-parenting-pays-off http://www.thisisanohitzone.com
2014	マーシー小児病院	ミズーリ州カンザスシティ	https://www.youtube.com/watch?v=y3LbEUzjm5I https://www.kansascity.com/living/family/article182555.html
2016	グリーンビル・ヘルスシステム小児病院小児医療センター	サウスカロライナ州グリーンビル	http://www.ghschildrens.org/pediatric-primary-care/center-pediatric-medicine
2016	ミネソタ大学フリーメーソン小児病院	ミネソタ州ミネアポリス	https://www.youtube.com/watch?v=q_QQ2_OIG70
2016	ウィスコンシン大学アメリカンファミリー小児病院	ウィスコンシン州マディソン	https://www.uwhealthkids.org/news-and-events/hitting-hurts-no-hit-zone/49408
2017	ニューオーリンズ小児病院	ルイジアナ州ニューオーリンズ	http://nocac.net/no-hit-zone
2017	チンダスドクター小児病院総合小児科医局	バージニア州ノーフォーク	http://www.championsforchildrenhr.org/no-hit-zone-launches https://www.youtube.com/watch?v=JJAmErXJ75o
2017	リーハイバレー・ヘルスネットワーク	ペンシルベニア州アレンタウン	https://news.lvhn.org/no-hit-zone
2017	チェサピーク地域ヘルスケア母子医療部・救急部	バージニア州チェサピーク	http://www.championsforchildrenhr.org/no-hit-zone-launches#1526475341800-cb4297ff-7cf8
2017	ネーションワイド小児病院	オハイオ州コロンバス	https://www.nationwidechildrens.org/family-resources-education/health-wellnessand-safety-resources/resources-for-parents-and-kids/hitting-harms-hugging-helps
2017	ペイトンマニング小児病院	インディアナ州インディアナポリス	http://www.peytonmanningch.org/child-protection-team
2018	モンティフィオーレ医療センターモンティフィオーレ小児病院	ニューヨーク州ブロンクス	http://www.cham.org/programs-centers/je-and-zb-butler-center-for-children-andfamilies/no-hitting-zone
2018	ロチェスター大学医療センターゴリサノ小児病院	ニューヨーク州ロチェスター	https://www.urmc.rochester.edu/childrens-hospital/no-hit-zone.aspx
2018	フロリダ大学ウルフソン小児病院	フロリダ州ジャクソンビル	https://www.wolfsonchildrens.com/about/positive-parenting

表14.2　ノーヒット・ゾーンの指針を打ち出している医療機関以外の公的／私的機関

開始年	施設名	所在地	ウェブサイト
2014	デーン郡地方検察庁	ウィスコンシン州マディソン	https://da.countyofdane.com/nohit.aspx
2014	カンザスシティ公共図書館	ミズーリ州カンザスシティ	https://www.youtube.com/watch?v=8egU_QxD-QM
2017	チェサピーク保健局	バージニア州ハンプトンロード	http://www.championsforchildrenhr.org/no-hit-zone-launches/#1526475340400-cf34b06a-10e0
2017	チェサピーク福祉省	バージニア州ハンプトンロード	http://www.championsforchildrenhr.org/no-hit-zone-launches/#1526475341100-8c42c6d2-c61c
2017	ストートン市のすべての公共施設（警察署、図書館、公園など）	ウィスコンシン州ストートン	https://www.youtube.com/watch?v=4WbYWTdYX9o http://www.unifiednewsgroup.com/stoughton_courier_hub/news/council-adopts-no-hit-zone-policy/article_46fec33c-4685-561d-acb1-8e29c9abcd24.html https://www.stoughtonpubliclibrary.org/no-hit-zone
2017	ラクロス母子センター	ウィスコンシン州ラクロス	https://www.fcconline.org/community-partners/no-hit-zone
2017	ジェファーソン家庭裁判所	ケンタッキー州フランクフォート	https://www.youtube.com/watch?v=1hZ5W4YHd_s
2018	マディソンハイツ市のすべての公共機関	ミシガン州マディソンハイツ	https://www.wthr.com/article/community-starts-no-spanking-zones
2018	ハーバーポイント行動保健センター	バージニア州ポーツマス	https://harborpointbhc.com/news/harbor-point-bhc-is-pleased-to-announce-its-certification-as-no-hit-zone-partnership-with-champions-for-children-prevent-child-abuse-hampton-roads http://www.championsforchildrenhr.org/no-hit-zone-launches
2018	シロバプテスト教会	ニュージャージー州トレントン	http://www.shilohtrenton.org/bulletins/Bulletins/Bulletin%202018%20Second%20Sunday%20June%2010%20FNL.pdf

3000名のスタッフからの回答が得られ、導入後の匿名調査では623名の
スタッフから回答が得られた。回答したスタッフの属性は、子どものいる
白人女性が最も多かった。スタッフの回答者のうち54％は患者の直接的
ケアに当たる立場の看護師・心理職・医療ソーシャルワーカー・医師であ
り、46％は技師や補助員や診療秘書などの直接的にはケアに当たらない立
場のスタッフであった。親を対象とした匿名調査では、導入前の調査には
225名、導入後の調査には180名が回答を行っていた。なお親の匿名調査
においても、白人女性が最も多かった。なおスタッフへの調査はオンライ
ンで行われ、親への調査は小児科外来を受診した機会に質問紙法によって
実施された。

プログラムスタッフのトレーニング効果に関するエビデンス

　NHZに関するオンライン研修の直後に実施した施設職員への調査では、
96％のスタッフがこの指針は分かりやすく明快であると回答し、93％のス
タッフが介入を行う責任性について理解し、94％のスタッフが親の体罰を
発見した場合に具体的に介入出来るだけの知識が得られた、と回答してい
た（Gershoff et al., 2018）。

本介入プログラムに対しての、スタッフからの評価に関するエビデンス

　NHZの導入10カ月後に実施された事後調査では、多くのスタッフが
NHZが自施設にとって良いアイデアであり、体罰を減少出来るとの効果
を感じており、自施設を訪れる家族にとって良い影響を与えるものである、
との回答を行っていた。このような回答は、直接的に親子のケアに対応す
るスタッフだけではなく、直接的には対応を行わないスタッフからも得ら
れたと報告されている（Gershoff et al., 2018）。

本介入プログラムに対しての、家族からの評価に関するエビデンス

　NHZで提供された資料を見た親を対象とした事後調査において、5人
に1人の親が体罰やスパンキングへの考え方が変わったと回答し、4人に
1人強の親が体罰に頼らないより良いしつけ法があることに同意する、と

回答していた。子どもに対しスパンキング（手や尻をピシャリと叩く行為）をこれまでに行ったことのない親よりも行っていた親の方が、スパンキングへの考え方が変わったと回答する割合がより高かった、とも報告されている（Gershoff et al., 2018）。

アウトカム評価に基づく、本介入プログラムの効果のエビデンス

NHZを導入し、10カ月間を経た時点で実施されたある研究報告では、NHZを導入することにより、実施施設の職員は、親の子どもへの体罰に対しこれまで以上に介入する必要性があるとする意識が高まり、体罰を行った親に対してのより良い介入方法についての知識が向上した、と報告されている。またNHZを導入することで、自身の同僚がスパンキングというしつけ法に対して容認する割合が減少した、とも報告されている。ただし、自身のスパンキングへの容認割合については、プログラム前後で明らかな変化は確認されなかった、とも報告されている（Gershoffら、2018）。親への意識調査の結果に関しては、NHZの導入前に行った調査と導入後に行った調査において、親のスパンキングへの容認割合や実際にしつけとしてスパンキングを用いた割合には有意差は確認されなかったが、導入前の調査において、既にスパンキングを用いていた割合は低かった（1～5段階で平均2.22［1カ月に1回未満に相当］）とも報告されている。なお親への意識調査において唯一有意差のあったのは、「かかりつけの小児科医は、スパンキングに対して容認をしている」とする回答率の減少であった、とのことである（Gershoffら、2018）。

本介入プログラムの研究における限界点（Limitations）

NHZの指針は全米に普及しつつあるが、導入のための標準的計画書や標準的資料のセットというのは、現時点で用意はされていない。NHZの普及を進める上で、このようなパッケージを作成することは、重要かつ必要なステップである。NHZ導入の効果についてのエビデンスについても、導入前後で評価を行った研究論文は、現時点で一編のみしか存在していない。様々な病院や施設における実践研究報告や、実際にNHZの導入がそ

の組織で働く職員やその組織に訪問する人の、体罰に対する態度を変容させ体罰を減少せしめているのかについて明確化するため、ランダム化比較研究（RCT）が行われることが求められる。

本介入プログラムの将来的な活用案

臨床医は、本介入プログラムをどのように利用することが出来るか

　臨床医は自身の勤務する病院／クリニックにNHZプログラムを導入することで、体罰を用いない育児法について親と話し合う機会を積極的に作ることが可能となる。その際に関連する資料を利用することも可能である。

地域の実務家は、本介入プログラムをどのように利用することが出来るか

　子どもや家族がいる施設では、どこでもNHZを導入することが可能である。現在、NHZは、公園や図書館などの公共施設、官公庁や裁判所などの公的機関、病院や発達支援センターなどの民間施設で広く導入され始めているが、国公立・私立の学校や店舗やスポーツ分野などでも導入することが可能である。

政策立案者は、本介入プログラムをどのように利用することが出来るか

　NHZは、子どもへの有害となりうる親の行動を抑止し、子どもへの身体的・心理的虐待を防止する、という公衆衛生上の目的と整合性のあるプログラムである。ウィスコンシン州ストートン市は、市全域の公的施設でNHZを導入している。市町村の政策立案者は、自身の選挙区内のすべての公共施設でNHZを導入することで、その効果を広く期待することが可能である。禁煙エリアを明記し設置することで、その区域内での喫煙を防止し、喫煙者自体を減らすことが可能であるように、体罰に関してもNHZを広く導入することで減少効果を期待することが可能なのである。

本介入プログラムの情報取得先

　現在、ガンダーセン健康システム内の「効果的なしつけ法センター（The Center for Effective Discipline）」が、NHZに関する情報発信の中心となっている（http://www.thisisanohitzone.orgを参照）。NHZの導入を検討している組織は、無料で入手出来るチェックリストを用いて、その準備状態について確認することが可能である。その他に実施計画書も入手することが出来、実施後にはプログラム評価ツールを活用することも可能である。このセンターに登録を行った組織であれば、スタッフのトレーニング用のプレゼンテーションスライドを入手することが出来、助言を受けることも可能となる。ホームページ上からは、ポスター・パンフレット・ステッカーを購入することも可能である。

　NHZを導入している組織の中には、その資料の一部を無料で一般公開している所もある。例えば、ニューオーリンズ小児病院内のニューオーリンズ子どもの権利擁護センターのホームページ（http://nocac.net/no-hit-zone）では、病院で公的に承認されたNHZプログラムに関する指針や手続きに関する情報や、NHZの指針につき説明したポスターデザインを公開しており、子どもの発達段階別に作成された4種類の、親向けのしつけに関するガイドラインをダウンロードすることも出来る。これらの資料は病院のロゴマークが付いた状態であるものの、他施設は自由にこのロゴマークを変更して利用することが可能である。

訳者注──本介入プログラムの本邦における実施状況

　現在、松戸市立総合医療センターおよび前橋赤十字病院小児科が中心となり、本邦での実施・普及に向けた準備を行っている。
必要時には作成中のHPから連絡されたい：https://plaza.umin.ac.jp/nhz/

参考文献

Afifi, T. O., Ford, D., Gershoff, E. T., Merrick, M., Grogan-Kaylor, A., Ports, K. A., . . . Peters Bennett, R. (2017). Spanking and adult mental health impairment: The case for the designation of spanking as an adverse childhood experience. *Child Abuse & Neglect: The International Journal*, 71, 24–31. http://dx.doi.org/10.1016/j.chiabu.2017. 01.014

American Academy of Child and Adolescent Psychiatry. (2012, July 30). Corporal punishment. Retrieved from http://www.aacap.org/aacap/policy_statements/2012/Policy_Statement_on_Corporal_Punishment.aspx

American Academy of Pediatrics. (2014). AAP publications reaffirmed or retired. *Pediatrics*, 134, e1520. http://dx.doi.org/10.1542/peds.2014-2679

American Academy of Pediatrics Committee on Psychosocial Aspects of Child and Family Health. (1998). Guidance for effective discipline. *Pediatrics*, 101 (4 Pt. 1), 723–728.

Children's Hospital Association. (2018). About children's hospitals. Retrieved from https://www.childrenshospitals.org/About-Us/About-Childrens-Hospitals

Darley, J. M., & Latané, B. (1968). Bystander intervention in emergencies: Diffusion of responsibility. *Journal of Personality and Social Psychology*, 8 (4 Pt. 1), 377–383. http://dx.doi.org/10.1037/h0025589

Durrant, J. E., Ensom, R., & Coalition on Physical Punishment of Children and Youth. (2004). Joint statement on physical punishment of children and youth. Retrieved from http://www.cheo.on.ca/en/physicalpunishment

Font, S. A., Gershoff, E. T., Taylor, C. A., Terreros, A., Nielsen-Parker, M., Spector, L., . . . Olson-Dorff, D. (2016). Staff responses when parents hit children in a hospital setting. *Journal of Developmental and Behavioral Pediatrics*, 37, 730–736. http://dx.doi.org/10.1097/DBP.0000000000000343

Frazier, E. R., Liu, G. C., & Dauk, K. L. (2014). Creating a safe place for pediatric care: A no hit zone. *Hospital Pediatrics*, 4, 247–250. http://dx.doi.org/10.1542/hpeds.2013-0106

Gershoff, E. T., Font, S. A., Taylor, C. A., Garza, A. B., Olson-Dorff, D., & Foster, R. H. (2018). A short-term evaluation of a hospital no hit zone policy to increase bystander intervention in cases of parent-to-child violence. *Children and Youth Services Review*, 94, 155–162. http://dx.doi.org/10.1016/j.childyouth.2018.09.040

Gershoff, E. T., & Grogan-Kaylor, A. (2016). Spanking and child outcomes: Old controversies and new meta-analyses. *Journal of Family Psychology*, 30, 453–469. http://dx.doi.org/10.1037/fam0000191

Lee, S. J., Grogan-Kaylor, A., & Berger, L. M. (2014). Parental spanking of 1-year- old children and subsequent child protective services involvement. *Child Abuse &*

Neglect: The International Journal, 38, 875–883. http://dx.doi.org/10.1016/j.chiabu.
2014.01.018

National Association of Pediatric Nurse Practitioners. (2011). NAPNAP position statement on corporal punishment. *Journal of Pediatric Health Care*, 25, e31–e32. http://dx.doi.org/10.1016/j.pedhc.2011.07.003

Taylor, C. A., Moeller, W., Hamvas, L., & Rice, J. C. (2013). Parents' professional sources of advice regarding child discipline and their use of corporal punishment. *Clinical Pediatrics*, 52, 147–155. http://dx.doi.org/10.1177/0009922812465944

体罰の法的禁止

エリザベス・T・ガースホフ、ジョーン・E・ダラント

概　要

　1979 年にスウェーデン政府は世界で初めて、親からの体罰を含め、子どもへの体罰を法律で全面的に禁止した。現在、多くの国々があらゆる成人による体罰を法的に全面的に禁止しているが、体罰を法的に禁止していたとしても、保育所・学校・少年鑑別所などの特定の状況にその禁止が限定されてしまっている国も少なくない。本章では、このような部分的禁止についてではなく、体罰の全面禁止について焦点を当てて言及している。なお現在までのところ、体罰の全面禁止を法制化した国で、それを撤回した国は存在していない。

背景と理論

　子どもへの体罰は、依然として世界中で蔓延している。UNICEFによる世界的な調査によると、2 ～ 4 歳の子どもの63％が調査時点より 1 カ月以内に、体罰を経験していたと報告されている（UNICEF, 2017 年）。体罰は子どもに良い行動変容を起こす効果はなく、様々な認知機能上の負の影響や、社会的－情緒的な問題を引き起こし（Gershoff & Grogan-Kaylor, 2016）、さらには深刻な暴力問題を引き起こすリスクを高める（Lee, Grogan-Kaylor, & Berger, 2014）ことが各種の研究から明確化してはいるものの、親たちは現在でも体罰を使用し続けている。

　また体罰の禁止に関しては、人権の観点からも深い議論がなされている。国連の子どもの権利委員会（UN CRC, 2007）は、体罰というのは国連の子どもの権利条約（United Nations, 1989）の第 19 条に定める「暴力から守られる権利」を侵害するものであるとの見解を表明している。子どもの権利

委員会は、体罰は暴力の一形態であるとし、すべての締約国（子どもの権利条約を批准した国連加盟国）に対し「あらゆる体罰を迅速に禁止し、撤廃するために動く」ことを求めている（UN CRC, 2007, § 1.2)。締約国は、5年ごとに子どもの権利委員会に報告書を提出し、委員会はそれを監査することになっている。委員会は報告書のレビューを行った上で、各国に最終的な見解を作成し、条約で定められた事項をより良く遵守するために必要な法律の修正や政策の変更の勧告を行っている。子どもの権利条約では、子どもの体罰を立法で全面的に禁止するよう、各国に定期的な勧告を行っている。例えば、子どもの権利委員会は、フランスに対する 2016 年の総括的見解において、「子どもに対するあらゆる暴力は正当化されず、体罰は暴力の一形態と判断されるものである」と言及し、「家庭内、学校、保育施設、社会的擁護などのあらゆる状況下で、体罰を立法で明確に禁止することをフランス政府に勧告する」(UN CRC, 2016, § III.D.44) と結論づけている（訳注：フランスでは本章の執筆後に立法化がなされた）。国連は 2017年に公表した「2030 年までに達成すべき持続可能な開発目標（Sustainable Development Goals for 2030)」において、子どもに対するあらゆる形態の暴力の撤廃を掲げている。この目標に向けた進捗を測定する 3 つの指標のうちの 1 つは、「親からの体罰を経験した子どもの割合」と定められている。

本トピックス（法整備）の主な目的

　法的に体罰を禁止する目的は、次のとおりである。

- 子どもに対するあらゆる体罰を減らし、最終的には根絶するため
- 子どもに対しての暴力に対し国民の意識を高め、それを社会が是認する状況を低減していくため
- 子どもが暴力を受けている状況に、早期に支援的介入を行えるようになり、その結果、暴力が拡大するリスクを減らすことが出来るようになるため

本トピック（法整備）の実現のための方法

　ほとんどの国では、子どもは政治的発言力を持たないため、成人が法的にその擁護を図らなければならない。体罰の法的禁止への第一歩は、典型的には子どもの権利擁護にかかる団体が、体罰に関する各種研究成果についてや、法の下で平等に保護されるべき子どもの固有の権利について、立法者の意識を高めるためのキャンペーンを展開することである。

　政府が法案を成立させることにより、体罰は全面的に禁止されることになる。例えばイスラエルなど、高等裁判所が「体罰は許容することが出来ない」との判例を出し、それをきっかけとして立法化が進んだ国もある。一方、イタリアなどの国では、高等裁判所で同様の判決が出されているが、立法化には至っていない。前者の国の場合には、体罰は法律違反と見なされることとなる。

　立法が最大限の効果を発揮するためには、一般大衆向けの啓発と、子どものケアに当たる親・教師やその他の人々に対しての効果的な支援とを同時に進めていく必要がある。スウェーデン、ドイツなどいくつかの国では、体罰を禁止するだけではなく、その法律が施行されたことや、体罰に伴うリスクや、子どもを指導・しつけるための体罰に代わる方法論について、一般向けに啓発教育を行うことも、法律で規定されている。体罰の法的禁止の実現に専門家が深く関わっている国であれば、立法後に、親に啓発を行うとともに、体罰を使用しないしつけ法を身に着けることが出来るように支援を行っていくことが、スムーズに出来るであろう。

スパンキングや体罰に関連した、本トピックの内容

　ほとんどの国では、他者に対し暴行を働いた場合、犯罪と見なされる。しかし、いまだ多くの国々では、懲戒権のような形で、しつけを目的とした子どもへの暴行を正当化する法律が存在している。しかし体罰を法的に禁止した国では、そのような言い訳はもはや通用しなくなる（Durrant, 2019）。そのため子どもに対して暴行を働いた場合には、成人に対して暴行を働いたのと同様に法的には取り扱われることとなる。このような国では、自国の法律に「体罰」の明確な禁止が謳われている。ニュージーラン

ド、ポルトガルなどいくつかの国では、体罰の禁止が刑法に追加され、独自の刑罰が科されることとなっているが、ほとんどの国では、体罰の禁止は民法に追加されており、そのため刑法に規定されている以上の刑罰が科されることはない。体罰を法的に禁止する目的は、大人と同等に、子どもが暴行から法的保護を受けられるようにすることにあり、子どもに対しての暴力を合法とするようなグレーゾーンを排除することにある（Durrant, 2019）。

スウェーデンは、子どもに対するあらゆる体罰を法的に禁止した最初の国であり、民法では以下のように規定されている。

> 子どもは適切な養育を受け、安全が担保され、良好に発育する権利を有する。子どもはその個性に応じて、それぞれが尊重して養育を受ける必要があり、体罰やその他の屈辱的な取り扱いを行ってはならない（Children and Parents Code, art. 6.1, 1979）（子どもへのあらゆる体罰を根絶するためのグローバル・イニシアチブでも同様の条文が存在している［2018c］）。

ネパールは、2018年に子どもへの体罰を全面的に禁止している。

> すべての子どもは、父親・母親・その他の家族成員・その他の養育者・教師からのあらゆる身体的暴力、心理的虐待に当たる暴言、ネグレクト、その他の非人道的行為、性差別やその他の差別、性虐待や性的搾取から守られる権利を有している（Act Relating to Children 2018, Section 7（5））（子どもへのあらゆる体罰を根絶するためのグローバル・イニシアチブにも同様の条文が存在している［2018a］）。

パラグアイの法律では、子どもの保護と尊厳に関する権利が規定されており、成人がその権利を守る責任を負っていることが明記されている。

> すべての小児・思春期の子どもは、最善の治療を受ける権利を有

しており、身体的・心理的・精神的な一体性を尊重される権利を有している。この尊重されるべき権利には、自尊感情・自己同一性・自律性・思想・感情・尊厳・価値観の保護が含まれる。小児・思春期の子どもに対する体罰や屈辱的な取り扱いは、しつけや懲戒という名目であっても、許されることにはならない。とりわけ親・教師・コーチなどの、子どもの監護・教育・指導を行う立場からの体罰は、許されるものではない。政府はポジティブなしつけ法のガイドラインを広く普及するなどして、小児・思春期の子どもの適切な指導・教育・監護・しつけを受ける権利を保障しなくてはならない。子どもへの体罰やその他のあらゆる形態の暴力的なしつけは禁止される必要があり、子どもへ最善の治療・ポジティブなしつけがなされ子どもが守られる状況を促進するために、必要な手立てを講じるものとする（2016年改正法）（子どもへのあらゆる体罰を根絶するためのグローバル・イニシアチブにも、同様の条文が存在している［2018b］）。

　南スーダンは、憲法で子どもへの体罰を全面的に禁止した、初めての独立国である。

　　すべての子どもには、（中略）（f）親・学校およびその他のあらゆる組織のいかなる人物からも、体罰や残虐な取り扱いや非人道的な取り扱いから守られる権利が存在している（Transitional Constitution of the Republic of South Sudan, 2011, article 17（1））（子どもへのあらゆる体罰を根絶するためのグローバル・イニシアチブにも、同様の条文が存在している［2017］）。

　文言に多少の違いはあれ、すべての国の体罰禁止にかかる法律では、子どもの基本的人権を確認し、体罰が不適切な取り扱いの一形態であるということが、明示されている。

表 15.1　体罰を法的に禁止している国々（法律の成立年順）

1. スウェーデン（1979）	20. ポルトガル（2007）	39. アルゼンチン（2014）
2. フィンランド（1983）	21. スペイン（2007）	40. ボリビア（2014）
3. ノルウェー（1987）	22. トーゴ（2007）	41. ブラジル（2014）
4. オーストリア（1989）	23. ウルグアイ（2007）	42. エストニア（2014）
5. キプロス（1994）	24. ベネズエラ（2007）	43. マルタ（2014）
6. デンマーク（1997）	25. コスタリカ（2008）	44. ニカラグア（2014）
7. ラトビア（1998）	26. リヒテンシュタイン（2008）	45. サンマリノ（2014）
8. クロアチア（1999）		46. ベニン（2015）
9. ブルガリア（2000）	27. ルクセンブルク（2008）	47. アイルランド（2015）
10. ドイツ（2000）	28. モルドバ共和国（2008）	48. ペルー（2015）
11. イスラエル（2000）	29. アルバニア（2010）	49. モンゴル（2016）
12. トルクメニスタン（2002）	30. コンゴ共和国（2010）	50. モンテネグロ（2016）
	31. ケニア（2010）	51. パラグアイ（2016）
13. アイスランド（2003）	32. ポーランド（2010）	52. スロベニア（2016）
14. ルーマニア（2004）	33. チュニジア（2010）	53. リトアニア（2017）
15. ウクライナ（2004）	34. 南スーダン（2011）	54. ネパール（2018）
16. ハンガリー（2005）	35. カボベルデ（2013）	55. コソボ共和国（2019）
17. ギリシャ（2006）	36. ホンジュラス（2013）	56. フランス（2019）
18. オランダ（2007）	37. TFYRマケドニア（2013）	57. 南アフリカ（2019）
19. ニュージーランド（2007）	38. アンドラ（2014）	58. ジョージア（2019）

データ：子どもへのあらゆる体罰を根絶するためのグローバル・イニシアチブ（2020）

本介入トピック（法制化）の実施状況

　法律による体罰の全面禁止は、本書の発行時点で、大半の中南米・ヨーロッパ諸国、いくつかのアフリカ諸国と中央アジア諸国、ならびにニュージーランドを含む58カ国で成立している。これらの国々の完全なリストを表15.1に掲示した。これら58カ国の子ども人口を合わせると、世界の子どもの10％が体罰が法律で禁止されている国で暮らしているということになる（Global Initiative to End All Corporal Punishment of Children, 2020）。これは世界の20億人に上る子どものうち、2億人の子どもたちが、法によって体罰から守られているということを意味している。

本プログラムの社会実装過程の評価を通じた、実施可能性に関する
エビデンス

　いくつかの国では体罰禁止の法制化に際し、警察への通報や児童相談所への通告が急増してしまい、これらの機関に過重な負荷がかかってしまうのではないかという懸念が持たれた。ニュージーランドでは、体罰禁止の法制化に伴う影響を評価するため、法施行後5年間の、同法に基づく警察への通報件数が、モニタリングされた。この期間に行われた警察通報の大半（74％）は、損傷を伴う程度の体罰であった（New Zealand Police, 2009）。「平手打ち（smacking）」の通報件数は5年間で増加したものの、起訴されたケースの割合は減少していた。5年間で平手打ち行為により起訴された件数は8件あったものの、それらのいずれもが複数回の行為を受けてのものか、損傷を伴うレベルの行為を受けた事例であった。これらの結果を受け、ニュージーランド警察は、「体罰禁止の法律が施行されたことで、過度の負担が発生したとは判断されない」と結論づけている。スウェーデンでも、法律の制定後に警察への通報は増加したものの、起訴率は一定であったとの報告がなされている（Durrant, 1999）。ニュージーランドでは、体罰禁止が法制化されて以降、児童相談所への通告件数は増加したが、虐待と実証された事例の件数は、2001年から2009年までに明らかな変化は確認されなかったと報告されている（Hughes, 2009）。これらの調査結果を総合すると、体罰禁止の法制化は子どもに対する暴力についての一般市民の認識を高め、通告する意思を高めることが出来るが、取り立てて過剰な逮捕や一時保護に巻き込まれる家庭が増えるわけではないことが示唆される。体罰禁止を法制化する目的の1つは、国家として「子どもに対する暴力は許されない」という明確なメッセージを送り、それによって親が子どもに対して暴力を行おうとする衝動を抑止することにある。ドイツは2000年に体罰を法的に禁止したが、その4年後に行われた調査で、家庭支援を行う機関の職員の84％が親にその法律についての説明を行っており、68％の職員が法律について話をすることで自分たちがより仕事がしやすくなったと回答した、と報告されている（Bussmann, 2011）。

　体罰が法律で禁止されることについて、一般市民の意見について体系的

に調査した報告はほとんど存在していない。ニュージーランドで行われた体罰が法律で禁止された1年後の全国調査では、成人の91％がこの法律の存在を認識しており、そのうち43％が法制化を支持し、29％が中立、28％が反対との回答を行っていた（New Zealand Children's Commissioner, 2008）。

アウトカム評価に基づく、本介入トピック（法制化）の効果のエビデンス

体罰への認識と法律とは相互に連関しており、法律が変わることで認識も変わるし、認識が変わることで法の整備も進むのである。体罰の禁止に関する法案の場合、法案の可決に先立ってしばしば長期にわたる公開討論などが行われるようになるが、それ自体が国民の体罰への認識に影響を及ぼす可能性がある。研究として、それぞれの国にある法的条件の割り付けを行うことは当然出来ず、社会レベルの変数を調整することも実質的には出来ない。それゆえに法規制の変化に関するRCT研究を行うことは不可能であり、研究者は法整備の進んだ国といまだ進んでいない国の体罰の発生割合を比較したり、法制化前後の親の体罰への認識や態度について比較するという方法に頼らざるを得ない。

1979年に世界で初めて法律で体罰を全面的に禁止したスウェーデンでは、体罰に肯定的な認識を示した国民の割合は、1965年の53％から1981年には26％にまで激減した（Swedish Institute for Opinion Surveys, 1981）。さらに1999年にはその割合は10％に、2011年には8％にまで減少したと報告されている（Janson, Jernbro, & Långberg, 2011; Statistics Sweden, 1996）。体罰に関してのこのような認識の変化は、実際の行動の変化に繋がっている。体罰の法的禁止以前には、高校入学の時点でほぼすべての子どもが体罰を受けた経験を有していたが（Klackenberg, 1981）、この割合は1995年には66％にまで減少し（Statistics Sweden, 1996）、2011年には15％にまで減少している（Janson et al., 2011）。

ドイツでは1996年には、72％の親が子どもに「軽い平手打ち」を行ったことがあり、33％の親が「スパンキング（手や尻をピシャリと叩く行為）」を行ったことがあると報告されていたが、その後2000年に体罰が法的に

禁止され、その1年後の2001年には、これらの割合はそれぞれ59%、25%に減少した、と報告されている（Bussmann, 2004）。ニュージーランドでは、体罰を肯定する成人の割合は1981年の89%から、法制化後6年目の2013年には40%にまで減少したと報告されている（D'Souza, Russell, Wood, Signal, & Elder, 2016）。また「過去4週間に、子どもに体罰を加えた」と回答したした親の割合は2006年には約10%であったが、2015年にはこの割合はほぼ半減したとも報告されている（New Zealand Ministry of Health, 2016）。

　2007年には、体罰禁止を法制化しているオーストリア、ドイツ、スウェーデンの3カ国と、調査時点で法制化していないフランス、スペインの2カ国との間で、大規模比較調査が実施され、前者の国の親は、後者の国の親に比べて、子どもにスパンキングを行う割合が明らかに少なかった（4～17% vs 51～54%）と報告された（Bussmann, Erthal, & Schroth, 2011）。ヨーロッパ6カ国の親を対象とした2010年の横断的調査では、体罰を法的に禁止しているブルガリア、ドイツ、オランダ、ルーマニアの4カ国と、調査時点で法制化がなされていないリトアニア［注：2017年に法制化された］、トルコの2カ国における、体罰の発生率の調査が行われた。その結果、後者の国では前者の国に比べ、親が体罰を行ったとの回答を行った頻度が、1.7倍に上ったと報告されている（DuRivage et al., 2015）。これら2編のヨーロッパからの研究の結果は、体罰の法的禁止が体罰の発生自体の低下と関連しているという、予備的なエビデンスを提供しているといえよう。

　ただ、また別の研究では、体罰を法的に禁止した国（アルバニア、マケドニア、トーゴ、ウクライナ）は法的には禁止されていない国（中央アフリカ共和国、カザフスタン、モンテネグロ［注：2016年後半に法制化］、シエラレォオネ）と比較して、そのような一貫した傾向は確認されなかったと報告されており、単純に法的に禁止するだけでは、養育者の認識や態度を変えるには不十分な可能性があると考察されている（Lansford et al., 2017）。この推測は、Bussmannら（2011）の研究によっても、裏付けられているといえる。彼らは法的に体罰を禁止しているか、公衆に向けた体罰に関する教

育キャンペーンを行っているかにつき、複数の国々を比較し、法制化も公教育も行っていない国では体罰の発生率が最も高く（例：フランス92%）、次いで公教育はあるが禁止は受けていない国（例：スペイン50%）、法制化はされているが公教育はない国（例：オーストリア14%）の順であり、体罰の発生率が最も低かったのは、法制化と公教育の両方が整備されている国（例：ドイツ・スウェーデン9%）であった、との報告を行っている。

本介入トピック（法制化）の限界点（Limitations）

　家族内での親の行動を制限する法律を可決することは難しく、成立までに長い時間がかかることもある。このような法律が提案されると、一部の宗教団体や親の権利擁護団体からの抵抗に見舞われることは稀ではない。これらの団体はこのような法律案を、法の下で平等に暴力から守られるべき子どもの権利の問題としてではなく、親が子どもを懲戒する権利の侵害と捉えている。体罰の法的禁止は、社会の理解と立法者の理解があって初めて成り立つものである。法というのは究極的な介入ルールであり、法案が可決された国々では、その国に住むすべての子どもたちが、親からの暴力を含めたあらゆる暴力から守られるようになるという、親の懲戒権の制限というデメリットをはるかに凌駕する恩恵がもたらされることとなる。

本介入トピック（法制化）の将来的な活用案

臨床医は、法制化をどのように利用することが出来るか

　臨床医は、体罰に関する研究を実施することが出来、個人として、また専門家組織を通じて、体罰に関しての立場表明を行いうる立場にあり、自国の法改正を提唱することが可能である。

地域の実務家は、法制化をどのように利用することが出来るか

　地域の実務家は、法律の改正の提言を行ったり、「身体的な苦痛から守られ、体罰による有害な影響から守られる」という子どもの権利について一般市民を啓発し、体罰禁止の法制化を行う意義について理解を促進させ

ることが出来る。

政策立案者は、法制化をどのように利用することが出来るか

　政策立案者は、体罰禁止の法制化を実現する上で、鍵となる人物である。本書の刊行時点では、58 の国々が法制化を実現しており、参考とすべき法案も 58 例存在しているということが出来る。政策立案者は、体罰に関しての提言や法改正に向けた声明を作成している専門家組織から、情報や支援を求めることが出来る。

本トピック（法制化）の情報の入手先

　「子どもへのあらゆる体罰を根絶するためのグローバル・イニシアチブ」は、体罰の全面的禁止を達成するための段階的措置に向けたガイドラインを提供している（https://endcorporalpressionment.org/reforming-national-laws）。この組織は法改正を支援するためのリソースリストや、体罰を禁止する法整備のある国とない国との比較研究を実施しており、法整備を達成した国の法の条文を含めた詳細情報も提供している（https://endcorporalpressionment.org/resources/resources-on-low-reform）。

　それぞれの国の法律は、それぞれの国の公用語で記載されているが、58 カ国すべての条文は英訳され、ホームページ上に掲載されている（https://endcorporalpressionment.org/countdown）。

訳者注──本トピック（法制化）の本邦における状況

　本邦では、児童福祉法及び児童虐待の防止等に関する法律（児童虐待防止法）の改正案が 2019 年 6 月 19 日に可決され、14 条 1 項において親権者による体罰の禁止が新たに規定された（児童福祉法 33 条の 2 の 2 項及び 47 条 3 項のそれぞれにおいて、児童相談所長、児童福祉施設の長、ファミリーホーム養育者、里親による体罰禁止も盛り

込まれた)。これらの法案は 2020 年 4 月 1 日より施行されている。

なお本法律の成立を受け、公益社団法人セーブ・ザ・チルドレン・ジャパン、NPO 法人子どもすこやかサポートネット・認定 NPO 法人児童虐待防止全国ネットワークが共同声明（親権者等による体罰禁止を含む児童虐待防止強化のための改正法成立を受けて）を発出しているので参照されたい（https://www.kodomosukoyaka.net/pdf/201906-seimei.pdf）。

参考文献

Bussmann, K. D. (2004). Evaluating the subtle impact of a ban on corporal punishment of children in Germany. *Child Abuse Review*, 13, 292–311. http://dx.doi.org/10.1002/car.866

Bussmann, K. D. (2011). Germany: Background and legal consequences of the right to be reared without violence. In J. E. Durrant & A. B. Smith (Eds.), *Global pathways to abolishing physical punishment: Realizing children's rights* (pp. 134–145). New York, NY: Routledge.

Bussmann, K. D., Erthal, C., & Schroth, A. (2011). Effects of banning corporal punishment in Europe: A five-nation comparison. In J. E. Durrant & A. B. Smith (Eds.), *Global pathways to abolishing physical punishment: Realizing children's rights* (pp. 299–322). New York, NY: Routledge.

D'Souza, A. J., Russell, M., Wood, B., Signal, L., & Elder, D. (2016). Attitudes to physical punishment of children are changing. *Archives of Disease in Childhood*, 101, 690–693. http://dx.doi.org/10.1136/archdischild-2015-310119

duRivage, N., Keyes, K., Leray, E., Pez, O., Bitfoi, A., Koç, C., . . . Kovess-Masfety, V. (2015). Parental use of corporal punishment in Europe: Intersection between public health and policy. *PLoS ONE*, 10 (2), e0118059. http://dx.doi.org/10.1371/journal.pone.0118059

Durrant, J. E. (1999). Evaluating the success of Sweden's corporal punishment ban. *Child Abuse & Neglect: The International Journal*, 23, 435–448. http://dx.doi.org/10.1016/S0145-2134 (99) 00021-6

Durrant, J. E. (2019). Corporal punishment and the law in global perspective. In J. G. Dwyer (Ed.), *Oxford handbook of children and the law*. Oxford, England: Oxford University Press. Advance online publication.

Gershoff, E. T., & Grogan-Kaylor, A. (2016). Spanking and child outcomes: Old controversies and new meta-analyses. *Journal of Family Psychology*, 30, 453–469. http://dx.doi.org/10.1037/fam0000191

Global Initiative to End All Corporal Punishment of Children. (2017). Country report for South Sudan. Retrieved from http://endcorporalpunishment.org/reports-on-everystate-and-territory/south-sudan

Global Initiative to End All Corporal Punishment of Children. (2018a). Country report for Nepal. Retrieved from https://endcorporalpunishment.org/reports-on-everystate-and-territory/nepal

Global Initiative to End All Corporal Punishment of Children. (2018b). Country report for Paraguay. Retrieved from http://endcorporalpunishment.org/reports-on-everystate-and-territory/paraguay

Global Initiative to End All Corporal Punishment of Children. (2018c). Country report for Sweden. Retrieved from http://endcorporalpunishment.org/reports-on-everystate-and-territory/sweden

Global Initiative to End All Corporal Punishment of Children. (2019). Progress. Retrieved from https://endcorporalpunishment.org/countdown

Hughes, P. (2009). *Report to the Minister for Social Development and Employment Pursuant to Section 7 (2) of the Crimes (Substituted Section 50) Amendment Act 2007*. Wellington, New Zealand: Ministry of Social Development.

Janson, S., Jernbro, C., & Långberg, B. (2011). *Corporal punishment and other humiliating behavior towards children in Sweden*. Stockholm, Sweden: Almänna Barnhuset Foundation.

Klackenberg, G. (1981). The development of children in a Swedish urban community: A prospective longitudinal study. In S. Mednick & A. Baert (Eds.), *Prospective longitudinal research: An empirical basis for the primary prevention of psychosocial disorders* (pp. 212–215). New York, NY: Oxford University Press.

Lansford, J. E., Cappa, C., Putnick, D. L., Bornstein, M. H., Deater-Deckard, K., & Bradley, R. H. (2017). Change over time in parents' beliefs about and reported use of corporal punishment in eight countries with and without legal bans. *Child Abuse & Neglect: The International Journal*, 71 (Suppl.), 44–55. http://dx.doi.org/10.1016/j.chiabu.2016.10.016

Lee, S. J., Grogan-Kaylor, A., & Berger, L. M. (2014). Parental spanking of 1-year-old children and subsequent child protective services involvement. *Child Abuse & Neglect: The International Journal*, 38, 875–883. http://dx.doi.org/10.1016/j.chiabu.2014.01.018

New Zealand Children's Commissioner. (2008). One year on: Public attitudes and New Zealand's child discipline law. Wellington, New Zealand: Office of the Children's Commissioner. Retrieved from http://www.occ.org.nz/assets/Publications/OCC-UMR-Research-141108.pdf

New Zealand Ministry of Health. (2016). *Annual Update of Key Results 2015/16: New Zealand Health Survey.* Wellington, New Zealand: Ministry of Health.

New Zealand Police. (2009). Final results of 2 year review of police activity since enactment of the Crimes (substituted section 59) Amendment Act of 2007. Retrieved from https://www.police.govt.nz/sites/default/files/publications/2-year-review-of-crimes-section-59.pdf

Statistics Sweden. (1996). Spanking and other forms of physical punishment: A study of adults' and middle school students' opinions, experience and knowledge. *Demografiska Rapporter,* 1 (2).

Swedish Institute for Opinion Surveys. (1981). *Corporal punishment and child abuse.* Stockholm, Sweden: Author.

UNICEF. (2017). A familiar face: Violence in the lives of children and adolescents. Retrieved from https://data.unicef.org/wp-content/uploads/2017/11/VAC-Brochure-FINAL-10-31-17.pdf

United Nations. (1989, November 20). Convention on the Rights of the Child, G. A. Res. 44/25, U. N. GAOR, 44th Sess., at 3, U. N. Doc. A/RES/44/25. Retrieved from http://www.unicef.org/crc

United Nations. (2017, July 6). Work of the Statistical Commission pertaining to the 2030 Agenda for Sustainable Development, G.A. Res. 71/313, U.N. GAOR, 71st Sess., at 13 and 117, U.N. Doc A/RES/71/313. Retrieved from http://ggim.un.org/documents/A_RES_71_313.pdf

United Nations Committee on the Rights of the Child (CRC). (2007, March 2). CRC General Comment No. 8 (2006): The Right of the Child to Protection from Corporal Punishment and Other Cruel or Degrading forms of Punishment (CRC/C/GC/8). Retrieved from http://www.refworld.org/docid/460bc7772.html

United Nations Committee on the Rights of the Child. (2016, February 23). Concluding observations on the fifth periodic report of France (CRC/C/FRA/CO/5). Retrieved from http://undocs.org/CRC/C/FRA/CO/5

おわりに──共通するテーマと次なるステップ

エリザベス・T・ガースホフ、シャウナ・J・リー

　本書で紹介した15の介入戦略は、様々な点において異なった存在である。個別的に親に介入するプログラム（「第3章：ベビーブック」など）もあれば、グループセッションの形で介入するプログラム（「第12章：母親エンパワーメント・プログラム」など）もあれば、普遍的な啓発アプローチ法（例えば、第15章：法的禁止）をとっているものもある。それぞれの介入の形式は、その基盤となった理論によって異なっており、ある介入プログラムでは親とマンツーマンのセッションで行うことでその効果が発揮され、別の研究では地域全体の認識を変えていくことを目指し、大勢の一般集団を対象として体罰の減少を目指したプログラム提供が行われている。このような構造的な違いに加え、いくつかの他の重要な側面によっても、介入方法は異なるものとなっている。

体罰の禁止と代替法の提示

　本書に記載されている介入プログラムは、それぞれが体罰を減らしていくために効果的であることが調査により実証されたものである。その多くは、体罰に関して直接的に言及しており、典型的には、体罰を使用することにより生じうる子どもへの有害性についての啓発教育の形態をとっている（「第1章：簡易オンライン教育」など）。そのようなプログラムの多くで、体罰の代わりに親が使用出来る代替戦略に関しての情報提供も行っている（「第9章：ポジティブ・ディシプリン」など）。ただ一部の介入プログラムでは、体罰について親との直接的な対立が生じてしまうことを避けるために、親自身が、体罰が子育て戦略として効果的ではなく、望ましくないということを認識することを期待し、体罰の代替戦略の情報提供だけを行ってい

る（「第11章：シカゴ親プログラム」など）。シカゴ親プログラムの開発者は、この点について「最善の戦略は、スパンキングはいけないと親に明確に伝えることではない」との説明を行っている。実際、このプログラムは体罰の大幅な減少に繋がっており、対立に繋がる可能性のある問題に直接的に取り組まなくとも、体罰削減という最終目標を達成しうるということを示している。もちろん、体罰禁止を明言することは、体罰が「子どもの問題行動に対処する上で、容認されない方法である」ということを親に最も明確に伝えるものである（「第15章：体罰の法的禁止」など）。いずれにしろ、親が子どもをしつけるための効果的な戦略を必要としていることは明らかであり、体罰に代替するしつけ法を伝えることは、親の体罰利用を持続的に減らしていくために欠かすことの出来ないものである。

介入のレベルと対象となる集団

　本書の「はじめに」で言及したとおり、介入は通常、「個別的介入」「選択的介入」「一般的介入」の3つのレベルのいずれかで行われるものと整理される（Mrazek & Haggerty, 1994）。本書の各章では、それぞれのプログラムがこれらの3つの介入レベルのどれに焦点化したものであるのかを明示した上で、体罰を減らしていくための戦略を概説している。「第12章：母親エンパワーメント・プログラム」は、親密パートナー間暴力（IPV）の被害を受け、その結果生じるストレスのために懲戒的な育児行動をとってしまういうリスク下にある母親を対象に設計された、「個別的介入」のプログラムである。また「第2章：聖書の解釈変更介入プログラム」は、保守的なキリスト教の信仰を持つ個人が有する、体罰に関する信念に対処するために設計された、「選択的介入」のプログラムである。「第3章：ベビーブック」は、乳児を養育中の親を対象としたものであるが、この集団がハイリスクであるためというよりも、この集団が本格的なしつけを始める前に介入を開始することで、そもそも体罰が起きないようにするための「個別的介入」プログラムである。本書の介入プログラムのいくつかは「一般的介入」のプログラムであり、親に効果的なしつけを法を教

えることを目的とした「第5章：プレイ・ナイスリー」や、子どもの有無にかかわらず、広く成人に向けて体罰の有害性を教育する「第1章：簡易オンライン教育」などは、すべての成人に向けたプログラムとなっている。

　また「第13章：トリプルP」は、一般的介入、選択的介入、および特定の集団に対する個別的介入の要素をすべて含む多層的介入プログラムであり、コミュニティ内で幅広い対象に広く実施することも出来れば、リスクを有する家族に個別に提供することも出来る。このようなアプローチは、必然的に時間と資源を必要とするが、その包括的な性質によって、コミュニティ内のすべての人々が、体罰の無効性につき一貫したメッセージを受け取ることが出来るようになり、また行動を直ちに変える必要のある人々がそのための支援を受けることが出来るものとなる。

理論的基盤

　介入プログラムを開発する際には、「対象者の態度や行動に変化が生じるならば、関心となっている問題に望ましい変化がもたらされる」という期待が背景に存在する。このような期待というのは、特定の理論やその理論モデルから導き出されていることが多く、本書で言及している各種の介入プログラムも例外ではない。

　本書に記載されている介入プログラムのいくつかは、個人が行動を変えうる動機づけを説明しうる、各種の社会心理学理論や臨床心理学理論に基づいて開発されている。個人が自分自身の行動を批判的に考え、自分自身の変化へのモチベーションを高める手法としての動機づけ面接法（MI：motivational interviewing）は、臨床現場においてその重要性が広く知られるようになっている（Miller & Rollnick, 2012）。「第4章：動機づけ面接法」はまさにこのアプローチ法を概説するものであるが、このようなアプローチは「第10章：ACT健やか子育て講座」や「第6章：シーク子ども安全環境プログラム」の理論的基盤ともなっている。

　同様のアプローチとして、行動変容のいくつかの段階に先行する認知的意思決定段階の特定を行うトランス理論モデル（Prochaska & Velicer, 1997）

が挙げられる。個人が行動変容に至る際には、先行して意思決定における複数の認知のステージ（前熟考期・熟考期・準備期・実行期・維持期）があるとする「多理論統合モデル（TTM：transtheoretical model）」も、いくつかの介入プログラムの理論的基盤となっている。「第6章：シーク子ども安全環境プログラム」や「第13章：トリプルP」の根底には、この理論に基づく、「行動の変化に先立って、態度の変化や、変化することに対して熟考する段階がある」との原則が存在する。「第8章：医療従事者向け教育介入プログラム」は、計画的行動理論（Fishbein & Ajzen, 2011）が基盤となっているが、この理論は動機づけ面接法と同様、ある行動が繰り返されてしまう状況を変えるためには、特定の行動の有用性と利便性に関しての行為者の信念の変化が必須である、という概念が根底にある。体罰の問題に関していえば、「スパンキングは効果的ではなく、非効率的である」という親の信念が高まることで、体罰への依存度が低下することが期待出来るようになるのである。

　また別の社会心理学理論であるバイスタンダー介入理論（Darley and Latane, 1968）は、「第14章：ノーヒット・ゾーン」の基盤となっている。この理論では、個人が危険な状況に介入しようとするのは、その個人が状況に気づくとともに、その行動が問題でありそこに介入を行う責任が自分にあると感じ、また効果的に介入するために何をしたら良いのかを理解している場合に限られる、とされている。

　発達理論は、発達的に適切な行動を明確化することが出来、介入の焦点となりうる問題行動の根底にあるプロセスを強調出来るため、介入プログラムを開発する上での理論的基盤となりうる。本書で紹介した介入プログラムのうち2つのプログラムが、その内容や理論の基盤を発達理論に置いている。「第9章：ポジティブ・ディシプリン」は、帰属的理論、認知発達理論、構成主義的理論、エピジェネティック理論、社会的情報処理理論、神経相関理論、社会学習理論などの複数の発達理論に基づいており、どのような育児行動が最も子どもの幸せを促進するのかを親が理解するための包括的アプローチとなっている。「第11章：シカゴ親プログラム」および「第10章：ACT健やか子育て講座」も、社会学習理論（Bandura, 1997）

や、強制的家族プロセス理論（Patterson, 1982）、愛着理論（Bowlby, 1982）などの、いくつかの発達理論を基盤としている。発達理論は、親子の相互関係性がうまくいっている場合もうまくいっていない場合も、その両方の説明を行いうるため、介入プログラムの際に効果的なしつけ法と効果的でないしつけ法について明示し、親に説明する際に有用となる。

　本書で紹介した、その他の介入プログラムの中には、理論よりも核となる原則に焦点を当てているものもある。「第7章：ビデオ・インタラクション・プロジェクト（VIP）」は、よりポジティブなしつけ法を親が採用することが出来る鍵としての、個々の親の育児における自己効力感を構築することを目的として、家族の持つストレングスに着目したアプローチを行うものである。「第12章：母親エンパワーメント・プログラム」は、親密パートナー間暴力（IPV）の被害体験のある母親を対象に、母親自身がメンタルヘルスの問題に気づき、ストレスマネージメントが出来るようにし、葛藤を解決出来るように支援するとともに、新たに親としての振る舞い方を学ぶプログラムである。本プログラムの全体を貫いている原則は、母親やその子どもが暴力にさらされる機会を減らし、これまでの暴力被害によって生じているメンタルヘルス上の問題に気づき対応が出来るように、母親を力づけることにある。「第15章：体罰の法的禁止」の根底にある重要な原則は、体罰というのが「人は誰しも暴力から守られる権利を有している」という人権を侵害している、というものである。成人と同様に、子どももあらゆる暴力から守られる権利を有しており、それは遵守されなくてはならない。

国際的研究

　本書に記載されているすべての介入プログラムは、米国かカナダの専門家により開発されたものであり、これまで両国における様々な文化的背景の多様性のある集団に対し、実施がなされてきた。このうち3つの介入プログラムについて、広く翻訳がなされ多くの国々にその活用が広がってきたことは、大変勇気づけられる。第10章で紹介した「ACT健やか子育て

講座」は14カ国で、第9章で紹介した「ポジティブ・ディシプリン」は26カ国で、第13章で紹介した「トリプルP」は28カ国で、実践が広がっている。このように、世界の様々な国々へ適応が広がっているという事実は、プログラムの開発者がプログラムをユニバーサルに利用出来るものとして開発し、その普及に尽力していることを示している。

外部の情報センターにおける各プログラムの位置づけ

　プログラムを提供したりそのための予算を獲得する上で、エビデンスというものが実務家にとっても資金提供者にとっても、年々重要視されるようになっており、予防・介入プログラムに対してもその検証を行うことが、ますます必要となってきている。このようなニーズを満たすために、米国やその他の国々では、提供するプログラムに関する情報を収集し、そのエビデンスの質を評価し、特定のプログラムや介入法を推奨する報告書を作成する職責を担い、オンラインでの情報提供を行う情報センターを設立している。

　そのような情報センターの中で、米国薬物乱用精神衛生管理庁（SAM-HSA：the Substance Abuse and Mental Health Services Administration）により設立・維持されていた「米国立エビデンスに基づくプログラム／実践活動登録システム（NREPP：National Registry for Evidence-Based Programs and Practices）」は、1997 ～ 2018年にかけて最も活用されていた。NREPPはプログラムの質を評価し、プログラムの格付けを行う、信頼の置ける中立的な機関であった。しかし残念ながら、SAMHSAは2018年にNREPPを終了し、その代わりに「エビデンスに基づく実践の情報センター（the Evidence-Based Practices Resource Center）」を立ち上げた。このセンターは、その名称にもかかわらず、プログラムのエビデンスの評価は行わず、プログラムの簡潔な説明を行い、プログラムのウェブサイトへのリンクを提供しているに過ぎない。

　NREPPの機能停止に伴い、いくつかの情報センターがその役割を果たすようになっていった。本書ではこのような情報センターのうち、9か所

の情報センターをアルファベット順にリストアップし、本書に掲載したプログラムにつき言及している箇所につき、以下に記した。

若者の健全発達のための青写真（Blueprints for Healthy Youth Development）（http://blueprintsprograms.org）

　本情報センターは、コロラド大学ボールダー校の暴力研究予防センター（Center for the Study and Prevention of Violence）を基盤としており、子どもと若者の健全な発達を促進するために設計された各種のプログラムの情報センターとして、エビデンスについての情報をオンラインで提供している。センターのウェブサイトによれば、1500を超えるレビュープログラムのうち、「理想的プログラム（model）：2つのエビデンスレベルの高い研究、もしくは1つのエビデンスレベルの高い研究ともう1つのそれに準ずる研究で効果が示されている」または「効果が期待出来る（promising）：1つのエビデンスレベルの高い研究、もしくは2つのそれに準ずる研究で効果が示されている」と評価されているプログラムは5％未満である（https://blueprintsprograms.org/about）。本書で紹介したプログラムのうち、「第13章：トリプルP」のみが「効果が期待出来る（promising）」と評価され、掲載されている。

カリフォルニア州児童福祉情報センター（CEBC：California Evidence-Based Clearinghouse for Child Welfare）（http://www.cebc4cw.org）

　本情報センターは、カリフォルニア州社会福祉局が運営しており、児童福祉制度が関わることとなった家族と協働する、臨床医と行政機関のために、エビデンスについての情報をオンラインで提供している。CEBCは、各プログラムに対して5段階（1：研究により十分なエビデンスが存在している、2：研究によりエビデンスが存在している、3：研究により効果のあることが示唆されている、4：効果を示すエビデンスが存在していない、5：実施することに懸念がある）で科学的評価を行い、その情報を提供している。本書で紹介したプログラムのうち、5つのプログラムが以下のように格付けされ、掲載されている。

- 第6章：シーク子ども安全環境プログラム……1
- 第10章：ACT健やか子育て講座……3
- 第11章：シカゴ親プログラム……2
- 第12章：母親エンパワーメント・プログラム……3
- 第13章：トリプルP……2

カナダ公衆衛生局、最善の実践ポータルセンター（Canadian Best Practices Portal, Public Health Agency of Canada）（http://cbpp-pcpe.phac-aspc.gc.ca）

　本情報センターは、カナダ公衆衛生局が運営しており、公衆衛生を推進するために設計された各種プログラムのオンライン・データベースであり、まだ大きな影響力を持たないが有効なプログラムを「効果の期待されるプログラム」と位置づけ、既に強い影響力を持つ、質の高いエビデンスの存在するプログラムを「最善のプログラム」と位置づけ、評定を行っている。

- 第10章：ACT健やか子育て講座……効果の期待されるプログラム
- 第13章：トリプルP……最善のプログラム

軍属家庭対応部局向け情報センター（Clearinghouse for Military Family Readiness）（https://lion.militaryfamilies.psu.edu/about-us）

　本情報センターは、ペンシルベニア大学と米国防総省が共同で運営する、オンライン・システムであり、軍属の家族の支援を行う専門職向けに、効果的な介入／支援法の情報を提供することを目的として設立された。本情報センターではプログラムの格付けを「有効：RCTあり、有効：RCTに準ずる研究あり、有望、不明瞭＋、不明瞭0、不明瞭−、効果なし」の7段階で提示している。ただ残念ながら、本情報センターではこれらのカテゴリー分けに関しての明確な定義を明示していない。本書で紹介したプログラムのうち、3つのプログラムが以下のように格付けされ、掲載されている。

第 10 章：ACT 健やか子育て講座……不明瞭＋

第 11 章：シカゴ親プログラム……有望

第 13 章：トリプル P……有望

エビデンスに基づく予防・介入支援センター（EPIS［Evidence-Based Prevention and Intervention Support］Center）（http://www.episcenter.psu.edu/ebp）

　本情報センターは、ペンシルベニア州の犯罪と非行に関する委員会とペンシルベニア州立大学予防研究センターが共同で運営する、ペンシルベニア州における介入プログラム導入の承認を行っているセンターであり、家族向けの予防介入プログラムをリストアップしている。厳密な評価を受けたと判断されたプログラムのみが EPIS センターでは提示されているが、プログラムのレーティングは行われていない。本書で紹介した介入プログラムの中では、「第 13 章：トリプル P」のみが EPIS センターに登録されている。

WHO：子ども虐待防止プログラムの実施に向けて ── 専門家の提言（Implementing Child Maltreatment Prevention Programmes: What the Experts Say, World Health Organization）（http://www.euro.who.int/__data/assets/pdf_file/0009/289602/Maltreatment_web.pdf?ua=1）

　本情報センターは WHO 欧州地域事務所が運営しており、子ども虐待防止のための介入指針を提示している（Hardcastle, Bellis, Hughes, & Sethi, 2015）。プログラムの質の評価や、包括的な一覧表の提示はしていないものの、いくつかの介入戦略について例示しており、本書で紹介した介入プログラムのうち、以下の 3 つが子ども虐待防止プログラムとして示されている。

- 第 6 章：シーク子ども安全環境プログラム
- 第 10 章：ACT 健やか子育て講座
- 第 13 章：トリプル P

イノベーションズ・エクスチェンジ（Innovations Exchange）（https://inno-vations.ahrq.gov/profiles/pediatrician-training-and-office-support-significantly-reduce-instances-child-maltreatment）

　本情報センターは、医療の質や医学研究の質について評価を行う米国の機関がスポンサーとなり運営されている、各種プログラムのオンライン・データベースである。評定は「強力：1つ以上のエビデンスレベルの高い研究で効果が実証されている」「中等度：強力に準ずる研究で効果が実証されている」「有望：効果を明示する研究は存在しない」の3段階で示されている。本書で紹介した介入プログラムのうち、「第6章：シーク子ども安全環境プログラム」のみが「強力」なプログラムとして提示されている。

子どもの虐待／ネグレクト防止のための方針／基準策定のためのエビデンス集、および各種プログラム活動（Preventing Child Abuse and Neglect: A Technical Package for Policy, Norm, and Programmatic Activities）（https://www.cdc.gov/violenceprevention/pdf/can-prevention-technical-package.pdf）

　本エビデンス集は、米国疾病対策予防センター（CDC）が作成している、子どもの虐待／ネグレクトや体罰などのその前段階の行為を予防することが実証されたプログラムを推奨する取り組みである。本書で紹介した介入プログラムのうち、2つのプログラムが本エビデンス集で言及されている。

- 第6章：シーク子ども安全環境プログラム……「プライマリーケアを強化する方法」のカテゴリーで言及されている
- 第10章：ACT健やか子育て講座……「子育て技術や家族関係性を改善する方法」のカテゴリーで言及されている

結果第一の情報センター・データベース（Results First Clearinghouse Data-base）（https://www.pewtrusts.org/pt/research-and-analysis/data-visualiza-tions/2015/results-first-clearinghouse-database）

　本情報センターは、ピュー慈善信託（Pew Charitable Trusts）とマッ

カーサー財団の資金協力の下、既存の9つの情報センターで抽出されたプログラムをまとめた、オンライン・データベースを提供している。提示されている各種のプログラムは、5段階（最高、2番目に高い、効果ありとなしが混在、効果なし、負の効果）で評価されている。本書で紹介したプログラムのうち、5つのプログラムが以下のように格付けされ、掲載されている。

- 第6章：シーク子ども安全環境プログラム……最高評価
- 第10章：ACT健やか子育て講座……2番目に高い評価
- 第11章：シカゴ親プログラム……最高評価
- 第12章：母親エンパワーメント・プログラム……2番目に高い評価
- 第13章：トリプルP……最高評価

専門家のなすべき次なるステップ

本書に記載されている介入プログラムはいずれも、親の体罰使用を減らすために、専門家と親とが協働するために利用可能な、革新的で胸を躍らせる方法ということが出来る。専門家は、子どもへの体罰を減らしていくために、他の種類の専門家とのさらなる連携体制を構築する際にも、これらのプログラムを活用することが出来るであろう。

体罰の使用に反対する提言の発出

体罰を減らしていく戦略の1つとして、専門家組織の中で体罰の使用に反対する提言やそのための実践活動について、提言を発出するように働きかけることも挙げられる。実際、米国心理学会（APA：the American Psychological Association, 2019）、米国小児科学会（AAP：American Academy of Pediatrics; Sege, Siegel, Child Abuse and Neglect, & Committee on Child and Family Health, 2019）、カナダ小児科学会（CPS：Canadian Paediatric Society;

Durrant, Ensom, & Coalition on Physical Punishment of Children and Youth, 2004)、カナダ心理学会（CPA：Canadian Psychological Association）（2004）、米国児童青年期精神医学会（AACAP：American Academy of Child and Adolescent Psychiatry）（2012）、米国子ども虐待専門家協会（APSAC：American Professional Society on the Abuse of Children）（2016）など、多くの主要な専門機関が、体罰の使用について会員が親に適切な助言を行うことが出来るように、体罰に反対する提言や実践的な活動指針の発出を行っている。例えば、APAの「親による子どもへの体罰に関する決議（2019）」では、養育者に「子どもにとってより好ましい効果をもたらしうる、体罰に代替するしつけ法を用いることを推奨する」（p.2）ことを、改めて明記している。またAAPの「健全な子どもの養育のための、効果的なしつけ法に関する提言」では、以下のように言及されている（Sege et al., 2019, p.6）。

　　　子どもの養育を行う成人は、良い行動の強化（褒め育て）、制限
　　（ルール）の適用、リダイレクション（良い行動に目を向けさせる）、
　　こうなってほしいという姿を話す、などのポジティブなしつけ法を
　　行うことが推奨され、スパンキング、ゲンコツ、平手打ち、脅し、
　　侮辱、自尊心を傷つける、恥ずかしい思いをさせる、などのネガ
　　ティブなしつけを用いないことを推奨する。

　このような声明は、効果的なしつけ法に関しエビデンスに基づく指導を行う立場の、家族や子どものために働く専門職にとっての、明確なメッセージとなる。

　しかし米国社会福祉協会など、親や虐待を受けた子どもと直接働く立場の専門家を代表する主要な団体の多くは、現時点で同様の提言の発出を行っていない。これらの組織のメンバーである専門家は、APAやAAPの提言を参考にしながら、体罰禁止に関しての提言を所属団体が発出するため働きかけることが出来るであろう。

　体罰の利用に関連した行動や規範を変える方策として、提言発出を行うことには多くの潜在的利益がある。子ども虐待予防分野の専門家を対象と

したある研究では、ほとんどの回答者が「体罰は有害であり、子どもの転帰を悪化させる」ということに同意していたものの、「同僚は自分よりも、体罰を是認しているように感じている」との回答にYesと回答していた割合が高かったと報告されている（Taylor, Fleckman, & Lee, 2017）。つまり多くの専門家は、実際の割合よりも高く、「同僚が体罰を受け入れている」と認識しているのである。体罰の使用に対する職業的規範を明示化することは、このようなギャップを最小化することにもなりうる。また提言や実践的な指針は、親にどのような助言を行うことが適切かについての、職業的規範の確立にも繋がる。専門家が親と体罰に関して話題にすることを、日常業務の一環にしていくためには、このような提言や実践的な指針が活用されることが求められる。親は「専門家というのは所属する組織の指針の範囲で行動している」ということを理解しており、このような指針があることで、体罰の使用を最小限に抑える上で有用となる介入プログラムを受けることを、より積極的に望む可能性が高まるであろう。

今後の介入の方向性の１つとしての、公衆衛生学的メッセージ・キャンペーン

　他の分野では十分にその効果が検証されているものの、体罰に関していまだ米国では実施に至っていない戦略の１つとして、公衆衛生学的メッセージの活用というものを挙げることが出来る。多くの親や一部の専門家は、反する研究は膨大に存在しているにもかかわらず、スパンキングを有効なしつけ法であると見なしている（Taylor et al., 2016）。公衆衛生学的メッセージ・キャンペーンは、乳幼児の予防接種率の増加から禁煙導入に至るまで、様々な領域で社会的規範の確立や、個人の行動変容を促すために、首尾良く利用されてきた。子ども虐待予防の分野に関していえば、多くの人々が「赤ちゃんを揺さぶってはいけない」という、米国疾病予防対策センター（CDC）から資金援助を受けたキャンペーンを耳にしたことがあるであろう。このような取り組みは乳幼児揺さぶられ症候群（SBS: shaken baby syndrome）を改めて「予防可能な公衆衛生学的問題」と捉えなおすメッセージともなっているのである（Poole, Seal, & Taylor, 2014）。

第13章で言及した「トリプルP」では、子育てというのは困難なものであるという社会の共通認識を作るためのプログラムと、効果的であるポジティブな育児戦略の概要につき親に提供するためのプログラムとを、同時に走らせている（Gagné, Bélanger-Gravel, Clément, & Poissant, 2018; Poole et al., 2014; Prinz, Sanders, Shapiro, Whitaker, & Lutzker, 2009）。

　しかし現在までのところ、米国において、子どもへの暴力や体罰を減らすことに焦点を当てた、大規模な公衆衛生学的メッセージ・キャンペーンは行われてはいない（Poole et al., 2014）。カナダのトロント市では、ポジティブなしつけ法の啓発を行い、スパンキングを含めた体罰を減らすべく、市の公衆衛生部局がオンライン上で明確かつ簡潔なメッセージを発信するなどの、公衆衛生学的キャンペーンを現在進行形で行っている（Toronto Public Health, 2018）。米国では、体罰が幼児どころか乳児にまで向けられる割合が高いことを考えると、1つのメッセージ戦略として、小児科医やソーシャルワーカーがとりわけ乳児期の健診の際に、「赤ちゃんを揺さぶらないで」と伝えるのと同じく、「赤ちゃんを叩かないで」と伝えながら乳幼児を叩くことのリスクについて、親に予防的に指導を行うことが重要であるといえよう。「スパンキングは効果的なしつけ法であり、子どもに害になることはない」というしばしば耳にする、体罰を支持する主張に対抗するために、公衆衛生学的なメッセージ・キャンペーンを活用することも、考えなくてはならない（Taylor et al., 2016）。

学校における体罰の法的禁止

　子どもに対する暴力を減らすという目標に向け、いくばくかの前進はこれまでにも認められてはいる。例えば、「第15章：体罰の法的禁止」にあるように、現時点で58の国々が体罰を法律で全面的に禁止している。しかし米国もカナダも、法的な禁止措置は講じられておらず、少なくとも米国では近い将来も、完全な禁止措置が講じられる可能性は低いと推察されている。このような体罰の全面禁止に向けた、実行可能な政策の1ステップは、学校における体罰の禁止ということが出来る（Gershoff & Font, 2016）。体罰は米国の多くの州でいまだ合法であるが、障害のある子ども、

人種・民族的なマイノリティーの子どもに対しては、違法と定めている州も多い（Gershoff & Font, 2016）。学校における子どもの体罰を禁止することは、学校生活を送る子どもたちに恩恵をもたらすだけでなく、いかなる状況においても子どもに対しての暴力を振るうことは許されないという方向に、社会の規範をシフトしていくことに繋がる。学校における体罰の廃止に向けた取り組みを進めることは、家庭を含めたあらゆる場面での体罰の全面禁止を支持する規範を確立する上で、重要なステップとなりうる。

結　語

　我々は、研究者や実務者が、既存の介入プログラムをさらに改良したり、新たな介入プログラムを開発することを期待している。既存の介入プログラムは、子どもたち自身の視点を認識するという観点が完全に満たされているとは言い難い。本書で紹介したどの介入プログラムも、子どもたちが親に叩かれるとはどのような体験であるか、ということを明示的に包含してはいない。親が体罰の使用をやめる最大の理由は、子どもに対しての親の共感であるとされている（Holden, Thompson, Zambarano, & Marshall, 1997）。このことは、親が子どもの気持ちに寄り添うことが出来るように支援することが、親が暴力的なしつけを用いないようにする効果的な方法である可能性を示唆している。

　我々は臨床医、地域の実務家、政策立案者が、本書に記載されている介入プログラムからインスピレーションを得て、社会のあらゆるレベルでそれらを導入していくことを望んでいる。いかなる程度の暴力であれ削減していく努力を重ねていくことは、社会をより良くすることに繋がり、とりわけ子どもが暴力のターゲットとなっている場合には、その削減は子どもの予後を大きく変えうるのである。

参考文献

American Academy of Child and Adolescent Psychiatry. (2012, July 30). Corporal punishment. Retrieved from http://www.aacap.org/aacap/policy_statements/2012/Policy_Statement_on_Corporal_Punishment.aspx

American Professional Society on the Abuse of Children. (2016). APSAC position statement on corporal punishment of children. Retrieved from https://www.apsac.org/apsacpublications

American Psychological Association. (2019). Resolution on physical discipline of children by parents. Retrieved from https://www.apa.org/about/policy/physical-discipline.pdf

Bandura, A. (1997). *Self-efficacy: The exercise of control.* New York, NY: W. H. Freeman/Times Books/Henry Holt.

Bowlby, J. (1982). *Attachment and loss: Vol. 1. Attachment* (2nd ed.). New York, NY: Basic Books.

Canadian Psychological Association. (2004). Policy statements: Physical punishment of children and youth. Retrieved from https://cpa.ca/aboutcpa/policystatements/#physical

Centers for Disease Control and Prevention, National Center for Injury Prevention and Control. (n.d.). Preventing shaken baby syndrome: A guide for health departments and community-based organizations. Washington, DC: U.S. Department of Health and Human Services. Retrieved from https://stacks.cdc.gov/view/cdc/5863

Darley, J. M., & Latané, B. (1968). Bystander intervention in emergencies: Diffusion of responsibility. *Journal of Personality and Social Psychology, 8* (4, Pt. 1), 377–383. http://dx.doi.org/10.1037/h0025589

Durrant, J. E., Ensom, R., & Coalition on Physical Punishment of Children and Youth. (2004). Joint statement on physical punishment of children and youth. Retrieved from http://www.cheo.on.ca/en/physicalpunishment

Fishbein, M., & Ajzen, I. (2011). *Predicting and changing behavior: The reasoned action approach.* New York, NY: Taylor & Francis. http://dx.doi.org/10.4324/9780203838020

Gagné, M. H., Bélanger-Gravel, A., Clément, M. E., & Poissant, J. (2018). Recall and understanding of a communication campaign designed to promote positive parenting and prevent child maltreatment. *Preventive Medicine Reports, 12,* 191–197. http://dx.doi.org/10.1016/j.pmedr.2018.09.015

Gershoff, E. T., & Font, S. A. (2016). Corporal punishment in U.S. public schools: Prevalence, disparities in use, and status in state and federal policy. *Social Policy Report, 30* (1), 1–26. http://dx.doi.org/10.1002/j.2379-3988.2016.tb00086.x

Hardcastle, K. A., Bellis, M. A., Hughes, K., & Sethi, D. (2015). *Implementing child mal-*

treatment prevention programmes: What the experts say. Copenhagen, Denmark: WHO Regional Office for Europe. Retrieved from http://www.euro.who.int/__data/assets/pdf_file/0009/289602/Maltreatment_web.pdf?ua=1

Holden, G. W., Thompson, E. E., Zambarano, R. J., & Marshall, L. A. (1997). Child effects as a source of change in maternal attitudes toward corporal punishment. *Journal of Social and Personal Relationships*, 14, 481–490. http://dx.doi.org/10.1177/0265407597144004

Miller, W. R., & Rollnick, S. (2012). *Motivational interviewing: Preparing people for change* (3rd ed.). New York, NY: Guilford Press.

Mrazek, P. J., & Haggerty, R. J. (Eds.). (1994). *Reducing risks for mental disorders: Frontiers for prevention intervention research.* Washington, DC: National Academies Press.

Patterson, G. R. (1982). *Coercive family process.* Eugene, OR: Castalia.

Poole, M. K., Seal, D. W., & Taylor, C. A. (2014). A systematic review of universal campaigns targeting child physical abuse prevention. *Health Education Research*, 29, 388–432. http://dx.doi.org/10.1093/her/cyu012

Prinz, R. J., Sanders, M. R., Shapiro, C. J., Whitaker, D. J., & Lutzker, J. R. (2009). Population-based prevention of child maltreatment: The US Triple P system population trial. *Prevention Science*, 10 (1), 1–12. http://dx.doi.org/10.1007/s11121-009-0123-3

Prochaska, J. O., & Velicer, W. F. (1997). The transtheoretical model of health behavior change. *American Journal of Health Promotion*, 12, 38–48. http://dx.doi.org/10.4278/0890-1171-12.1.38

Sege, R. D., Siegel, B. S., Council on Child Abuse and Neglect, & Committee on Psychosocial Aspects of Child and Family Health. (2019). Effective discipline to raise healthy children. *Pediatrics*, 142 (6), e20183112. http://dx.doi.org/10.1542/peds.2018-3112

Taylor, C. A., Al-Hiyari, R., Lee, S. J., Priebe, A., Guerrero, L. W., & Bales, A. (2016). Beliefs and ideologies linked with approval of corporal punishment: A content analysis of online comments. *Health Education Research*, 31, 563–575. http://dx.doi.org/10.1093/her/cyw029

Taylor, C. A., Fleckman, J. M., & Lee, S. J. (2017). Attitudes, beliefs, and perceived norms about corporal punishment and related training needs among members of the "American Professional Society on the Abuse of Children." *Child Abuse & Neglect: The International Journal*, 71, 56–68. http://dx.doi.org/10.1016/j.chiabu.2017.04.009

Toronto Public Health. (2018). Positive discipline. Retrieved from https://www.toronto.ca/community-people/children-parenting/pregnancy-and-parenting/parenting/positive-discipline

補足──本邦で実施されているその他の介入プログラム

　本邦では現在、本書で紹介された15のプログラム以外にも、体罰の防止に資する各種のプログラムが様々に実践されている。特定の地域でのみ行われているプログラム（ほめて育てるコミュニケーション・トレーニング［通称「ほめトレ」］：https://smilelife.pref.gunma.jp/pc/childrearing/hometore/［群馬県］、STEP：www.city.tomakomai.hokkaido.jp/kenko/kosodate/kouza1.html［苫小牧］など）を含めると、そのすべてを訳者が把握しているわけではないが、最後に補足事項として、厚生労働省が関与した2つの公刊物（児童相談所における保護者支援のためのプログラム活用ハンドブック［児童虐待事例の家族再統合等にあたっての親支援プログラムの開発と運用に関する研究（主任研究者：加藤則子）：https://www.mhlw.go.jp/file/06-Seisakujouhou-11900000-Koyoukintoujidoukateikyoku/14_1.pdf］、保護者支援プログラムの効果的な実施に向けたマニュアル［保護者支援プログラムの充実に関する調査研究（座長：森田展彰）：https://www.doctoral.co.jp/image/kodomokosodate/houkoku_manual_180517.pdf］）に記載されているプログラムを中心に、その概要を端的に紹介する。

ボーイズタウン・コモンセンスペアレンティング
　暴力を使わず子どもを育てる技を親に伝えることで、虐待の予防や関係性の回復を目指すプログラム。2005年より日本で普及活動が始まる。行動理論の背景を元に、効果的にしつけるスキルを、視聴覚教材を用いロールプレイやモデリングによって学ぶ。
連絡先：一般社団法人日本ボーイズタウンプログラム振興機構（IBPF Japan）
　　　　Email: info@csp-child.info
　　　　http://csp-child.info/index.html（2020年2月9日現在）

PCIT（親子相互交流療法）

　子どものこころや行動の問題に対し、親子の相互交流を深めその質を高める事によって回復に向かうよう働きかける行動学に基づいた心理療法。親子二者の様子をビデオカメラで撮影し、別室でセラピストがモニターを見ながらトランシーバーでライブコーチングをすることが特徴。

連絡先：PCIT-Japan 事務局

　　　　E-mail　office@pcit-japan.com

　　　　http://pcit-japan.com/（2020 年 2 月 9 日現在）

CARE（Child-Adult Relationship Enhancement）

　子どもと関わる大人のための心理教育的プログラム。PCIT の理論をベースにおいている。子どもとの間に、温かな関係を築き、関係をよりよくするために大切なことを体験的に学んでいく。落ち着きがなかったり、困った行動をしてしまいがちな子どもとの関わりがずっと楽になるさまざまなスキルが盛り込まれている。

連絡先：CARE Japan 事務局

　　　　問い合わせフォーム：https://www.care-japan.org/ 問い合わせ /

　　　　https://www.care-japan.org/（2020 年 2 月 9 日現在）

AF-CBT（Alternatives for Families: A Cognitive Behavioral Therapy）

　認知行動療法がその手法の中心の一つとなっている、家族療法など複数の精神療法もとりいれてまとめあげた統合的プログラム。AF-CBT は、保護者（加害者であっても、加害者でなくともどちらでも良い）と子どもの感情調節を行いながら家族内の困難を減ずること等に焦点を当てながら進められている。

連絡先：AF-CBT Japan 事務局

　　　　TEL：03-5394-3035

　　　　http://www.afcbt-japan.org/afcbt.html（2020 年 2 月 9 日現在）

ペアレントトレーニング

　養育スキルを向上させることで、子どもの適応行動を増やしていくこと、親子関係の悪循環を絶ち、安定した親子関係をはぐくめるようにすることを目的としている。はじまりはADHDの子どもをもつ保護者向けのプログラムであったが、現在は発達障害全般が対象になり、児童虐待事例にも応用されている。

　本邦では、肥前式、精研式、奈良方式、鳥取大学方式、佛教大学方式といった様々な日本版ペアトレが実践されており、実施状況については、各地の発達支援センターに問い合わせいただきたい。

MY TREE ペアレンツ・プログラム

　子どもへの虐待的言動を繰り返してしまう親のセルフケア力と問題解決力の回復を促し、親子関係の修復を目的としている。内容はカリキュラム化された「まなびのワーク」と「じぶんをトーク」で構成されている。子どもに向かう怒りの爆発の裏側に隠されている悲しみ、不安、自信喪失などの感情に気づき語るツールを使えるようになる。身体、感情、理性、魂のすべてに働きかけて、木や太陽や風からも生命力の源をもらうという全体性の回復を目指すところに特色の一つがある。

連絡先：一般社団法人MY TREE事務局
　　　　問い合わせフォーム：https://mytree-p.org/contact.html
　　　　https://mytree-p.org/index.html（2020年2月9日現在）

Circle of Security（安心感の輪）

　アタッチメント理論に基づく介入技法として、理論的に明確で広く行われている。介入では、親子の遊びやストレンジシチュエーション法での行動を撮影したビデオ映像のビデオ・クリップを用いる。原則として、5〜6人の集団療法として行われる。

連絡先：COS International事務局
　　　　メール：info@circleofsecurity.org
　　　　http://circleofsecurity.jp/（2020年2月9日現在）

CRC（チャイルド・リソース・センター）親子プログラムふぁり
　児童虐待の再発防止をめざした家族再統合プログラム。
連絡先：特定非営利活動法人チャイルド・リソース・センター
　　　　メール：childrc@nifty.com
　　　　http://childrc.kids.coocan.jp/program/about.html（2020年2月9日現在）

Nobody's Perfect
　0歳から5歳までの子どもをもつ親を対象に、参加者がそれぞれに抱えている悩みや関心のあることをグループで出し合って話し合いながら、必要に応じてテキストを参照して、自分にあった子育ての仕方を学ぶ、カナダで開発されたプログラム。
連絡先：Nobody's Perfect Japan
　　　　メール：np-japan@nifty.com
　　　　http://np-j.kids.coocan.jp/（2020年2月9日現在）

親子の絆づくりプログラム（Baby Program）
　「赤ちゃんがきた！（BP1プログラム）」と「きょうだいが生まれた！（BP2プログラム）」の2つのプログラムよりなる。前者は初めて赤ちゃんを育てている母親と0歳児の赤ちゃんが一緒に参加するプログラムであり、後者は2人目以上の赤ちゃんと母親が参加するプログラムである。参加者中心型のプログラムであり、一方的に話を聞くのではなく、参加した母親同士が話し合うなかで、育児の知識やスキル、親の役割などを一緒に学び、深めていく。
連絡先：NPO法人こころの子育てインターねっと関西（KKI）
　　　　問い合わせフォーム：http://www.kosodatekki.com/contact.php
　　　　www.kosodatekki.com/bp1.php（2020年2月9日現在）

訳者あとがき

　　体罰は教育です！　「叱るより褒めろ」では強い子は育ちません。
　子供には「体罰を受ける権利」があります。体罰とは「相手の進歩
　を目的とした有形力の行使」です。体罰を正しく理解しましょう！

　これは、国のリーダーシップを担う立場の人物も複数発起人に加わって
いた、とある団体のHPの冒頭に記載されていた文言である。この団体の
主張の1つに「コンラート・ローレンツ（動物行動学、ノーベル賞学者）の
研究により『種内攻撃は悪ではなく善である』ことが科学的に証明されて
いる」というものがあるが、ローレンツ自身は、ヒトにおける種内攻撃に
ついては、繰り返し否定的見解を述べている。積み上げられた研究の成果
は「体罰は、百害あって一利なし」であることを一貫して示しているが、
ごく一部の否定論者は、そのような研究成果をまるで受け入れようとせず、
特定の論文を自己に都合の良いように切り取り提示する。科学者が「科学
は証拠に基づく」「科学は事実であり、意見ではない」と訴えても、普通
の人にとっては、科学のことであっても、他のことを考える時と同じよう
に理性や論理だけでなく、感情や本能的な好き嫌いをごちゃ混ぜにした
「心」で判断をしている。このことを訳者は、「乳幼児揺さぶられ症候群」
を取り巻く昨今の作られた論争を通じ、痛感している。
　しかしながら、人々の認識を変える強い力を有しているのも、また科学
である。本書の14章で紹介した、ノーヒットゾーンをニューオリンズで
導入する際に行われた研究では、「本日学んだ事項の中で、スパンキング
に対する親の態度を変容させるであろう、最もインパクトのある内容はど
れだと思いますか」という質問に対する研修参加者の回答として、「資料
を提供し、体罰に代わるしつけ法を教えること（19%）」を凌駕し、「体罰
が脳を傷つける／IQを低下させるという研究成果（38%）」が最も高かっ
た、と報告されている（APSAC Advisor, 31 [1], pp.37-51）。

　本書は体罰の及ぼす負の影響について啓発を行うことを目的とした本ではなく、体罰を減らす効果が実証されている 15 のプログラムについて、そのエビデンスを提示した本であり、読者対象は医療者・地域の実務家・政策立案者である。本書巻末の補足で、本邦で行われている各種の親向けプログラムも紹介しているが、これらの多くは残念ながら介入前後の効果に関してのエビデンスはほとんど存在していない。本書を翻訳し出版することを思い立ったのは、親子に日々関わり懸命に支援を行っている現場の実践活動を、サイエンスに昇華させることの意義を共有することにある。

　本書を読み解くと、米国やカナダでは、医師がこのような問題を積極的な研究対象としていることが分かるであろう。多機関が連携して、様々な困難を抱える親子の支援に積極的に取り組むことの重要性については論を俟たないが、医療者がこの分野に積極的に関与することで、ナラティブ中心の福祉にサイエンスの視点を組み入れる動きを促進させていくことが出来ると訳者は確信している。

　残念ながら、小児科医は親にとって身近な専門家として最も信頼出来る情報源であり、多くの親は子どものしつけ法についてより多くの情報を得たいと望んでいると報告されているものの、実際に小児科医に子どもを受診させた際に、親が子どものしつけ法に関して尋ねることはあまりなく、小児科医も自らしつけに関して積極的に情報提供をしてはいないことが、やはり研究で判明している（第 1 章・第 8 章参照）。

　小児科医、とりわけ病院勤務医師は、親子の支援が届かず深刻な虐待に発展してしまったケースに直面化する立場にある。体罰禁止が法制化された今こそ、一次診療の場面で、積極的な啓発者としての役割を発揮し、そのような状態に発展することを予防する役割を担う必要があるといえるであろう。本書はそのためのヒントが随所にちりばめられている。もちろん本書は小児科医やプライマリーケア医のみを対象としたものではない。それぞれの立場で、この「体罰禁止の法制化」という大きな変化をチャンスと捉え、具体的なアクションを起こす契機にしていただきたい。

　筆者は虐待・子育て・子どもとの関わり、など育児に関する講演を年間かなりの回数行っているが、講演前の雑談の中で「昔は親からピシャリと

叩かれたものだが、今は時代がそれを許さなくなっていますしね」との発言を聞く機会が、驚くほど多い。体罰が許されないのは、時代のせいではない。時代が進むことで、ようやく我々は体罰の持つ弊害を、理解出来るようになったに過ぎないのである。

世の中はいまだに「愛のある体罰」を肯定する発言であふれている。まずは本書の読者から、体罰を肯定する発言をすることを一切やめにすることから始めようではないか。その上で、部分的にでも体罰を肯定する様々な発言（「親は子どもをそれぞれの方法で育てる権利がある。極端な虐待のケースでなければ、とがめられる必要はないのではないか？」「あらゆる体罰を禁止するのではなく、安全な叩き方を定義すべき」「体罰が禁止されると、心理的な虐待、屈辱を与える行為、監禁など、子どもたちはもっとひどい扱いを受けるのではないか？」「体罰が犯罪とされれば、何千人もの親が起訴され、子どもは親や養育者と暮らせなくなる」「子どもが本当に危ない行為をした場面では、親が子どもを叩くことは許されるべきではないか」など）に対し、説得的な明確な返答を行うための知識と、相手を否定せずに意識変容出来るようなコミュニケーションスキルを磨く必要がある（ここで挙げられた質問は、セーブ・ザ・チルドレン・スウェーデンと子どもに対するあらゆる体罰を終わらせるグローバル・イニシアチブが発行した、「子どもに対するあらゆる体罰を禁止するために——よくある質問集」[https://www.savechildren.or.jp/news/publications/download/php_faq_2019_general.pdf] から引用した。ぜひ参照していただきたい）。

その上で、さらに余裕があれば、「本書に挙げた各種のプログラムを自分たちの地域に導入する」「既に行われている地域のプログラムに対しエビデンスを構築していく」などの取り組みを、ぜひ共に行っていきましょう！

最後に、2019年11月26日に刊行された原著の翻訳版を、日本で体罰が法的に禁止される4月に間に合わせ刊行したいという訳者の無茶なお願いを快く引き受け、全面的に協力いただいた明石書店社長の大江道雅さんと、編集の岡留洋文さんに深謝申し上げる。

2020年2月　　　　　　　　　　　　　　　溝口史剛

編者略歴

エリザベス・T・ガースホフ（Elizabeth T. Gershoff）、医学博士

テキサス大学オースティン校児童発達・家族学部教授。同校附属の人口問題研究センター能力開発部門副部長。

これまでに体罰に関する幅広い研究成果の報告を行っており、親や学校教員による体罰が子どもに及ぼす影響に関しての研究者として、国際的に知られた第一人者である。

シャウナ・J・リー（Shawna J. Lee）、医学博士

ミシガン大学社会福祉学部准教授。

乳幼児期の親子関係・子どもへの体罰・子どもへの虐待／ネグレクトの防止に関する数多くの論文報告、書籍執筆を行っており、体罰の使用に対する全米子ども虐待ネグレクト専門家協会（APSAC：the American Professional Society on the Abuse of Children）の提言の、主たる執筆者の１人である。

訳者略歴

溝口史剛（みぞぐち・ふみたけ）

1999 年群馬大学医学部卒、2008 年群馬大学大学院卒（医学博士）。群馬大学小児科関連病院をローテート勤務し、現在、群馬県前橋赤十字病院小児科副部長、群馬大学大学院小児科/埼玉医科大学小児科非常勤講師。専門は、小児科学一般、小児内分泌学、子ども虐待医学。

［主な著書］

『子ども虐待の画像診断』（ポール・K・クラインマン編著、小熊栄二と共監訳、明石書店、2016 年）

『子どもの虐待とネグレクト——診断・治療とそのエビデンス』（キャロル・ジェニー編著、小穴慎二・白石裕子と共監訳、金剛出版、2018 年）

『SBS：乳幼児揺さぶられ症候群——法廷と医療現場で今何が起こっているのか？』（ロバート・M・リース著、翻訳、金剛出版、2019 年）

『虐待にされされる子どもたち——密室に医学のメスを：子ども虐待専門医の日常』（ローレンス・R・リッチ著、翻訳、金剛出版、2020 年）

『ぎゃくたいってなあに』（青木智恵子著、監修、金剛出版、2020 年）

子どもへの体罰を根絶するために
――臨床家・実務者のためのガイダンス

2020 年 4 月 20 日　初版第 1 刷発行

　　　　　　　　編　者　　エリザベス・T・ガースホフ
　　　　　　　　　　　　　シャウナ・J・リー
　　　　　　　　訳　者　　溝　口　史　剛
　　　　　　　　発行者　　大　江　道　雅
　　　　　　　　発行所　　株式会社明石書店
　　　　　　〒 101-0021 東京都千代田区外神田 6-9-5
　　　　　　　　電　話　03（5818）1171
　　　　　　　　ＦＡＸ　03（5818）1174
　　　　　　　　振　替　　00100-7-24505
　　　　　　　　http://www.akashi.co.jp
　　　　　　装丁　　　明石書店デザイン室
　　　　　　印刷／製本　モリモト印刷株式会社

　　　　　　　　　　ISBN978-4-7503-5013-4
　　　　　　　　　（定価はカバーに表示してあります）

親力をのばす0歳からの子育てガイド
ポジティブ・ディシプリンのすすめ
ジョーン・E・デュラント著
セーブ・ザ・チルドレン・ジャパン監修　柳沢圭子訳
◎1600円

その指導、子どものため？　おとなのため？
ユニセフ「子どもの権利とスポーツの原則」実践のヒント
日本ユニセフ協会「子どもの権利とスポーツの原則」起草委員会編
◎1500円

子どもの権利ガイドブック【第2版】
日本弁護士連合会子どもの権利委員会編著
◎3600円

子どものいじめ問題ハンドブック
発見・対応から予防まで
日本弁護士連合会子どもの権利委員会編
◎2400円

いじめ、学級崩壊を激減させるポジティブ生徒指導（PBS）ガイドブック
期待行動を引き出すユニバーサルな支援
メリッサ・ストーモントほか著　市川千秋、宇田光監訳
◎2400円

エビデンスに基づく学校メンタルヘルスの実践
自殺・学級崩壊・いじめ・不登校の防止と解消に向けて
長尾圭造編著　三重県医師会学校メンタルヘルス分科会編
◎2500円

子どもの虐待防止・法的実務マニュアル【第6版】
日本弁護士連合会子どもの権利委員会編
◎3000円

日本の児童虐待防止・法的対応資料集成
児童虐待に関する法令・判例・法学研究の動向
吉田恒雄編著
◎20000円

新版　学校現場で役立つ子ども虐待対応の手引き
子どもと親への対応から専門機関との連携まで
玉井邦夫著
◎2400円

思春期からの子ども虐待予防教育
保健・福祉・教育専門職が教える・親になる前に知っておいてほしいこと
森岡満恵著
◎2000円

周産期からの子ども虐待予防・ケア
保健・医療・福祉の連携と支援体制
中板育美著
◎2200円

いっしょに考える子ども虐待
小林登監修　川﨑二三彦、増沢高編著
◎2000円

子ども虐待ソーシャルワーク
転換点に立ち会う
川﨑二三彦著
◎2800円

DV・虐待にさらされた子どものトラウマを癒す
お母さんと支援者のためのガイド
ランディ・バンクロフト著
白川美也子、山崎知克監訳　阿部尚美、白倉三紀訳
◎2800円

アタッチメント
子ども虐待・トラウマ・対象喪失・社会的養護をめぐって
庄司順一、奥山眞紀子、久保田まり編著
◎2800円

エビデンスに基づく子ども虐待の発生予防と防止介入
その実践とさらなるエビデンスの創出に向けて
トニー・ケーン編　小林美智子監修　藤原武男、水木理恵監訳
◎2800円

〈価格は本体価格です〉

現代イギリスの児童虐待防止とソーシャルワーク
新労働党政権下の子ども社会投資・児童社会サービス
改革・虐待死亡事件を検証する
田邊泰美著
◎6300円

イギリスの子ども虐待防止とセーフガーディング
学校と福祉・医療のワーキングトゥギャザー
岡本正子、中山あおい、二井仁美、椎名篤子編著
◎2800円

子ども虐待とスクールソーシャルワーク
チーム学校を基盤とする「育む環境」の創造
西野緑著
◎3500円

新版 虐待とDVのなかにいる子どもたちへ
チルドレン・ソサエティ著 堤かなめ監修
アジア女性センター、本多須美子訳
ひとりぼっちじゃないよ
◎1200円

性的虐待を受けた子ども・性的問題行動を示す子どもへの支援
児童福祉施設における生活支援と心理・医療的ケア
八木修司、岡本正子編著
◎2600円

性的虐待を受けた子どもの施設ケア
児童福祉施設における生活・心理・医療支援
八木修司・岡本正子編著
◎2600円

子ども虐待在宅ケースの家族支援
「家族維持」を目的とした援助の実態分析
畠山由佳子著
◎4600円

虐待する親への支援と家族再統合
親と子の成長発達を促すCRC親プログラム「ふぁり」の実践
宮口智恵、河合克子著
◎2000円

「三つの家」を活用した子ども虐待のアセスメントとプランニング
ニキ・ウェルド、ソニア・パーカー、井上直美編著
◎2800円

子ども虐待対応におけるサインズ・オブ・セーフティ・アプローチ実践ガイド
子どもの安全〈セーフティ〉を家族とつくる道すじ
菱川愛、渡邉直、鈴木浩之編著
◎2800円

子ども虐待と家族 「重なり合う不利」と社会的支援
松本伊智朗編著
◎2200円

子ども虐待時代の新たな家族支援
ファミリーグループ・カンファレンスの可能性
林浩康著
◎3800円

子ども虐待 家族再統合に向けた心理的支援
児童相談所の現場実践からのモデル構築
千賀則史著
◎3700円

子ども虐待対応における保護者との協働関係の構築
家族と支援者へのインタビューから学ぶ実践モデル
鈴木浩之著
◎4600円

ネグレクトされた子どもへの支援
理解と対応のハンドブック
安部計彦、加藤曜子、三上邦彦編著
◎2600円

児童虐待とネグレクト対応ハンドブック
発見、評価からケース・マネジメント、連携までのガイドライン
M・S・ピーターソンほか編 K・コルター メディカルエディター
太田真弓、山田典子監訳 加藤真紀子訳
◎9500円

〈価格は本体価格です〉